RAPPORT
ET
PROJET DE DÉCRET,
SUR
LA DETTE PUBLIQUE VIAGERE,
PRÉSENTÉS A LA CONVENTION NATIONALE,

AU NOM DU COMITÉ DES FINANCES,

A la Séance du premier germinal, an second de la République française.

PAR CAMBON,

Député par le Département de l'Hérault.

IMPRIMÉS PAR ORDRE DE LA CONVENTION NATIONALE.

A PARIS,

DE L'IMPRIMERIE NATIONALE.

L'an second de la République française une & indivisible.

CONVENTION NATIONALE.

RAPPORT
ET
PROJET DE DÉCRET,
SUR
LA DETTE PUBLIQUE VIAGÈRE;

PRÉSENTÉS A LA CONVENTION NATIONALE,

AU NOM DU COMITÉ DES FINANCES,

A la séance du premier germinal, an second de la République française;

PAR CAMBON,

Député par le Département de l'Hérault;

IMPRIMÉS PAR ORDRE DE LA CONVENTION NATIONALE.

Vous avez ordonné depuis long-temps à votre comité des finances de vous faire un rapport sur les rentes viagères. Les agioteurs l'attendent avec impatience et désespoir; les égoïstes, les usuriers et les vampires de l'ancien régime en sont alarmés; ils ont communiqué leurs craintes aux rentiers qui ont placé le fruit de leur travail entre les mains du gouvernement pour s'assurer une honnête aisance : mais que ces derniers se rassurent, la Convention n'ayant jamais eu d'autre but que de réduire le taux usuraire de l'intérêt qui a été accordé, de déjouer toutes les combinaisons des agioteurs, et de protéger les honnêtes citoyens; notre travail a été fait d'après ces principes.

Les rentes viagères qui sont dues, sont, en majeure partie, le résultat des emprunts faits pendant la guerre d'Amérique, et sur-tout sous le ministère d'un homme qui jouissait d'une grande réputation, mais que la révolution a déja jugé.

C'est avec ces emprunts qu'il se glorifiait de fournir sans impôts aux frais d'une guerre très-dispendieuse : toute sa science se bornait à organiser l'agiotage, en ruinant le gouvernement.

Les divers comptes qui ont été imprimés n'ont jamais porté la dette viagère que pour le montant hypothétique des rentes. Personne ne pouvait assurer, d'une manière positive, quelle en était la quotité : on n'avait établi que des calculs imparfaits sur les extinctions; on ne prenait pas même des précautions pour les connaître; quarante payeurs étaient chargés de faire le paiement annuel des rentes viagères; la bigarrure des titres était infinie : tontines, emprunt sur une ou plusieurs têtes, sur tous les âges, à divers intérêts, tout était confondu dans les comptes qu'on rendait; jamais aucun agent de l'ancien régime n'avait cherché à connaître quel était l'âge des créanciers viagers de l'état; tout était dans le chaos. Le premier soin de votre comité des finances a été de le débrouiller, afin de vous présenter un état qui pût vous mettre à même de vous faire une idée précise de cette partie de la dette publique.

C'est aux difficultés que nous avons eues pour recueillir le peu d'instructions que nous nous sommes procurées, que vous devez attribuer le retard que nous avons mis à vous faire le rapport que vous avez demandé.

Encouragés par l'accueil que vous fîtes au travail de votre comité sur la dette publique non viagère, et par la facilité avec laquelle se sont exécutées les opérations préliminaires pour la formation du grand livre de la dette consolidée, qui, quoi qu'en disent les malveillans, sera terminé à l'époque indiquée, et au gré des patriotes, nous nous sommes livrés avec courage aux recherches que le projet que nous vous présentons, a nécessitées.

Secondés par plusieurs agens de la trésorerie nationale, et notamment par les connoissances du citoyen

Duvillard sur les calculs mathématiques, et sur les combinaisons de la probabilité de la vie humaine avec l'intérêt de l'argent, nous avons établi un corps d'ouvrage qui nous a paru réunir le respect dû aux propriétés avec l'intérêt du peuple.

Pour vous présenter le tableau de la dette publique viagère, nous avons consulté les divers rapports des Assemblées constituante et législative, et les comptes rendus par les commissaires de la trésorerie nationale.

L'Assemblée constituante ne nous a rien laissé qui pût fixer votre opinion.

Dans le compte rendu par les commissaires de la trésorerie nationale au premier janvier 1792, les rentes viagères qui étaient dues à cette époque sont estimées à 102,255,192 livres. On y annonce que les extinctions annuelles peuvent être évaluées au plus à un quarante-cinquième : mais on observe que ces extinctions devaient se compenser avec la constitution en viager qui se faisait annuellement, de huit millions de capital, provenant de l'emprunt de l'édit de décembre 1785.

Le corps législatif, dans son rapport sur la situation des finances, à la date du premier avril 1792, portait aussi le montant des rentes viagères à 102,255,192 livres : il répétait l'observation faite par la trésorerie nationale sur les extinctions, et l'avis du comité des finances était pour lors, qu'il fallait faire une opération générale sur les rentes viagères, qu'il appelait ruineuses, impolitiques, immorales, et auxquelles il attribuait le jeu infernal de l'agiotage. Ce comité dénonçait sur-tout à l'opinion publique l'opération appelée *génevoise*, que les agioteurs ont imaginée pour faire des placemens sur 30, 40 et 100 têtes choisies, afin de s'assurer la plus grande durée de la vie humaine et le moins de chances défavorables à leurs combinaisons.

Dans le compte qui vous fut présenté par les commissaires de la trésorerie nationale le premier janvier 1793, les rentes viagères sont portées pour 100,617,913 liv.

Aucun de ces comptes ou rapports n'a jamais fait connaître quel était le capital fourni pour la constitution des rentes viagères, ni les placemens qui ont été faits sur une, deux, trois ou quatre têtes, ni le taux de l'intérêt qui a été accordé, ni les âges des têtes sur lesquelles les rentes sont assises; et par conséquent, ils ne présentaient aucune base pour juger la véritable charge de l'État provenant des rentes viagères, et pour préparer une opération juste et utile.

Les commissaires de la trésorerie, sur la demande du comité des finances, ont dressé un tableau détaillé des rentes viagères, dans lequel ils indiquent la nature des emprunts, et sur combien de têtes les rentes ont été constituées (1) ; il en résulte que la Nation devait au premier janvier 1793,

SAVOIR :

Sur une tête .	70,849,137 liv. de rente,	provenant d'un capital de	732,962,123 liv.
Sur deux têtes .	27,028,129	*Idem*	324,884,490
Sur trois têtes .	1,945,108	*Idem*	22,883,715
Sur quatre têtes	795,539	*Idem*	9,944,140
TOTAL . .	100,617,913 livres	provenant d'un capital de . . .	1,090,674,468 liv.

Dans ce résultat se trouvent confondus les intérêts des tontines, ceux qui ont été réduits et ceux des rentes constituées sur des têtes âgées ; et l'on peut établir d'une manière positive, que le total des emprunts viagers sur une tête a été constitué à un intérêt au-dessus de 10 pour cent.

La Nation ne verra pas sans étonnement que, sous le règne du dernier tyran, en huit années, depuis 1779 jusqu'en 1787, on ait emprunté en viager 740,655,838 liv., à 9, 10, 11 et 12 pour cent d'intérêt sur une tête, 8 et 9 pour cent sur deux têtes, 8 et demi pour cent sur trois têtes, et 8 pour cent sur quatre têtes.

Le dernier compte remis par les commissaires de la trésorerie nationale, quoique plus détaillé que les précédens, ne nous a cependant pas fait connaître quel était l'âge des rentiers actuels et la quotité des rentes assises sur chaque âge ; de sorte que nous ne pouvions point dire si les rentes viagères étaient dues à des enfans ou à des sexagénaires.

Nous avons eu recours aux comptes rendus par les payeurs des rentes au bureau de comptabilité, puisque c'est dans ces comptes seulement qu'on rappelle l'année de la naissance des têtes sur lesquelles les rentes viagères sont constituées.

Mais comme ces comptes ne sont au complet que jusques et compris 1787, c'est de cette année que part le tableau des rentes viagères dues sur chaque âge, que nous avons fait dresser d'après leur dépouillement (2).

Vous y verrez qu'en 1787 la Nation devait 71,796,415 liv. de rentes viagères sur une tête ; que depuis 1787 jusqu'au premier nivôse de cette année, c'est-à-dire en six ans, les extinctions connues, divisées par chaque âge, se réduisent à 5,548,582 liv. : de sorte que la Nation doit encore 66,247,833 liv. en rentes viagères sur une tête de celles qui existaient en 1787.

Nous devons vous observer que dans ces extinctions se trouvent comprises celles qui ont eu lieu par la mort du ci-devant *Orléans*, etc ; et cependant, si nous nous étions servis des calculs de la probabilité de la vie des rentiers de l'état, observée par Parcieux, nous aurions eu à-peu-près les mêmes résultats.

Vous remarquerez aussi que 22,945,484 liv. des rentes viagères sur une tête qui sont dues, sont constituées sur des têtes actuellement âgées depuis 6 jusqu'à 21 ans. Ainsi, toutes les objections qu'on pourrait vous faire sur leur prochaine extinction, doivent disparaître et céder aux calculs.

Nous n'avons pas pu nous procurer des renseignemens exacts sur le montant des rentes viagères qui ont été constituées depuis 1787, ni sur l'âge des têtes sur lesquelles elles reposent ; mais on peut les estimer, sans erreur majeure, à trois millions de rente.

(1) *Vide* le tableau coté n°. A, qui est à la suite du rapport.

(2) *Vide* le tableau coté n°. B, qui est à la suite du rapport.

Les comptes des payeurs ne nous ont pas fourni les instructions que nous desirions relativement aux rentes constituées sur deux ou plusieurs têtes, puisqu'on n'y fait mention que de l'âge de la tête qui est certifiée existante, et que les paiemens se font en prouvant indistinctement l'existence d'une des têtes sur lesquelles les rentes sont constituées : de sorte qu'on ignore presque toujours l'âge et l'existence des co-associés dans le même contrat.

C'est avec les calculs de l'ordre de mortalité des rentiers de l'État, que nous avons établi les extinctions qui doivent avoir eu lieu sur ces rentes depuis le premier janvier 1793.

Le compte des commissaires de la trésorerie nationale, à l'époque du premier janvier 1793, portant qu'il était dû 27,028,129 liv. de rentes sur deux têtes; les extinctions probables qui doivent avoir eu lieu, peuvent être estimées 330,819 liv., de sorte que leur montant, au premier nivôse, devait être de 26,697,310 liv.

Mais comme depuis la constitution des rentes sur deux têtes, on n'a jamais calculé la mortalité d'une des deux têtes, nous avons cherché à l'établir par l'ordre de mortalité des rentiers de l'État. Il résulte de l'opération que nous avons faite, que cette somme devait être divisée en deux parties :

SAVOIR,

Sur une seule tête, l'un des jouissans ou survivanciers devant être mort, ci	9,578,670 liv.
Et sur deux têtes qui doivent encore exister, ci	17,118,640
TOTAL	26,697,310 liv.

Quant aux rentes constituées sur trois ou quatre têtes, nous n'avons pas cru intéressant de vous présenter les calculs de la mortalité qui doit avoir eu lieu depuis le premier janvier 1793; l'objet étant peu considérable, nous nous sommes bornés à vous offrir le résultat du compte fourni par les commissaires de la trésorerie nationale à cette époque.

Il résulte de nos recherches et de nos calculs, que la dette viagère, au premier nivôse, devait être composée,

SAVOIR,

D'après les comptes des payeurs, sur une tête, ci	66,247,833 liv.
Créations sur une tête depuis 1787, environ	3,000,000
Sur une tête provenant des constitutions faites sur deux têtes, ci	9,578,670
Sur deux têtes existantes, ci	17,118,640
Sur trois têtes, ci	1,945,108
Sur quatre têtes, ci	795,539
TOTAL des rentes viagères au premier nivôse	98,685,790 liv.

La Nation doit encore des rentes viagères provenant des emprunts faits par les villes et communes, par les ci-devant États provinciaux, et par les corporations qui ont été supprimées; mais on n'a aucune connaissance même approximative de leur montant.

Après avoir établi quel était le montant des rentes viagères dues par la République, votre comité a dû définir quelle était la dette connue sous ce nom.

On doit entendre par rentes viagères, celles qui restent entièrement éteintes à la mort de ceux sur qui elles sont constituées; ainsi elles peuvent être assimilées aux annuités qui comprennent deux parties distinctes : l'une est l'intérêt du capital fourni dans l'emprunt; l'autre est la portion du capital que l'emprunteur rembourse chaque année au rentier.

La réflexion très-simple, que nos besoins durent autant que notre vie, et finissent avec elle, a fait naître sans doute l'idée des rentes viagères. Il paraît que l'usage s'en est introduit depuis long-temps, puisque les lois romaines en font mention sous différentes dénominations; mais ce n'est que depuis plus d'un siècle, et particulièrement sous le règne du dernier tyran en France, que les besoins de notre ancien gouvernement et la mauvaise foi ou l'ignorance des ministres ont abusé de ces emprunts, sans avoir égard à aucun calcul.

Cependant l'intérêt du gouvernement aurait dû être de s'instruire et d'éclairer la Nation sur la loi de la mortalité humaine, afin de régler d'une manière équitable le taux de l'intérêt viager.

Plusieurs auteurs ont publié, depuis le commencement du siècle, des ouvrages contenant différens ordres de mortalité humaine, établis tant d'après des registres de naissances et de morts, que d'après d'autres observations. Ces ouvrages indiquent des méthodes pour calculer les rentes viagères; les ministres déprédateurs n'ont point daigné les consulter, tandis que les agioteurs en ont retiré les plus grands avantages.

Parmi ces ouvrages, nous avons distingué, pour notre objet, celui connu sous le titre d'*Essai sur la probabilité de la durée de la vie humaine*, rédigé par feu Parcieux, dans lequel il démontre la probabilité de la vie des rentiers de la France, d'après les listes des tontines créées en 1689 et 1696.

Nous nous sommes servis des ouvrages du citoyen Duvillard, qui, après avoir recueilli de nouvelles observations, a perfectionné et étendu cette théorie, ouvrages approuvés par la ci-devant académie des sciences de Paris.

Nous avons consulté les divers auteurs français, anglais et hollandais, qui ont écrit sur cette matière.

C'est avec toutes ces instructions que nous avons établi la valeur réelle des rentes viagères, selon les différens âges.

Ceux qui observent avec quelque soin la marche de la nature, y découvrent, à travers une infinité d'irrégularités particulières, un certain ordre général dont elle ne s'écarte guère. Ainsi, quoique chaque homme meure comme au hasard, et sans qu'on puisse assigner le terme de sa vie, on peut du moins, après avoir recueilli un grand nombre d'observations sur les évènemens passés, prédire avec beaucoup d'exactitude combien, sur un certain nombre d'hommes du même âge, il y en aura de subsistans à la fin de chaque année. Ces observations pourraient être telles, et en tel nombre, qu'aucun des motifs de *croire* qui nous déterminent dans la conduite de la vie, n'aurait de fondemens plus certains, parce que tout est probabilité.

Il est clair que si un certain nombre de personnes du même âge veulent faire, par égales parts, un fonds commun, pour le consommer pendant leur vie par une rente annuelle, on peut déterminer d'avance le taux de cette rente, qui aura entièrement absorbé le fonds et les intérêts, lorsque le dernier survivant viendra à décéder.

Celui qui place à une telle condition, peut payer plus ou moins qu'il ne retirera, et hasarde une partie de sa mise : mais il n'est pas moins vrai qu'ici, comme dans toutes les loteries, les mises doivent être égales ; que, réciproquement, si l'on veut dissoudre un tel établissement, ou annuller les chances, le fonds restant doit être également réparti entre les survivans ; qu'ainsi la véritable valeur d'une rente viagère est la valeur moyenne qui résulte de l'égale répartition des fonds restans.

Au lieu de cette théorie certaine et lumineuse, les ministres de l'ancien gouvernement ont suivi une ancienne routine qui établit qu'un intérêt viager de dix pour cent est égal à un intérêt perpétuel de cinq pour cent. Ainsi, en tenant le peuple dans l'ignorance, ils ont consacré une erreur sur laquelle il est très-important de l'éclairer; et que l'expérience et les calculs publiés par divers auteurs devraient avoir rectifiée depuis long-temps.

Cette erreur est tellement invétérée, qu'on a vu des septuagénaires se réjouir de placer leurs fonds en viager à douze et même à dix pour cent, tandis que, d'après l'ordre de mortalité moyen, ils auraient dû recevoir quinze et un quart pour cent, pour retrouver leur capital avec les intérêts à cinq pour cent ; et ces mêmes rentiers auraient refusé huit pour cent sur des têtes âgées de quinze à seize ans, tandis que, d'après le même ordre de mortalité et dans le même cas, ils n'auraient dû recevoir qu'environ six et un quart pour cent.

Lorsqu'on recherche la cause de cette erreur, on croit la trouver dans l'opinion fondée sur l'ordre de mortalité moyen, d'après lequel un intérêt viager de dix pour cent, sur des têtes âgées de cinquante-un ans, équivaut à un intérêt perpétuel de cinq pour cent ; mais ce résultat n'est pas applicable à tous les âges, puisqu'il doit varier suivant le plus ou le moins d'années qu'on a encore à espérer.

Il paraît, au surplus, que, lorsque les emprunts en viager étaient peu considérables, ceux qui y plaçaient leurs fonds cherchaient seulement à se procurer quelqu'aisance pour le temps de la vieillesse ; pour lors le taux de dix pour cent n'était pas si disproportionné. Les financiers n'avaient point encore fait, des rentes viagères, un objet de spéculation.

On a toujours distingué plusieurs ordres de mortalité humaine ; entre autres celui de mortalité commune, et celui de mortalité des rentiers. Les auteurs ont prouvé que, d'après le premier ordre, la vie de l'homme, en France, prise à sa naissance, faisait espérer un âge moyen d'environ vingt-cinq ans et demi ; tandis que, d'après le second ordre, la vie moyenne des rentiers, en France, prise aussi à leur naissance, donnait un âge moyen d'environ trente-sept ans.

Parcieux prouve, dans son ouvrage, que la vie moyenne des rentiers de la France, prise à l'âge de cinq ans, fait espérer un âge moyen de quarante-huit ans et trois mois.

La différence entre ces deux ordres de mortalité est facile à saisir. En effet, on doit considérer les personnes qui constituent ordinairement des rentes viagères, comme des gens d'élite, qui doivent vivre plus que le commun des hommes. La plupart sont à l'abri des maladies de l'enfance, des dangers qui accompagnent certaines professions, de l'extrême misère et des travaux forcés. Ceux qui sont malades et languissans constituent peu de rentes viagères, et les parens qui placent pour leurs enfans, ont soin de choisir ceux dont le tempérament vigoureux promet une longue existence.

Au contraire, si on établissait un ordre de mortalité pris parmi les soldats ou gens de mer, ou parmi les citoyens qui s'occupent aux travaux forcés, ou parmi les enfans trouvés dans les grandes villes, on trouverait un ordre de mortalité beaucoup plus rapide que l'ordre général.

C'est d'après ces observations qu'on est fondé à mettre dans la classe des emprunts ruineux, ceux qui ont été faits par l'ancien gouvernement à raison de dix pour cent sur des têtes de tout âge, tout le monde ayant intérêt de choisir des jeunes têtes ; c'est à cette cause, en partie, que l'on doit attribuer le désordre des finances de la France.

Ces emprunts ont été encore plus désavantageux par les spéculations raffinées que quelques agioteurs ont mises en usage dans les derniers temps de la monarchie. Ils ont choisi dans un pays sain, dans un petit État républicain, à l'abri des orages de la guerre, des enfans de cinq à dix ans, qu'ils ont fait inoculer, et auxquels ils ont donné les plus grands soins : on a engagé les garçons, au moyen d'une légère pension, à ne point quitter leur pays, et à ne point exercer de métier périlleux. Les observations réitérées sur la probabilité de la vie humaine, ayant fait connaître que la vie moyenne des femmes, dans tous les pays, est plus longue que celle des hommes, les spéculateurs ont placé de préférence leurs rentes viagères sur des têtes de filles. C'est de cette manière qu'ils ont rendu fort avantageuses aux prêteurs, et fort onéreuses à l'État, les rentes viagères sur une tête, qui ont été créées par l'ancien gouvernement depuis 1779 jusqu'en 1787.

Des compagnies ont poussé plus loin leurs spéculations. Après avoir observé la loi de mortalité des femmes et filles de Genève, dont la bonne constitution, la saine manière de vivre, l'état d'aisance et la stabilité dans le pays sont les plus probables, ces spéculateurs se sont assemblés avec les médecins pour faire choix des jeunes filles qui, ayant déja passé par les épreuves des maladies de l'enfance, paraissaient avoir la meilleure constitution ; tous les avis des médecins ayant été réunis, ils ont formé une liste sur laquelle ils ont choisi, à chaque nouvel emprunt, 30 têtes ; ils ont constitué sur chacune d'elles un certain nombre de contrats, pour en réunir les rentes annuelles et viagères, et les partager ensuite proportionnellement entre tous ceux qui voudraient s'y intéresser.

C'est ainsi qu'on se jouait de l'imbécillité de notre ancien gouvernement, et qu'on se préparait des fortunes énormes sans débourser un seul denier, mais seulement en prêtant un crédit.

Les spéculateurs environnaient les ministres, ils accaparaient presque l'entier emprunt en viager. Ils en

étoient

étaient les marchands en gros ; on leur accordait une commission d'un pour cent, un terme plus ou moins long pour en acquitter le montant, au moyen des lettres-de-change qu'ils fournissaient, pour être payées dans 2, 3, 4, 5 et 6 mois. C'est avec de pareilles manœuvres que les ministres des finances se jouaient du peuple, vantaient leur crédit, et se glorifiaient d'avoir rempli dans un jour les emprunts usuraires qu'ils créaient.

Ces accapareurs des emprunts viagers maîtrisaient le gouvernement ; ils fabriquaient des nouvelles politiques pour accréditer leurs opérations. Ils avaient des émissaires au coin de toutes les rues, dans les cafés, et dans les salons, pour donner des louanges au ministre qui les avait favorisés ; ils appelaient tous leurs collègues à la bourse de Paris, pour faire hausser et baisser à leur gré le crédit public ; ils colportaient dans toutes les places de l'Europe les obligations que la France leur avait souscrites, et ils se réservaient la faculté de les rapporter au trésor public, dans le cas où ils ne pourraient pas les revendre.

Quelquefois ils en faisaient une nouvelle spéculation, et alors ils employaient leur crédit pour en fournir le montant C'est pour ces opérations qu'on vit des compagnies financières envoyer chaque jour des couriers extraordinaires dans toutes les places de commerce, et souscrire des billets solidaires avec lesquels elles se procuraient des fonds qui, sans doute, auraient été mieux employés à favoriser les opérations de l'agriculture et des fabriques nationales.

C'est avec ces manœuvres que les spéculateurs ont aidé la révolution en 1789, parce qu'ils pensaient qu'elle serait avantageuse à leurs opérations financières ; c'est aussi avec ces manœuvres qu'ils ont voulu soutenir la monarchie, s'opposer à la révolution du 10 août, et qu'ils avaient formé la coalition dangereuse qui a été anéantie le 31 mai dernier.

Examinons quel était le résultat de toutes ces opérations pour les spéculateurs qui s'y livraient, et pour le gouvernement qui s'y prêtait.

Les spéculateurs qui avaient un crédit à l'établissement connu sous le nom de caisse d'escompte, y empruntaient les fonds qui leur étaient nécessaires en souscrivant entre eux des lettres-de-change pour lesquelles il se payaient un intérêt qui leur coûtait 3 et demi ou 4 pour cent par an. Ainsi, supposons qu'un spéculateur eût acheté cent mille livres en rentes viagères, pour lesquelles il aurait fallu fournir un capital d'un million, qui, au moyen d'un pour cent de commission que le gouvernement lui accordait, ne lui coûtait que 990,000 liv. ; il avait à payer la première année, à la caisse d'escompte, 39,600 liv., pour l'intérêt à 4 pour cent des fonds qu'elle lui avait fournis : et comme le gouvernement lui payait cette même année 100,000 liv., le spéculateur s'empressait de rembourser 60,400 liv. du capital qu'il avait emprunté, de sorte qu'il ne devait dans un an que 929,600 liv. Cette opération répétée toutes les années, sans éprouver de mortalité, avait éteint le capital emprunté avec les intérêts, dans l'espace de 12 ans 10 mois 8 jours ; et nous prouverons que la rente viagère sur des têtes de 9 ans, devait être payée, en y comprenant les cas de mortalité, pendant 34 ans 5 mois et 15 jours.

A la vérité, ces opérations n'avaient lieu que pour certains spéculateurs privilégiés, qui avaient un crédit illimité, ou qui avaient l'oreille du ministre, et souvent des liaisons d'intérêt avec lui.

La classe des agioteurs qui n'avait pas un crédit à la caisse d'escompte, était obligée de payer à 5 pour cent l'intérêt des fonds qu'elle empruntait pour placer en rente viagère : mais ne vous attendrissez pas sur son sort, car en calculant la mortalité, au bout de 15 ans 5 mois 23 jours, elle avait remboursé le capital emprunté avec les intérêts à 5 pour cent.

Qu'on ne croie pas que les calculs que nous venons de présenter soient chimériques ; ils sont prouvés par tous les ouvrages qui ont paru jusqu'à ce jour ; et nous avons un extrait signé des livres (1) de la caisse d'escompte que nous mettons sous vos yeux, qui ne laisse aucun doute à cet égard.

Vous y remarquerez que cette compagnie a acheté depuis le 17 mai 1791, jusques et inclus le 31 mai 1792, diverses parties de rentes viagères, produisant 988,097 liv. » sols 5 den., pour lesquelles l'ancien gouvernement doit avoir reçu 10,214,972 liv. 6 sols 7 den. de capital, mais qui n'ont coûté à la caisse d'escompte que 10,161,724 liv. 9 sols 3 den., sur laquelle somme elle a déduit annuellement l'intérêt viager, que la Nation lui payait ; elle y a ajouté l'intérêt à 5 pour cent des fonds dont elle était en avance ; de sorte que le 31 décembre 1792 elle n'était en avance que de 9,334,242 liv. 12 sols ». Elle avait donc fait, pendant ce court espace de temps, qu'on peut estimer, par un calcul moyen, être de dix-huit mois, un bénéfice de 827,481 l. 17 s. 3 d. en sus de l'intérêt à cinq pour cent.

On objectera peut-être qu'on a couru le risque de la mortalité de quelques têtes, et on ne manquera pas, lorsque ce cas arrivera, de faire valoir le bénéfice qu'on dit énorme pour la Nation : mais est-on de bonne-foi, lorsqu'on avance de pareils faits ? Les agioteurs voudraient-ils faire croire qu'ils ont été dupes avec l'ancien gouvernement, dans les emprunts qu'ils combinaient eux-mêmes ?

Nous n'exagérerons pas les bénéfices qu'ils ont faits ; nous ne nous appuierons pas d'une erreur commise par la plupart des spéculateurs en rentes viagères, qui croient que la valeur d'une rente viagère, constituée sur un assemblage de têtes choisies, est égale à la valeur de cette rente qui serait payée pendant le temps de leur vie moyenne.

C'est ainsi qu'après avoir appris, par des tables mortuaires, que la vie moyenne des enfans de 9 ans est de 47 ans, certaines personnes imaginent qu'une constitution de 10,000 liv. de rentes viagères divisées sur 30 têtes de 9 ans, équivaut à une annuité de 10,000 liv. payée pendant 47 ans.

Il est vrai que le rentier viager peut compter recevoir 47 fois la rente viagère de 10,000 liv., somme réellement égale à celle qui serait payée aux créanciers de l'annuité constante pendant 47 ans : mais leur position respective est très-différente, car à la 47e. année, le créancier de l'annuité aurait tout reçu, et le rentier viager serait encore en retard, pour une partie considérable, dont le paiement doit se prolonger jusques au-delà de la 80e année.

D'après ces observations, on peut établir qu'une rente viagère, constituée sur 30 têtes âgées de 9 ans, est équivalente à une annuité qui durerait 34 ans 5 mois et 15 jours (2).

Ainsi, l'agioteur qui s'est libéré dans 15 ans 5 mois 23 jours, des fonds qu'il avait empruntés et des intérêts à 5 pour cent, peut compter avec certitude sur un bénéfice égal à une annuité de 10,000 liv. pendant 18 ans 11 mois 22 jours.

(1) *Vide* le tableau no. C, à la suite du rapport.

(2) *Vide* les Recherches sur les rentes, par le citoyen Duvillard.

Avec de pareilles opérations, doit-on s'étonner des fortunes énormes et scandaleuses qui ont été faites dans les derniers temps de la monarchie, par des agioteurs, des spéculateurs sur les fonds publics, et des financiers.

Le gouvernement y trouvait-il les mêmes avantages ? c'est ce que nous allons examiner.

Si on consulte les tables de probabilité de la vie humaine, d'après un ordre de mortalité moyen, pour que l'emprunt viager fût égal à un emprunt en perpétuel à 5 pour cent, on trouve que l'État ne devait payer 10 pour cent de rente viagère sur une tête qu'à l'âge de 51 ans.

Qu'il n'était dû 9 pour cent sur deux têtes, qu'à celles âgées de 59 ans, ou de 50 et 70 ans, etc.

Qu'il n'était dû 8 et demi pour cent sur 3 têtes, que lorsque l'une portant l'autre, elles étaient âgées de 63 ans et demi.

Enfin qu'il n'était dû 8 pour cent sur 4 têtes, que lorsque leurs âges pouvaient se rapporter à un âge commun de 66 ans.

Mais nous devons observer que l'ordre de mortalité qui a servi de base à ces calculs, suppose que les têtes sont prises au hasard, et nous avons démontré précédemment les causes qui établissaient des différences considérables entre l'ordre de mortalité commun, et l'ordre de mortalité des rentiers ordinaires de l'État.

Or, si nous suivions les calculs que l'ouvrage de Parcieux nous fournit, nous trouverions que, d'après l'ordre de mortalité des rentiers de l'État, les intérêts perpétuels étant comptés sur le pied de 5 pour cent, on n'aurait dû accorder 10 pour cent de rente viagère sur une tête, qu'à l'âge de 57 ans.

Cet auteur n'a point calculé la valeur des rentes viagères sur 2, 3 ou 4 têtes, et c'est peut-être à cette cause que nous devons attribuer l'ignorance des spéculateurs qui n'ont pas su profiter de tous les avantages que leur offraient les emprunts viagers sur plusieurs têtes, qui ont été créés depuis 1779 jusqu'en 1787.

Si nous établissions un ordre de mortalité pris parmi les têtes choisies à Genève, nous trouverions un plus grand désavantage pour l'Etat ; mais nous nous bornons, dans ce moment, à l'indiquer, afin de ne pas nous livrer à des recherches trop étendues : il nous suffira seulement de prouver quelle a été la perte de l'État, d'après l'ordre de mortalité des tontiniers.

Cet ordre établit que pour pouvoir payer dix pour cent de rente viagère sur une tête âgée de dix ans, l'intérêt perpétuel étant à cinq pour cent, il faudrait recevoir seize fois et trois dixièmes, le montant de la rente, c'est-à-dire que pour se procurer 10 liv. de rente viagère sur une tête âgée de dix ans, il faudrait fournir un capital de 163 liv.

Si nous appliquons cet exemple aux diverses opérations qui se sont faites sous l'ancien gouvernement, nous trouverons que pour avoir 10 millions en rente viagère sur des têtes âgées de dix ans, il n'a été versé au trésor public que 100 millions de capital, tandis qu'on aurait dû fournir 163 millions ; il en est donc résulté une perte de 63 millions.

Si nous comparons le taux de la rente viagère sur une tête de 10 ans, équivalent à un intérêt perpétuel du cinq pour cent, nous trouverons que pour 100 liv. de capital, on ne doit payer que six quinze-centièmes pour cent ; l'ancien gouvernement payant dix pour cent, éprouvait donc une perte de trois quatre-vingt-cinq centièmes pour cent d'intérêt par an.

Si nous consultons l'ouvrage intitulé : *Recherches sur les rentes, par Duvillard*, nous trouverons que l'emprunt viager de dix pour cent sur une tête de dix ans équivaut à un intérêt perpétuel de neuf pour cent.

Qu'on ne dise pas que nous avons créé des hypothèses pour grossir les torts des anciens ministres, puisque, d'après les comptes rendus par les payeurs, on voit qu'il est dû encore aujourd'hui 22,945,484 liv., sur des têtes actuellement âgées depuis six jusqu'à vingt-et-un ans : ce qui prouve que l'État a reçu au moins 240 millions en viager, sur de jeunes têtes ; conséquemment il s'est soumis à une perte d'environ 130 millions, pour cette partie seulement.

Et qu'on ne croie pas que le discrédit du gouvernement nécessitât des conditions aussi onéreuses, puisqu'à la suite de ces opérations désastreuses, les ministres se procurèrent des fonds au moyen des emprunts de 80 et de 125 millions, remboursables à des époques déterminées, qui coûtaient six et demi à six trois quarts pour cent d'intérêt, emprunts que vous avez réformés : ainsi, d'après vos principes, vous ne pouvez pas laisser subsister ceux qui sont plus désavantageux.

Nous aurions pu vous citer encore des emprunts plus ruineux, en vous présentant les résultats de ceux faits en viager sur deux, trois et quatre têtes ; mais nous avons pensé qu'il suffirait que vous connussiez une partie des abus, pour que vous vous empressiez d'y apporter une réforme salutaire.

Nous devons regretter que notre opération ait été si retardée ; mais heureusement il est encore temps de délivrer la nation d'une partie de cette perte, sans faire aucun acte contraire à la justice la plus sévère.

Dans un temps de révolution, il aurait été peut-être permis de dire aux créanciers qui ont prêté usurairement : Tu m'as fourni telle somme ; l'intérêt légal était à cinq pour cent ; il t'aurait produit tant, je t'ai payé tant en sus de cet intérêt ; j'impute cet excédant sur le capital que tu m'as fourni. La Nation aurait été bientôt libérée de la dette viagère ; mais nous aurions commis une injustice, puisque le rentier aurait couru le risque d'une mort, sans aucun avantage pour lui.

Cette mesure aurait ruiné beaucoup des citoyens qui ont placé leurs économies dans ces emprunts, qui se sont même servis de l'intermédiaire des spéculateurs pour faire leur placement : de sorte que ces agioteurs font aujourd'hui cause commune avec de bons sans-culottes. Aussi, avons-nous écarté une idée qui aurait pu livrer au désespoir la vieillesse que les Français veulent respecter et consoler.

La loi du 24 août dernier sur la consolidation de la dette publique nous a servi de guide dans notre travail. Vous avez ordonné que la dette exigible dont le capital excéderait 3,000 liv., serait inscrite sur un grand livre pour les intérêts à cinq pour cent : vous avez rejeté de la liquidation les primes, chances, lots, etc., que l'ancien gouvernement avait promis, lorsque par leur réunion avec l'intérêt annuel, ils excédaient le taux légal de cinq pour cent ; mais vous n'avez pas voulu donner à cette disposition un effet rétroactif, puisque vous avez validé les paiemens des primes, etc., qui avaient été faits avant votre opération; vous avez même autorisé celui des primes échues qui n'avaient pas été acquittées.

C'est d'après ces principes, que nous vous proposons de décréter que tous les arrérages des rentes viagères qui sont dus à l'époque du premier germinal, seront payés à bureau ouvert sur l'ancien taux, sur la présentation et remise des titres originaux, des certificats de vie, des actes de naissance de toutes les têtes sur lesquelles les rentes viagères sont dues, soit actuellement, soit par droit de survie.

Par cette opération, vous séparerez le passé de l'avenir; vous connoîtrez dans tous les détails le montant actuel de la dette viagère, et des extinctions qui ont eu lieu, soit par mort, émigration ou séquestre; vous retirerez le titre royal, et vous républicaniserez cette partie de la dette, comme vous avez fait pour la dette consolidée.

Les rentiers jouiront de suite de l'avantage d'être payés, sans attendre leur tour, par l'ordre alphabétique des noms, puisqu'ils recevront à la trésorerie nationale tout ce qui leur sera dû d'échu, sur une seule quittance; ils seront seulement obligés de se procurer, de l'ancien payeur, un certificat qui constate le montant des arrérages qu'ils auront à recevoir.

Tous ceux qui n'auront pas remis leurs titres d'ici au premier vendémiaire prochain, seront déchus de toute répétition envers la République. Cette mesure n'a pas besoin d'être motivée; elle a été consacrée par trop de décrets.

Les titres remis à la trésorerie nationale, les rentes viagères seront converties en un capital représentant leur valeur actuelle et réelle, d'après un intérêt perpétuel à cinq pour cent, en les calculant d'après un ordre de mortalité moyen.

Pour faciliter cette opération, nous avons fait dresser quatre tables qui serviront de base aux calculs à faire pour déterminer le capital qui sera dû pour les rentes viagères constituées sur une, deux, trois et quatre têtes.

La table première est relative aux rentes sur une tête: la première colonne indique l'âge de la tête sur laquelle la rente viagère est constituée.

La seconde règle par combien de fois elle doit être multipliée, relativement à l'âge de chaque tête, afin d'en déterminer le capital.

La troisième colonne est le résultat du calcul pour une rente viagère de 1,000 livres.

Ainsi, supposons que Pierre soit créancier de l'État pour une rente viagère de 1,000 livres sur une tête actuellement âgée de quinze ans, il aurait droit, d'après cette table, à un capital de 14,588 livres, s'il avait fourni au trésor public la valeur réelle de cette rente; mais comme il n'est pas juste que ce créancier reçoive plus qu'il n'a prêté, nous vous proposons de liquider ce qui lui sera dû, par la somme qu'il aura fournie, d'après son contrat.

Or, si cette rente a été constituée à dix pour cent, il n'aura droit qu'à un capital de 10,000 livres; ainsi le dégrèvement actuel de la Nation sera, dans ce cas, au moins de 4,588 livres de capital.

L'économie pour la Nation serait bien plus considérable, si nous l'établissions d'après l'ordre de mortalité des tontiniers; car, d'après l'ouvrage de Parcieux, la charge de cette rente équivaut à un capital de 15,940 livres. Dans ce cas, le dégrèvement pour la nation serait de 5,940 livres.

Quel reproche fondé pourra nous faire ce créancier? il aura reçu pendant plusieurs années dix pour cent d'intérêt, et il retrouvera son capital dans son entier.

Si la tête sur laquelle la rente de 1,000 livres est constituée, est actuellement âgée de cinquante-deux ans, le capital liquidé, d'après les bases de la même table, montera à 9,925 livres: c'est cette somme que nous vous proposons de reconnaître, parce qu'elle représente la véritable valeur actuelle de la rente, d'après l'ordre de mortalité moyen: dans ce cas, on n'aura pas recours à la somme portée par le contrat; ce propriétaire étant plus âgé, n'a pas droit à un capital plus fort.

Enfin, si la rente viagère de 1,000 livres est assise sur une tête de 90 ans et au-dessus, le capital liquidé montera à 1,723 livres: c'est aussi cette somme que nous vous proposons de reconnaître, d'après les mêmes bases.

On sera peut-être surpris de la modicité de la somme qui reviendra aux vieillards, et peut-être déja cette considération vous prévient contre notre projet; mais rassurez-vous, nous avons pris des mesures qui maintiennent sans diminution, aux vieillards, une quotité de leur rente actuelle, relative aux besoins de leurs âges.

Le résultat de notre opération, nous le répétons sans cesse, n'a d'autre but que de réduire tous les intérêts que la Nation paie au taux légal de cinq pour cent; et, par ce principe juste, nous sommes parvenus à conserver aux rentiers de cinquante-deux ans et au-dessus, leurs rentes actuelles sans aucune diminution; ceux de quarante à cinquante ans en éprouveront une très-légère; la justice nationale réduira seulement les bénéfices que les personnes qui ont abusé de l'imbécillité du gouvernement, en plaçant sur de jeunes têtes, attendaient de leurs spéculations.

Nous avons employé dans nos calculs un ordre de mortalité moyen, pour établir la liquidation du capital équivalent aux rentes viagères, la Nation ne devant avoir aucun égard aux spéculations qui n'ont eu lieu que pour prolonger leur durée.

La table seconde est relative aux rentes existantes sur deux têtes: la première et la seconde colonne indiquent l'âge des deux têtes. Nous les avons classées de cinq en cinq ans, parce que si nous eussions fait d'année en année toutes les combinaisons possibles des deux âges, nous aurions eu à calculer pour plus de cinq mille cas différens; et nous avons reconnu que l'exactitude serait suffisante, en s'en tenant aux âges inscrits dans ces deux colonnes: de sorte qu'une tête âgée de douze ans six mois, et une tête âgée de dix-sept ans six mois moins un jour, seront considérées comme ayant quinze ans, et ainsi de suite.

La troisième colonne établit par combien de fois doit être multipliée la rente, afin d'en déterminer le capital relativement aux âges des têtes sur lesquelles elle est assise.

La quatrième colonne est le résultat du calcul pour une rente viagère de 1,000 liv.

La troisième table porte les mêmes indications pour les rentes viagères constituées sur trois têtes.

La quatrième pour celles qui sont constituées sur quatre têtes.

Ces deux dernières tables sont calculées de dix en dix ans, de sorte qu'une tête âgée de cinq ans, et une autre de quinze ans moins un jour, seront classées à l'âge de dix ans, etc.

Les exemples que nous avons établis pour l'explication de la première table, suffisent pour faire connaître l'usage des trois autres. Vous trouverez aisément le dégrèvement que la Nation éprouvera dans les différens cas, par l'opération qui vous est proposée.

Le capital des rentes viagères une fois liquidé, nous aurions pu vous proposer d'inscrire sur le grand livre de la dette consolidée la totalité de la somme qui sera due : en cela, nous n'aurions fait que suivre les principes que vous avez décrétés pour la dette exigible, personne ne pouvant contester que la rente viagère ne renferme deux parties distinctes, dont une est relative à la portion du capital qui est remboursé, l'autre est l'intérêt annuel; que ces rentes peuvent être considérées comme des annuités, et que comme telles nous aurions pu les assimiler à celles qui étoient dues à la caisse d'escompte et aux notaires de Paris, dont le capital a été inscrit sur le grand livre de la dette consolidée.

Mais nous avons considéré que cette mesure, toute juste qu'elle eût été, aurait pu priver subitement du nécessaire certains rentiers, âgés et peu fortunés, et dès-lors nous nous serions écartés des principes démocratiques et d'humanité que vous ne cessez de consacrer.

C'est d'après ces considérations, que, malgré l'immoralité et les inconvéniens des rentes viagères, nous nous sommes déterminés à vous proposer de permettre aux propriétaires actuels, et à ceux qui auront droit au capital liquidé, qui sont domiciliés en France, ou en pays amis de la République, de conserver sur ce capital, une rente viagère jusqu'à concurrence de 1000 liv. pour ceux qui sont âgés de 30 ans et au-dessous,

de 1500 . . . *Idem* . . . . . . de 30 à 40
de 2000 . . . *Idem* . . . . . . de 40 à 50
de 3000 . . . *Idem* . . . . . . de 50 à 60
de 4000 . . . *Idem* . . . . . . de 60 à 70
de 5000 . . . *Idem* . . . . . . de 70 à 80
de 7500 . . . *Idem* . . . . . . de 80 à 90
de 10000 . . . *Idem* . . . . . . de 90 et au-dessus.

C'est une faveur que vous leur accordez, puisque vous leur continuerez un remboursement annuel qui n'a pas eu lieu pour les créanciers de la dette exigible.

Vous remarquerez aisément que dans la proportion que nous vous proposons, nous avons eu égard aux besoins de la vie et aux infirmités de l'âge.

En accordant cette faveur, nous avons dû établir un intérêt viager légal et proportionné pour chaque âge, qui fût équivalent à un intérêt perpétuel de cinq pour cent, afin de déjouer toutes les combinaisons des spéculateurs.

Cet intérêt est réglé d'après l'ordre de mortalité moyen, puisque c'est d'après cet ordre que nous avons établi la liquidation des rentes pour en déterminer le capital, et que nous ne pouvions pas avoir deux poids et deux mesures pour la même opération.

La table N°. 5 règle cette proportion, de laquelle il résulte que nous accordons un intérêt viager de 6 $\frac{5677}{10000}$ pour cent aux têtes âgées de 8 ans, et de 58 $\frac{181}{10000}$ à celles âgées de 90 ans.

Nous allons vous présenter divers exemples qui vous feront connaître quels seront les résultats de l'opération que nous vous proposons, et le sort de divers créanciers viagers de la République.

Le propriétaire d'une rente viagère de 1,000 liv. sur une tête actuellement âgée de neuf ans, aurait droit, d'après la table première, au capital de 15,210 liv.; mais comme d'après le taux des emprunts faits par l'ancien gouvernement, ce propriétaire doit n'avoir fourni au trésor public que 10,000 liv., nous vous proposons de lui accorder l'option d'une inscription de 500 liv. sur le grand livre de la dette consolidée, ou de conserver une rente viagère de 657 liv. Dans ce cas le dégrèvement de la Nation serait de 343 liv. de rente viagère.

Si la rente viagère de 3,000 liv. est assise sur une tête actuellement âgée de 52 ans, le propriétaire aura droit aussi, d'après la première table, à un capital de 29,775; nous vous proposons de lui laisser la faculté de se faire inscrire pour 1,489 liv. sur le grand livre de la dette consolidée, ou de conserver sa rente viagère de 3,000 liv.

Enfin, un propriétaire d'une rente viagère de 10,000 liv. sur une tête actuellement âgée de 90 ans, aura droit, d'après les mêmes bases, à un capital de 17,230 liv. qu'il pourra convertir en une inscription de 862 liv. sur le grand livre de la dette consolidée, ou en une rente viagère de 10,000 liv.

Ainsi, ces deux derniers propriétaires n'auront rien à craindre de notre opération, puisqu'ils pourront conserver, sans aucune diminution, la rente viagère dont ils jouissent actuellement; ils obtiendront la faculté de rendre à leurs familles, s'ils le desirent, une partie d'un capital qui était entièrement perdu pour elles.

Nous pourrions multiplier ici des exemples qui prouveraient qu'un propriétaire qui a une rente viagère de 1,000 liv. assise sur une tête actuellement âgée de 15 ans, et qui la transportera sur la sienne actuellement âgée de 51 ans, n'éprouvera, pendant sa vie, aucune diminution, puisqu'il pourra conserver les 1,000 liv. de rente viagère, sans rien ajouter au capital qui sera liquidé : notre opération se bornant, vis-à-vis de lui, à détruire l'effet des spéculations qu'il avait faites lors de son placement, et à régler l'intérêt proportionnellement à son âge, d'après un intérêt perpétuel de cinq pour cent.

Nous pourrions aussi prouver que les propriétaires âgés de 52 ans et au-dessus, qui jouissent d'une rente viagère assise sur une tête actuellement âgée de 10 ans, pourront augmenter leur jouissance pendant leur vie, en renonçant à la spéculation usuraire qu'ils avaient faite. Cette augmentation sera telle qu'un propriétaire âgé de 90 ans, qui a une rente de 1,000 liv. sur une tête actuellement âgée de 10 ans, pourra la convertir en une rente viagère sur sa tête, de 5863 liv. : ainsi, celui qui n'a placé que dans la vue de se procurer le nécessaire, obtiendra un avantage que l'ancien gouvernement n'a jamais su offrir.

Nous avons cru devoir nous borner à vous indiquer ces résultats, pour ne pas abuser de votre attention.

Dans un moment où nous nous occupons de substituer toutes les vertus à tous les vices, nous ne devons pas perdre de vue les moyens que nous fournit la conversion du viager en perpétuel, pour procurer aux citoyens la faculté de disposer d'un capital qu'ils avaient aliéné sous la monarchie, en préférant le célibat, le luxe, et ce qu'on appelait un état, au bonheur si doux d'être époux et pères de famille; capital qu'ils s'empresseront sans doute de rendre aux enfans qu'ils avaient abandonnés et qu'ils adopteront, ou à ceux qui naîtront d'un mariage que les mœurs républicaines leur feront contracter.

Nous

Nous aurions desiré pouvoir distinguer d'une manière non-arbitraire, les rentes qui appartiennent aux spéculateurs, afin de vous proposer un article particulier qui les obligeât à une restitution ; mais dans des lois générales, les exceptions prêtent toujours à l'arbitraire ; elles assujétissent les bons citoyens à des formalités ; et souvent les fripons qu'on veut atteindre les évitent, tandis que des pères de famille en supportent la peine : quelquefois même les agens chargés de l'exécution deviennent les maîtres de modifier ou d'appesantir la rigueur de la loi ; c'est ce qui nous a déterminés à abandonner le projet que nous avions eu de vous proposer une disposition particulière pour les spéculateurs, la définition de ce mot étant très-difficile dans une loi.

Cependant nous avons pensé qu'on pouvait, sans inconvénient, priver les compagnies de finances qui sont propriétaires de rentes viagères de la faveur d'en conserver une partie.

Pour que cette mesure ne soit pas illusoire, nous vous proposons de décréter qu'aucun titre de créance viagère ne pourra être vendu, cédé ni transporté, à compter du jour de la publication du décret par le bulletin.

Nous avons considéré les rentes viagères qui seront conservées comme des pensions alimentaires qui sont nécessaires à l'existence d'une famille : ainsi, si dans une République la société doit veiller à ce que tous les citoyens aient des moyens pour vivre, nous devons prendre des mesures afin qu'on ne parvienne pas, par des saisies et oppositions quelquefois dirigées par esprit de chicane et d'inhumanité, à priver des familles ou des vieillards de ce qui est indispensable à leur subsistance.

Nous vous proposons donc de décréter qu'à l'avenir il ne pourra être fait aucune saisie et opposition sur les rentes viagères qui seront conservées.

Dans l'ancien régime, plusieurs rentes ont été déclarées insaisissables ; à la vérité cette mesure était le plus souvent en faveur des privilégiés : vous l'étendrez à tous les citoyens ; ainsi, vous ne ferez que généraliser une disposition dont le despotisme avait senti quelquefois la nécessité.

Les saisies et oppositions qui existent déja, seront transportées sur l'inscription du grand livre de la dette consolidée.

Nous avons pensé que les rentes viagères qui seront conservées, devaient être inaliénables, qu'elles ne devaient être constituées que sur une seule tête, qui devra toujours être celle du propriétaire ; toutes ces mesures sont nécessaires pour assimiler ces rentes aux pensions alimentaires.

Cette dernière mesure ne pourra point être contestée dans un moment où vous venez de supprimer la faculté de faire des testamens, dans un moment où le partage égal des biens entre les héritiers naturels vient d'être décrété ; d'ailleurs elle est nécessaire, si vous voulez éviter les formalités qu'entraînent ces espèces de substitutions, si vous voulez simplifier la comptabilité et ne pas multiplier les titres des créances sur la République : l'exception qu'on pourrait réclamer favoriserait un très-petit nombre d'individus ; vous pouvez en juger par la modicité des sommes qui sont actuellement dues sur 2, 3 et 4 têtes.

En supprimant le droit de réversibilité ou de succession, nous avons eu à nous occuper de la répartition de ce qui doit revenir par la liquidation à tous les co-associés : cette partie de notre travail a exigé la plus scrupuleuse attention, les calculs les plus multipliés ; les connoissances du citoyen Duvillard nous ont été d'autant plus nécessaires, qu'aucun auteur avant lui n'avait établi cette théorie.

Pour nous guider dans ce travail difficile, nous sommes partis du principe que les rentes viagères sont des espèces de loteries, où chacun spécule sur le plus ou le moins de durée de sa vie et de celle de son co-associé. Pierre et Jean se sont associés pour une rente viagère dont Pierre a la jouissance et Jean l'expectative. En souscrivant à cette condition, ils ont dû faire une mise de fonds proportionnée à leur position respective ; mais que ces conditions aient été faites ou non, la rente étant assurée aux propriétaires, c'est la rente qui doit régler leur droit actuel au capital, et non pas les mises qu'ils ont faites, ou le prix auquel ces rentes avaient cours sur la place, lequel n'a jamais été conforme à leur valeur réelle, mais variait au gré des spéculateurs.

Le droit des expectans, d'abord très-petit, croît avec le nombre des années qui s'écoulent depuis le moment de l'association, s'il sont plus jeunes que les jouissans ; il diminue, au contraire, d'année en année, s'ils sont plus âgés.

Enfin, la part de chacun est ce qu'il aurait équitablement à fournir présentement pour acquérir le même droit qu'il a sur la rente, de sorte qu'il fût numériquement égal d'acquérir ainsi cette rente, ou de placer le capital à cinq pour cent.

Si le contrat d'association est dissous, si on annulle les chances, le fonds qui proviendra de la liquidation doit être réparti proportionnellement à l'âge de tous les co-associés, en ayant égard à leur position actuelle pour la jouissance ou pour l'expectative.

Nous avons déterminé ce qui était dû par la Nation, en établissant par les quatre premières tables, les bases qui doivent servir aux calculs à faire pour régler le capital qui sera liquidé.

Une fois ce capital déterminé, nous n'avons eu qu'à régler la quote-part qui devait être assignée à chaque intéressé, selon sa position.

Supposons, en premier lieu, que la rente viagère fût également partagée entre les associés ; il est clair que s'ils sont du même âge, leurs parts au capital doivent être égales ; tandis qu'elles doivent être inégales s'ils sont d'un âge différent.

Elles doivent être encore inégales, dans les cas où la rente viagère est inégalement partagée entr'eux, ou bien dans les cas où l'un des associés attend la mort d'un autre pour entrer en jouissance.

C'est d'après ces considérations que nous avons fait calculer les tables n°. 6 à 17, qui sont jointes au décret.

Celles n°. 6 à 8 règlent la répartition qui doit être faite entre co-associés, du capital qui sera liquidé pour les rentes constituées sur une tête.

Celles n°. 9 à 11, pour les rentes sur deux têtes.

Celles n°. 12 à 16, pour les rentes sur trois têtes.

Enfin; celle n°. 17, pour les rentes sur quatre têtes.

Les exemples ci-après vous feront connaître le résultat de ces répartitions pour divers cas ordinaires, dans les associations sur les rentes viagères; ils guideront les liquidateurs dans leurs opérations, et ils indiqueront aux citoyens les calculs à faire pour connaître ce qui leur sera dû.

Un père actuellement âgé de 60 ans, qui aura placé 10,000 livres de capital, moyennant une rente viagère de 1,000 livres, constituée sur la tête de son enfant actuellement âgé de 10 ans, et qui s'en est réservé la jouissance entière pendant sa vie, pour qu'après sa mort elle appartienne en entier à sa femme actuellement âgée de 40 ans; et qu'enfin, après la mort du père et de la mère, elle appartienne à l'enfant sur la tête duquel la rente a été constituée.

Si on multiplie cette rente par 15 $\frac{139}{1000}$ fois son montant, ainsi qu'il est porté dans la table n°. 1, sa valeur actuelle et réelle équivaudrait à un capital de 15,139 livres, qui devrait être réparti comme suit :

	Ans.	Table, n°. 7.	Capital.	Inscription sur le grand livre.	Le capital liquidé, multiplié suivant la Table n°. 5.	Rente viagère.
Le père actuellement âgé de.	60	aura droit à 51 $\frac{19}{100}$ p. %	. . ou 7,750 ₶	qui produiront 388 ₶	par 11 $\frac{9161}{10000}$ p. % prod.	923 ₶
La mère, id	40	. . Id . . 25 $\frac{70}{100}$ . .	 3,891	 195	. . 8 $\frac{4451}{10000}$	329
L'enfant, id	10	. . Id . . 23 $\frac{11}{100}$ . .	 3,498	 175	. . 6 $\frac{6055}{10000}$	231
			. . . 15,139 ₶	 758		1,483 ₶

Ainsi, une rente viagère de 1,000 livres, constituée sur une tête actuellement âgée de 10 ans, divisée sur trois têtes âgées de 60, 40 et 10 ans, augmenterait de 483 livres; mais comme, d'après notre projet, sa liquidation ne pourra pas excéder le capital qui aura été fourni dans l'emprunt, cette rente ne sera liquidée que pour 10,000 livres. Le dégrèvement actuel pour la Nation, sera dans ce cas de 5,139 livres, et la répartition du capital liquidé sera, savoir :

	Ans.	Table, n°. 7.	Capital.	Inscription. sur le grand livre.	Le capital liquidé multiplié suivant la Table, n°. 5.	Rente viagère.
Le père actuellement âgé de.	60	aura droit à 51 $\frac{19}{100}$ p. %	. . . ou 5,119 ₶	qui produiront 256 ₶	par 11 $\frac{9161}{10000}$ p. % prod.	610 ₶
La mère, id.	40	. . Id . . 25 $\frac{70}{100}$ . .	 2,570	 129	. . 8 $\frac{4451}{10000}$	217
L'enfant, id.	10	. . Id . . 23 $\frac{11}{100}$ . .	 2,311	 116	. . 6 $\frac{6055}{10000}$	153
			. . . 10,000 ₶	 501		980 ₶

Ainsi, cette rente qui est constituée sur une tête actuellement âgée de 10 ans, transportée sur trois têtes actuellement âgées de 60, 40 et 10 ans, n'éprouverait qu'une diminution de 20 livres.

Deux époux dont un est actuellement âgé de 55 ans; l'autre est actuellement âgé de 65 ans, ont fourni au trésor public un capital de 10,000 livres, qui, à raison de 9 pour cent, forment une rente viagère de 900 livres, qu'ils ont constituée sur leurs deux têtes, pour en jouir par égales parts, pendant leurs vies unies, et qui doit appartenir en entier au survivant.

Cette rente doit être multipliée par 10 $\frac{99}{100}$ fois son montant, suivant la table n°. 2. Sa valeur actuelle et réelle sera de 9,891 livres, qui sera répartie, savoir :

	Ans.	Table, n°. 9.	Capital.	Inscription sur le grand livre.	Le capital liquidé, multiplié suivant la Table, n°. 5.	Rente viagère.
La tête actuellement âgée de	55	aura droit à 59 $\frac{58}{100}$ p. %	. . ou 5,893 ₶	qui produiront 295 ₶	par 10 $\frac{6567}{10000}$ p. % prod.	628 ₶
Celle, idem, de. . .	65	. . Id . . 40 $\frac{42}{100}$ . .	 3,998	. . Id . . . 200	. . 13 $\frac{7431}{10000}$	549
			. . . . 9,891 ₶	. . . . . . 495 ₶		1,177 ₶

Ainsi, si ces deux époux perdent le droit de réversibilité de la rente de 900 livres, ils gagnent une jouissance actuelle de 277 livres en viager, avec laquelle ils pourront faire des économies, ou bien ils seront les maîtres de retrouver la presque totalité du capital qu'ils avaient constitué en rente viagère, en optant pour une inscription sur le grand livre de la dette consolidée de 495 livres qu'ils transmettront à leurs héritiers.

André actuellement âgé de 75 ans, et Antoine actuellement âgé de 15 ans, ont placé sur leurs deux têtes réunies, un capital de 10,000 livres, à raison de 9 pour cent d'intérêt, ou 900 livres de rente viagère, dont André doit jouir en entier pendant sa vie, et Antoine en doit jouir après la mort d'André.

Vous verrez par la table n°. 2, que cette rente multipliée par 14 $\frac{84}{100}$ fois son montant, équivaut à 13,356 livres. Si nous remboursions cette somme, la répartition devrait être comme suit :

	Ans.	Table, n°. 10.	Capital.	Inscription sur le grand livre.	Le capital liquidé, multiplié suivant la table n°. 5.	Rente viagère.
La personne jouissante actuellement âgée de	75	aura droit à 31 $\frac{97}{100}$ p. $\frac{0}{0}$	. . ou 4,270 #	qui produiront 214 #	par 21 $\frac{793}{10000}$ p. $\frac{0}{0}$ prod.	900 #
Celle expectante, id.	15	. . Id . . 68 $\frac{1}{100}$ . .	 9,086	. . Id . . . 454	. . 6 $\frac{8550}{10000}$	623
			. . . 13,356 #	. . . . . 668 #		1,523 #

Ainsi, le jouissant actuel aurait sa même rente, et la Nation en paierait une à l'expectant de 623 liv. : cette répartition est relative à la valeur actuelle et réelle de la rente de 900 livres, constituée sur les deux têtes unies.

Mais comme la liquidation ne montera qu'à 10,000 livres, somme égale à celle fournie dans l'emprunt, le dégrevement pour la Nation sera, dans ce cas, de 3,356 livres au moins, et la répartition du capital liquidé sera comme suit :

	Ans.	Table, n°. 10.	Capital.	Inscription sur le grand livre.	Le capital liquidé, multiplié suivant la Table, n°. 5.	Rente viagère.
La personne jouissante actuellement âgée de	75	aura droit à 31 $\frac{97}{100}$ p. $\frac{0}{0}$	. . ou 3,197 #	qui produiront 160 #	par 21 $\frac{793}{10000}$ p. $\frac{0}{0}$ prod.	674 #
Celle expectante, id.	15	. . Id . . 68 $\frac{3}{100}$ . .	 6,803	 340	. . 6 $\frac{8550}{10000}$	466
			. . . 10,000 #	 500		1,140 #

Ainsi, cette rente de 900 livres qui est constituée sur deux têtes unies de 75 et de 15 ans, étant divisée sur les deux mêmes têtes, montera à 1,140 livres, ou 240 livres en sus de celle actuellement payée ; à la vérité les propriétaires n'auront plus le droit de réversibilité, et la Nation aura deux chances de mortalité à espérer.

Un père actuellement âgé de 64 ans, son épouse actuellement âgée de 53 ans, ont placé 10,000 livres de capital, à raison de 8 $\frac{1}{2}$ pour cent, ou 850 livres de rente viagère, qu'ils ont constituée sur leur deux têtes et sur celle de leur enfant actuellement âgé de 21 ans. Le père et la mère doivent en jouir par égales parts, pendant leurs vies unies ; et après la mort de l'un des deux, elle doit appartenir en entier au survivant, et devenir ensuite la propriété de l'enfant s'il survit.

Ces têtes seront considérées comme étant âgées de 20, 50 et 60 ans, et la rente étant multipliée par 15 $\frac{73}{100}$ fois son montant, ainsi qu'il est porté dans la table n°. 3, représenterait un capital de 13,371 liv. qui devrait être réparti comme suit :

	Ans.	Table, n°. 16.	Capital.	Inscription sur le grand livre.	Le capital liquidé, multiplié suivant la Table n°. 5.	Rente viagère.
Le jouissant actuellement âgé de	64	aura droit à 32 $\frac{46}{100}$ p. $\frac{0}{0}$	. . ou 4,340 #	qui produiront 217 #	par 13 $\frac{3055}{10000}$ p. $\frac{0}{0}$ prod.	578 #
Celui-ci, id.	53	. . Id . . 44 $\frac{39}{100}$ . .	 5,935	. . Id . . . 297	. . 10 $\frac{2585}{10000}$	609
L'expectant, id. . .	21	. . Id . . 23 $\frac{15}{100}$ . .	 3,096	. . Id . . . 155	. . 7 $\frac{8515}{10000}$	222
			. . . . 13,371 #	. . Id . . . 669 #		1,409 #

Mais, comme cette rente ne sera liquidée que pour 10,000 livres, somme égale au capital fourni dans l'emprunt, la Nation économisera dans ce cas, dès-à-présent, un capital de 3,371 livres, et la répartition de la somme qui sera liquidée, sera comme suit :

	Ans.	Table, n°. 16.	Capital.	Inscription sur le grand livre.	Le capital liquidé, multiplié suivant la Table n°. 6.	Rente viagère.
Le jouissant actuellement âgé de. . . .	64	aura droit à $32 \frac{46}{100}$ p. %	. . ou 3,246 ₶	qui produiront 162 ₶	par $13 \frac{3025}{10000}$ p. % prod.	432 ₶
Le jouissant, id. . .	53	. . Id . . $44 \frac{39}{100}$ . .	 4,439	. . Id . . . 222	. . $10 \frac{2585}{10000}$	455
L'expectant, id. . .	21	. . Id . . $23 \frac{15}{100}$ . .	 2,315	. . Id . . . 116	. . $7 \frac{1855}{10000}$	166
			. . . 10,000 ₶	. . Id . . . 500 ₶		1,053 ₶

Ainsi, si cette famille perd le droit de se transmettre la rente viagère de 850 livres, jusqu'après la mort des trois co-associés, elle augmente actuellement sa jouissance de 203 livres en viager, ou bien elle pourra conserver une inscription de 500 livres, perpétuelle et transmissible.

Quatre personnes dont une est actuellement âgée de 70 ans, l'autre est actuellement âgée de 64 ans, l'autre de 58 ans, et l'autre de 46 ans, ont placé sur leurs quatre têtes réunies, un capital de 10,000 livres, qui, à 8 pour cent d'intérêt, a formé une rente viagère de 800 livres qu'ils partagent par égales parts, pendant leurs vies unies, et qui doit appartenir en entier au dernier survivant.

Ces têtes seront considérées comme étant âgées de 70, 60, 60 et 50 ans, et la rente multipliée d'après la table n°. 4, par $13 \frac{7}{100}$ fois son montant, produirait un capital de 10,456 livres, qui devrait être réparti comme suit :

	Ans.	Total, n°. 17.	Capital.	Inscription sur le grand livre.	Le capital liquidé, multiplié suivant la Table, n°. 5.	Rente viagère.
La tête actuellement âgée de.	46	aura droit à $35 \frac{70}{100}$ p. %	. . ou 3,733 ₶	qui produiront 187 ₶	par $9 \frac{1348}{10000}$ p. % prod.	341 ₶
Celle, id.	58	. . Id . . $24 \frac{74}{100}$ . .	 2,587	. . Id . . . 130	. . $11 \frac{3523}{10000}$	294
Celle, id.	64	. . Id . . $24 \frac{74}{100}$ . .	 2,587	. . Id . . . 130	. . $13 \frac{3025}{10000}$	344
Celle, id.	70	. . Id . . $14 \frac{82}{100}$ . .	 1,549	. . Id . . . 77	. . $16 \frac{6030}{10000}$	257
			. . . 10,456 ₶	. . Id . . . 524 ₶		1,236 ₶

Mais la liquidation de cette rente ne montera qu'à 10,000 livres, somme égale à celle fournie dans l'emprunt : ainsi la Nation économisera dès-à-présent 456 livres de capital, et la répartition de celui qui sera liquidé, sera comme suit :

	Ans.	Table, n°. 17.	Capital.	Inscription sur le grand livre.	Le capital liquidé, multiplié suivant la Table n°. 5.	Rente viagère.
La tête actuellement âgée de	46	aura droit à $35 \frac{70}{100}$ p. %	. . ou 3,570 ₶	qui produiront 179 ₶	par $9 \frac{1349}{10000}$ p. % prod.	326 ₶
Celle, id.	58	. . Id . . $24 \frac{74}{100}$ . .	 2,474	. . Id . . . 124	. . $11 \frac{3523}{10000}$	281
Celle, id.	64	. . Id . . $24 \frac{74}{100}$ . .	 2,474	. . Id . . . 124	. . $13 \frac{3025}{10000}$	329
Celle, id.	70	. . Id . . $14 \frac{82}{100}$ . .	 1,482	. . Id . . . 74	. . $16 \frac{6030}{10000}$	246
			. . . 10,000 ₶	. . Id . . . 501 ₶		1,182 ₶

Ainsi, ces quatre propriétaires qui jouissent chacun de 200 livres de rente, en perdant l'expectative qu'ils ont d'avoir un jour une rente viagère qui progressivement pourrait monter à 800 livres, gagnent actuellement, savoir ; celui âgé de 46 ans, 126 livres de rente viagère ; celui de 58 ans, 81 livres idem ; celui de 64 ans, 129 livres idem ; celui de 70 ans, 46 livres idem ; et ils pourront conserver, s'ils le desirent, une inscription transmissible, savoir : celui âgé de 46 ans, de 179 livres ; celui de 58 ans, de 124 livres ; celui de 64 ans, de 124 livres ; et celui de 70 ans, de 74 livres.

Si, depuis l'époque du placement en rente viagère sur plusieurs personnes, il est mort des têtes sur lesquelles ces rentes étaient assises, la liquidation n'en sera faite que d'après les bases qui sont établies pour les têtes qui seront existantes ; de sorte que s'il est mort une personne sur laquelle une rente constituée sur deux têtes aura été placée, la liquidation n'en sera faite, et le capital liquidé n'en sera réparti que d'après les bases et dans les proportions fixées pour les rentes sur une tête, et ainsi de suite, le droit du défunt n'existant plus.

Nous

Nous ne vous présenterons pas d'autres exemples qui pourraient se multiplier à l'infini; mais nous pouvons assurer la Convention que tous ces calculs sont susceptibles de la plus grande exactitude, et que ceux qui sont contenus dans les tables, ont été faits avec la plus grande attention. Ils sont nécessaires pour rendre justice à tous les rentiers viagers : une seule inspection vous prouvera quelle est la quotité qui reviendra à chaque co-associé d'après sa position.

Nous nous sommes bornés à établir dans les 12 tables, nº. 6 à 17, des bases et des exemples pour régler la répartition dans les cas les plus ordinaires : il aurait été impossible de préparer d'avance tous les calculs pour les différens cas que les arrangemens entre les divers créanciers de l'État auraient nécessités ; mais nous vous proposons d'établir à la trésorerie nationale un bureau des calculs, dans lequel tous les cas qui se présenteront et qui n'ont pas été prévus par les tables, seront décidés avec la plus grande précision ; cette mesure est nécessaire pour prévenir des erreurs ou des injustices résultantes de l'ignorance où l'on est généralement sur ces objets.

Ces répartitions sont fondées sur des principes d'une justice rigoureuse, puisqu'elles sont établies d'après un ordre de mortalité moyen, et d'après des calculs mathématiques ; aussi vous proposons-nous de décréter que, quelles que soient les conditions du contrat entre les co-associés qui ont fourni des fonds, le capital liquidé sera réparti proportionnellement aux évaluations portées dans les tables que nous avons fait dresser. Cette mesure est nécessaire si vous voulez accélérer la liquidation, et éviter des difficultés qu'il est impossible de prévoir.

Nous avons cependant pensé qu'il était convenable d'établir quelques exceptions à l'avantage des pères et des mères ou des personnes qui, en plaçant en rentes viagères, ont fait une libéralité en faveur de leurs expectans.

En effet, il existe divers placemens en rentes viagères sur plusieurs têtes, dont les fonds ont été fournis par les seuls jouissans qui ont voulu favoriser, après leur mort, des parens ou amis, en sacrifiant une partie des revenus qu'ils auraient pu se procurer s'ils avaient placé sur leur seule tête.

Aujourd'hui, par l'opération que nous vous proposons, ces jouissans, dans certains cas, pourraient éprouver une diminution sur leurs rentes actuelles, qui tournerait au profit des expectans qui n'ayant rien fourni, ignorent quelquefois jusqu'à l'existence de cette expectative.

Cette diminution serait telle, dans le cas que nous avons déja cité du placement d'un capital de 10,000 livres à 9 pour cent, ou moyennant une rente viagère de 900 liv., constituée sur deux têtes, dont une actuellement âgée de 75 ans en a la jouissance entière pendant sa vie, tandis que la tête actuellement âgée de 15 ans, n'en a que l'expectative, que par la répartition du capital liquidé, le jouissant n'aura droit qu'à 3,197 livres, avec lesquelles il pourra se procurer une rente viagère de 674 liv. au lieu de 900 livres dont il jouit actuellement, ou 226 livres de moins de jouissance, tandis que l'expectant aura droit à 6,803 liv. du capital, avec lesquelles il pourra se procurer de suite une rente viagère de 466 liv.

Cette différence ne provient que des dégrevemens dont la Nation profite par notre opération ; car si nous remboursions la valeur actuelle et réelle de cette rente, le jouissant n'éprouverait aucune diminution, et l'expectant jouirait aussi de suite de la valeur actuelle et réelle de son expectative ; mais il n'est pas juste que la Nation rembourse ce qu'elle n'a pas reçu.

Nous avons pensé que la diminution résultante de ce dégrevement devait être supportée par les expectans qui n'ont rien fourni, plutôt que par les jouissans qui ont fourni tous les fonds dans l'emprunt, et qui vraisemblablement n'auraient pas fait ce placement sur deux ou plusieurs têtes, s'ils avaient pu prévoir que leur libéralité les exposait à éprouver une diminution sur la rente viagère qu'ils se sont réservée pendant leur vie, rente qui peut-être leur est nécessaire pour leur existence.

Il est du devoir du législateur, en établissant un système nouveau d'emprunt, et en détruisant des conditions qui étaient autorisées, d'avoir égard aux erreurs que l'ignorance, l'amitié ou la confiance ont pu faire commettre.

Il est évident qu'il doit y avoir une différence de résultat entre le jouissant qui a fourni tous les fonds d'une rente viagère sur plusieurs têtes, et celui qui n'en a payé qu'une partie, les expectans ayant fait le fonds du surplus.

C'est pour établir cette différence, que nous vous proposons de décréter, que si, lors des placemens en rentes viagères, le jouissant actuel a seul fourni l'entier capital prêté, et si, par le résultat de la liquidation desdites rentes et par la répartition qui en sera faite, ce jouissant éprouvait une diminution en viager, dont les expectans dussent profiter, ces derniers n'auront droit au capital liquidé, qu'après avoir prélevé la somme qui sera nécessaire pour conserver à ce jouissant la même rente qu'il reçoit actuellement.

Ainsi, dans le cas que nous avons déja cité d'un jouissant âgé de 75 ans, et d'un expectant actuellement âgé de 15 ans, pour une rente de 900 livres, dont le capital fourni serait de 10,000 livres, si le jouissant a fourni tous les fonds, lors du placement, la répartition de la somme qui serait liquidée, sera comme suit :

	Ans	Table, no. 1.	Capital.	Inscription sur le grand livre.	Le capital liquidé, multiplié suivant la table, no. 5.	Rente viagère.
Le jouissant actuelle-âgé de.	75	aura droit à 4 $\frac{744}{1000}$ fois le montant de la rente	. . ou 4,270 ₶	qui produiront 214 ₶	par 21 $\frac{791}{10000}$ pour %	900 ₶
L'expectant, id. . . .	15	aura droit à l'excédant du capital.	 5,730	. . Id . . . 287	produira 6 $\frac{5510}{10000}$	393
			. . . 10,000 ₶	. . Id . . 501 ₶		1,293 ₶

Il résulte de l'exception que nous vous proposons, et dans le cas que nous avons cité, que le jouisant actuel n'éprouverait aucune diminution sur la rente qu'il reçoit actuellement, et l'expectant aurait encore droit à un capital de 5,730 liv., ou à une inscription de 287 liv., ou à une rente viagère de 393 liv.; ainsi, ce dernier, qui n'a rien fourni, trouve actuellement une jouissance à laquelle il ne s'attendait pas encore.

Plusieurs pères ou mères ont placé des capitaux en rentes viagères sur la tête de leurs enfans, en s'en réservant la jouissance pendant leur vie; d'autres les ont placés sur leurs têtes et sur celles de leurs enfans, ces derniers ne devant en jouir qu'après la mort des premiers.

Nous avons considéré ces placemens comme des donations dont il ne serait pas juste de dépouiller de leur vivant ceux qui les ont faites; en conséquence, nous vous proposons de décréter que les pères ou les mères actuellement existans, qui, lors des placemens, ont fourni tous les fonds et ont stipulé une jouissance, après leur mort, en faveur d'un ou de plusieurs de leurs enfans, seront propriétaires du capital qui reviendra, par la liquidation et répartition, aux enfans expectans.

Enfin, comme il existe plusieurs placemens dont les fonds ont été fournis par des inconnus, nous avons cru qu'il était important de prévenir les réclamations qui pourraient résulter de ces stipulations que nous avons considérées comme des libéralités qu'on a voulu laisser même ignorées: nous vous proposons de décréter que le capital qui sera liquidé, appartiendra aux personnes jouissantes ou expectantes qui y auront droit, quelles que soient les conditions qui pourraient se trouver dans les contrats.

Au moyen de ces exceptions et de ces dispositions, nous espérons que la liquidation n'offrira pas des difficultés majeures, et que l'intérêt des parties sera conservé; et pour prévenir toutes les discussions et faciliter les modifications que les conditions pourront exiger, nous avons cru qu'il était convenable de laisser la faculté aux co-associés de faire tels arrangemens qu'ils jugeront convenables pour la répartition du capital qui sera liquidé: il serait injuste de les en priver, puisque la Nation n'y a aucun intérêt.

Ainsi, ce ne sera que dans les cas où les co-associés ne s'accorderaient pas entr'eux, qu'ils auront recours aux bases de répartition que nous avons établies, ou que pour les cas que nous n'avons pas prévus, ils s'adresseront au bureau des calculs à la trésorerie nationale, qui tiendra registre de toutes les décisions qu'il prononcera, lesquelles seront susceptibles d'une précision desirable dans tous les cas litigieux.

Les répartitions des valeurs que nous vous proposons, parfaitement naturelles et équitables dans tous les temps, donnant aux simples expectatives une valeur disponible, sont peut-être utiles dans un temps de révolution, puisqu'elles divisent les capitaux, augmentent le nombre des créanciers actuels de la République, accordent à certains une propriété qu'ils n'avaient pas encore: elles ouvriront une nouvelle source d'industrie à ces citoyens; elles procureront à la République un bénéfice par les transferts, et une plus grande concurrence dans l'acquisition des domaines nationaux, par la valeur des inscriptions que ces nouveaux propriétaires pourront y employer; elles pourront être utiles et avantageuses à de jeunes citoyens qui sont sur les frontières, et qui trouveront de suite la jouissance de l'expectative d'une rente viagère qu'un vieux parent leur a substituée.

Quelques personnes pourront peut-être demander quelle est la raison qui nous détermine à augmenter le montant actuel des rentes viagères sur plusieurs têtes; elles pourront penser qu'en divisant à chaque co-associé la portion de la rente qui leur est due d'après leur position, il aurait été juste de ne leur payer que jusqu'à concurrence de la somme à laquelle monte la rente actuellement payée.

Nous sommes persuadés que cette objection ne vous a pas paru mériter d'être réfutée; cependant, comme il importe de ne laisser aucun doute dans une opération aussi importante, nous répondrons que l'intérêt de la Nation ne consiste pas dans le plus ou le moins d'intérêt viager qui sera payé, puisqu'il est déterminé d'après l'âge de la tête sur laquelle il sera placé, et que la liquidation des rentes viagères en un capital, est le seul objet qui intéresse la nation. Or, comme nous n'accordons aucune somme en sus de celle qui a été fournie dans l'emprunt, et que dans le plus grand nombre de cas, il résulte de cette liquidation un dégrèvement pour la Nation, l'opération que nous vous proposons est donc avantageuse à la République; elle est d'ailleurs calculée d'après un ordre de mortalité moyen, et l'intérêt viager qui sera payé, est équivalent à un intérêt perpétuel à 5 pour cent.

Les rentes viagères sur plusieurs têtes subsisteraient dans l'état actuel jusqu'après la mort de plusieurs personnes réunies; notre opération les divisant de manière qu'elles diminueront à la mort de chaque co-associé, séparément, la mortalité des rentiers est plus rapprochée, personne ne pouvant contester qu'une rente de 1,000 livres payée pendant la vie unie de deux personnes âgées de 75 et de 45 ans, doit produire aux rentiers une somme plus forte que celle de deux rentes de 500 liv. payée séparément aux deux mêmes personnes.

Après avoir réglé le mode de liquidation et de répartition des rentes viagères, notre travail n'offre plus de difficultés, puisque les bases d'exécution se rapportent absolument à celles du grand livre de la dette consolidée.

Les rentes perpétuelles que l'on voudra conserver seront inscrites sur ce grand livre.

Les rentes viagères seront portées sur un grand livre de la dette viagère: mêmes inscriptions à délivrer aux propriétaires; ainsi le titre de créance sera toujours uniforme; même simplicité dans la comptabilité et dans l'ordre de paiement, qu'on pourra exécuter dans les districts, comme pour la dette consolidée; même admission des titres provenans de la liquidation en paiement des domaines nationaux.

La dette viagère qui sera conservée, sera assujétie au principal de la contribution foncière, toutes les fortunes devant être soumises à l'impôt.

Nous nous sommes bien apperçus qu'une rente viagère renfermant la portion du capital que l'on rembourse annuellement et l'intérêt du restant, il suit de-là que si l'on imposait les rentes viagères comme les rentes perpétuelles, on imposerait non-seulement le revenu, mais aussi une partie du capital.

Pour n'imposer que le revenu, il faudrait seulement déduire annuellement de la rente viagère le montant de l'imposition prise sur la valeur capitale et réelle de ladite rente, laquelle varie avec l'âge de la tête sur laquelle elle est assise ; ainsi si la contribution pour les rentes perpétuelles est fixée au cinquième, il faudrait, pour que tous les rentiers de l'État fussent imposés également, déduire annuellement de la rente viagère le cinquième du cinq pour cent, c'est-à-dire, le centième du capital variable, qui représente, au commencement de chaque année, la valeur réelle de la rente viagère que l'on paie.

Pour fixer les idées sur cette proposition, nous avons fait dresser une table (1) qui indique pour chaque âge la proportion de l'imposition qui devrait être supportée ; cependant, comme nous avons craint que cette nouvelle méthode n'éprouvât des difficultés dans l'exécution, au moment où nous réformons l'ancien système des emprunts, nous nous sommes bornés à l'indiquer, en vous proposant de décréter que l'imposition des rentes viagères conservées sera fixée à la moitié du principal de l'imposition foncière, et nous examinerons si cette nouvelle manière d'imposer pourra s'exécuter facilement.

Il nous reste maintenant à vous présenter le résultat de l'opération que nous vous proposons ; l'économie qu'elle procurera à la Nation, l'ordre et la simplicité qu'elle introduira dans la comptabilité. Cet apperçu suffira, sans doute, pour répondre à toutes les objections que l'on pourra nous opposer.

Nous avons fait dresser un tableau (2) qui vous fera connaître, d'un coup d'œil, le résultat, calculé d'après des données certaines, de l'économie que la Nation fera, dans toutes les hypothèses, sur les rentes viagères constituées sur une tête, qui existent encore d'après les comptes qui nous ont été fournis par les payeurs des rentes.

La première colonne de ce tableau vous indiquera l'âge actuel des têtes sur lesquelles ces rentes sont constituées, et l'époque de leur naissance ; elle distingue les âges depuis six jusqu'à quatre-vingt-dix ans.

La seconde colonne prouve combien il était dû en rentes viagères sur une tête à l'époque du premier nivôse ; elles sont aussi divisées par chaque âge, et montent à 66,247,833 liv.

La troisième colonne indique le capital représentatif de ces rentes, l'intérêt perpétuel étant de cinq pour cent, et d'après la mortalité des rentiers de l'État, observée par Parcieux. Il en résulte que si la Nation laisse subsister ces rentes sur le pied actuel, elle aura à payer un capital de 803,079,404 liv. ; plus l'intérêt à cinq pour cent, jusqu'au parfait remboursement.

Qu'on ne dise pas qu'il y aura des extinctions ; tout est calculé d'après l'ordre de mortalité réelle des tontiniers, qui est certainement plus rapide que celui des têtes sur lesquelles ces rentes reposent.

La quatrième colonne établit quel est le capital représentatif des mêmes rentes, d'après le même intérêt perpétuel de cinq pour cent, et un ordre de mortalité moyen, fourni par Duvillard.

Notre rapport vous a prouvé quelle était la cause des différences qui existent entre ces deux ordres de mortalité, et les motifs qui nous ont déterminés à prendre ce dernier pour base de nos opérations.

Si tous les rentiers viagers avaient fourni un capital relatif à l'ordre de mortalité moyen, la Nation aurait à rembourser 718,953,566 liv., au lieu de 803,079,404 liv., résultat des calculs par Parcieux ; ainsi l'économie actuelle de la Nation serait dans ce cas de 84,125,838 liv. de capital.

Mais, comme il n'a été versé au trésor public, par les propriétaires, que 662,478,330 liv., ainsi que vous le verrez par la 5e colonne ; comme nous vous proposons de ne rembourser que jusqu'à concurrence de la somme qui aura été fournie dans l'emprunt, et comme les têtes qui sont d'un certain âge, n'auront droit à un capital que jusqu'à concurrence de la somme qui leur sera due, d'après l'ordre de mortalité moyen, nous avons établi une 6e colonne qui montre que le capital liquidé d'après notre projet, sera de 589,794,157 liv.

Il est donc clair que la Nation économisera un capital de 213,285,247 liv. ; plus les intérêts de ce capital qu'elle aurait à payer si notre proposition n'était pas adoptée.

Pour ne rien laisser à desirer, nous avons établi par une 7e colonne quel serait le montant annuel des rentes viagères, si tous les propriétaires usant de la faculté accordée par la loi, les conservaient en entier sur des têtes de l'âge actuel ; vous y verrez qu'au lieu de 66,247,833 liv., la République n'aura à payer que 56,309,380 liv. : ainsi l'économie annuelle serait dans une proportion de 9,938,453 livres de rente viagère.

Cette différence ne sera point supportée par les têtes âgées depuis 52 ans et au-dessus.

Les 10,119,095 liv. de rentes viagères, qui sont assises sur des têtes actuellement âgées de 40 à 51 ans, supporteront une différence qui, d'après un calcul moyen, sera de 826,749 liv., ou huit liv. pour cent liv. de rente.

Les 5,801,681 liv. sur des têtes actuellement âgées de 30 à 40 ans, en supporteront une de 1,131,934 liv., ou à-peu-près vingt pour cent.

Les 5,422,846 liv., sur celles de 20 à 30 ans, en supporteront une de 1,304,026 liv., ou à-peu-près vingt-quatre pour cent.

Et les 21,118,935 liv., sur celles de 6 à 20 ans, en supporteront une de 6,675,744 liv., ou environ trente-deux pour cent.

Ainsi, les spéculateurs qui ont employé la médecine, le climat, l'âge, le sexe, la conformation, l'arithmétique, et tout ce que l'agiotage a su inventer pour tromper le gouvernement, supporteront la plus forte différence ; ils ne seront cependant privés que du bénéfice usuraire qui résultait de leur spéculation.

La huitième et dernière colonne vous prouvera que les inscriptions sur le grand livre de la dette consolidée, si tous les propriétaires refusent de conserver des rentes viagères, monteront à 29,489,713 liv. Nous

(1) *Vide* la table no. D, qui est à la suite du rapport.

(2) *Vide* le tableau no. E, qui est à la suite du rapport.

devons vous faire remarquer que si vous laissiez subsister les 66,247,833 liv. de rentes viagères, elles équivalent, d'après l'ordre de mortalité des rentiers, à un capital de 803,079,404 liv., qui, à cinq pour cent, nécessite un intérêt annuel de 40,153,970 liv. Ainsi, la Nation trouverait dans cette opération un dégrèvement de 10,664,257 liv. de rente perpétuelle.

Tous ces apperçus doivent vous décider. Cependant s'il pouvait encore exister quelque doute fondé sur ce que le viager libère insensiblement la République, tandis que le perpétuel ne s'éteint jamais, nous vous rappellerons qu'il existe une différence de 9,938,453 liv. de rente viagère entre celles qui sont actuellement dues et celles qui résulteront de notre opération. Ainsi, sous ce point de vue, elle serait encore avantageuse à la République.

D'ailleurs, la Nation pourra toujours rembourser la dette consolidée, lorsqu'elle le trouvera convenable; peut-être le temps n'est-il pas éloigné qu'il faudra s'occuper d'arrêter l'agiotage indigne qui se fait sur les inscriptions de la dette consolidée, en venant au secours des créanciers de la République; il suffira, pour cette opération, d'affecter un fonds annuel, pour les remboursemens de ceux qui les desireront, à un taux qui sera indiqué; mais il faut, avant de nous livrer à cette opération, que tous les titres des créances soient uniformes, afin que tous les créanciers puissent concourir également à ce bienfait.

La décision que vous allez prendre pourra nous fournir les moyens d'opérer ce remboursement annuel; puisque si vous adoptez notre projet, et si toutes les rentes viagères étoient conservées, vous pourrez y affecter 10,000,000 liv. de rente viagère que la Nation économisera; ou bien si tous les créanciers préfèrent des inscriptions sur le grand livre de la dette consolidée, la Nation n'ayant à payer que 29,489,713 liv. de rente perpétuelle au lieu de 66,247,833 liv. de viager, la différence des intérêts viagers aux rentes perpétuelles servirait à éteindre le perpétuel, c'est-à-dire, que la Nation pourrait se libérer dans vingt années dix mois cinq jours d'un capital égal à celui qui reviendra de la liquidation des rentes viagères.

Nous regrettons de ne pouvoir pas vous présenter d'une manière positive le dégrevement qui résultera de la liquidation des rentes viagères sur plusieurs têtes; mais, d'après les calculs que nous avons faits sur leur valeur actuelle, en suivant l'ordre de mortalité des rentiers, il résulte que la charge de la Nation sur les 26,697,310 l. des rentes constituées sur deux têtes, est de 289,654,230 liv.: tandis que leur liquidation, d'après notre projet, ne montera qu'à 261,302,000 liv.: ainsi l'économie sur cette partie serait de 28,352,230 liv.

L'opération que nous vous proposons doit procurer à la Nation un dégrevement actuel de 240,000,000 liv. sur le capital; la remise des titres royaux; leur conversion en un titre républicain; la destruction des paperasses et parchemins de l'ancien régime; la facilité de faire payer le viager dans tous les chefs-lieux de district; la connoissance parfaite et individuelle des fortunes des rentiers de l'État; la réunion dans un point central de tous les titres des créances sur la République; un cadastre parfait de ces fortunes de porte-feuille; la certitude de les imposer au principal de la contribution foncière; les moyens d'attacher au sort de la République une foule de citoyens égoïstes par principes, puisqu'ils sont rentiers viagers, et la facilité de rejeter des états de la dette publique les sommes qui sont dues aux ennemis de la révolution.

Notre projet est fondé sur la justice; il ne fait que supprimer un intérêt usuraire. Nous respectons le sort des vieillards; nous arrêtons les dilapidations occasionnées par les spéculations sur la fortune publique; nous divisons les propriétés en augmentant le nombre des créanciers de la République; nous rendons à l'agriculture et au commerce, des fonds que l'on pourra utilement employer à l'acquisition des domaines nationaux. Les pères de famille, qui avaient préféré leur jouissance individuelle, pourront élever leurs enfans dans une métairie qu'ils achèteront avec un capital que l'égoïsme leur avait fait aliéner.

Ce sont ces considérations qui nous ont déterminés à vous proposer le décret suivant.

Nous terminerons notre rapport, en vous annonçant que vos comités des finances et des secours s'occuperont d'un projet qui aura pour but l'établissement d'une caisse d'économie, au moyen de laquelle les citoyens, avec une modique épargne journalière, pourront s'assurer une rente viagère qui les rendra heureux pendant leur vieillesse, ou avec laquelle ils laisseront un sort honnête à leurs enfans.

A.

TABLEAU

Fourni par les Commissaires de la Trésorerie nationale, du montant des rentes viagères qui étoient dues à l'époque du premier janvier 1793 (vieux style), constatant les capitaux et les intérêts.

ÉDITS DE CRÉATION.	CAPITAUX FOURNIS ORIGINAIREMENT.	RENTES PRIMITIVES.	DENIERS DES EMPRUNTS, ET DÉSIGNATION DU NOMBRE DE TÊTES.	RENTES subsistantes au premier janvier 1793 (vieux style.)	CAPITAUX RESTANS.
Février 1702	20,800,000 ₶	1,300,000 ₶	denier 16 . . . . . une tête	660 ₶	10,560 ₶
Juillet 1704	1,000,000	100,000	10 pour cent . . . . une tête	50	500
Décembre 1705	500,000	50,000	10 pour cent . . . . une tête	33	330
Mai 1714	4,800,000	400,000	denier 12 . . . . . une tête	3,973	47,676
Mars 1715	1,200,000	100,000	denier 12 . . . . . une tête	358	5,296
Août 1717	19,200,000	1,200,000	denier 16 . . . . . une tête	8,283	132,528
Octobre 1717	2,500,000	100,000	4 pour cent . . . . une tête	812	20,300
Août 1720	100,000,000	4,000,000	4 pour cent . . . . une tête	55,579	1,389,475
Novembre 1722	100,000,000	4,000,000	4 pour cent . . . . une tête	59,556	1,488,900
Juillet 1723	100,000,000	4,000,000	4 pour cent . . . . une tête	97,674	2,441,850
Janvier 1724	100,000,000	4,000,000	4 pour cent . . . . une tête	74,855	1,871,375
Décembre 1737	4,000,000	400,000	10 pour cent . . . . une tête	64,063	640,630
Août 1739	8,000,000	800,000	10 pour cent . . . . une tête	115,857	1,158,570
Novembre 1740	6,000,000	600,000	divers deniers . . . une tête	8,338	83,380
Octobre 1741	8,200,000	820,000	*Idem* . . . . une tête	14,078	140,780
Janvier 1743	2,500,000	250,000	*Idem* . . . . une tête	47,187	471,870
Février 1743	2,500,000	250,000	*Idem* . . . . une tête	31,891	318,910
Novembre 1744	4,800,000	480,000	*Idem* . . . . une tête	26,731	267,310
Juillet 1747	12,000,000	1,200,000	*Idem* . . . . une tête	91,641	916,410
Mai 1751	21,800,000	2,180,000	*Idem* . . . . une tête	184,776	1,847,760
Novembre 1754	26,680,000	2,480,060	*Idem* . . . . une tête	305,785	3,057,850
Novembre 1757	60,000,000	6,000,000	10 pour cent . . . . une tête	2,637,218	26,372,180
Novembre 1758	[illegible]9,000,000	3,700,000	10 pour cent . . . . une tête . 656,677 ₶	1,300,318	6,566,770
			8 pour cent . . . . deux têtes . 643,641		8,046,112
Novembre 1761	43.500,000	4,100,000	10 pour cent . . . une tête . 1,566,069	2,409,279	15,660,690
			8 pour cent . . . . deux têtes . 843,210		10,540,125
Janvier 1766	60,000,000	6,000,000	10 pour cent . . . . une tête	3,149,338	31,493,380
Décembre 1768	44,563,190	4,166,000	10 pour cent . . . une tête . 1,580,346	3,311,874	15,803,460
			8 pour cent . . . deux têtes . 1,731,528		21,644,100
Juin 1771	119,793,000	9,397,469	8 pour cent . . . . une tête . 5,854,424	7,791,177	68,805,300
			7 pour cent . . . deux têtes . 1,936,753		24,736,113
Janvier 1777	9,800,000	1,080,000	une tête	939,841	9,398,410
Novembre 1778	48,365,900	4,519,213	10 pour cent . . . une tête . 1,947,277	3,632,491	19,472,770
			8 ½ pour cent . . deux têtes . 1,685,214		19,823,550
Novembre 1779	67,150,000	6,571,798	10 pour cent . . . une tête . 3,094,510	5,614,731	30,945,100
			9 pour cent . . . deux têtes . 1,726,865		19,176,300
			8 ½ pour cent . . trois têtes . . 577,784		6,797,450
			8 pour cent . . quatre têtes . . 215,572		2,694,550
Août 1780	2,216,000	210,854	10 pour cent . . . une tête . . 65,365	166,365	653,650
			9 pour cent . . deux têtes . . 101,000		1,122,220
Février 1781	76,085,900	7,051,539	10 pour cent . . une tête . . 2,326,833	6.729,956	23,268,330
			9 pour cent . . deux têtes . . 2,964,376		32,973,512
			8 ½ pour cent . . trois têtes . . 997,759		11,738,340
			8 pour cent . . quatre têtes . . 440,988		5,512,350
De cette part	1,116,953,090 ₶	81,506,873	. . . .	38,874,768	429,557,022

ÉDITS DE CRÉATION.	CAPITAUX FOURNIS ORIGINAIREMENT.	RENTES PRIMITIVES.	DENIERS DES EMPRUNTS, ET DÉSIGNATION DU NOMBRE DE TÊTES.	RENTES subsistantes au premier janvier 1793 (vieux style.)	CAPITAUX RESTANS.
Report.	1,116,953,090#	81,506,873#	. . . .	38,874,768#	429,557,022#
Mars 1781.	89,828,106.	8,727,376. .	10 pour cent. . une tête. . 5,575,849#	7,450,993. .	55,758,490.
			9 pour cent. . deux têtes. 1,366,600		15,184,440.
			8 ½ pour cent. . trois têtes. . 369,565		4,347,925.
			8 pour cent. . quatre têtes. . 138,979		1,737,240.
Janvier 1782.	190,294,160.	18.451,560. .	10 pour cent. . une tête. . 7,633,495	15,926,200. .	76,334,950.
			11 pour cent. . une tête. . 6,593,631		59,887,100.
			12 pour cent. . une tête. . 1,096,203		9,135,025.
			9 pour cent. . deux têtes. . 602,871		6,698,560.
Décembre 1783.	100,000,000.	10,466,130. .	9 pour cent. . une tête. 6,285,478	9,488,755. .	69,838,640.
			8 pour cent. . deux têtes. . 3,203,277		40,040,962.
Décembre 1785.	28,122,880.	2.427,980. .	9 pour cent. . . une tête. . 872,625	2,417,985. .	9,695,830.
			8 pour cent. . deux têtes. . 1,545,360		19,317,000.
Mai 1787.	66,958,792.	6,004,849. .	9 pour cent. . une tête. . 716,107	5,851,113. .	7,956,740.
			10 pour cent. . une tête. 1,909,204		19,092,040.
			11 pour cent. . . une tête. . 595,165		5,426,600.
			8 pour cent. . deux têtes. . 2,630,637		32,882,950.
Novembre 1787.	120,000,000.	12,000,000. .	9 pour cent. . une tête. 4,677,174	11,542,783. .	51,968,600.
			10 pour cent. . une tête. 1,722,334		17,223,340.
			8 pour cent. . deux têtes. . 3,069,400		38,367,500.
			9 pour cent. . deux têtes. . 2,073,875		23,043,005.
Compagnie des Indes.					
Février 1724.	10.349,620.	1,034,962. .	une tête.	331,979. .	3,319,790.
Mai 1748.	8,220,560.	822,056. .	10 pour cent. . une tête. . . 301,906	369,355. .	3,019,060.
			7 ½ pour cent. . deux têtes. . 67,449		900,660.
Août 1765.	8,839,200.	883,920. .	7 et 9 pour cent. . une tête.	545,106. .	6,813,800.
Février 1770.	11,429,710.	1,142,971. .	denier 15. . une tête.	721,825. .	7,218,250.
Ordre du St. Esprit.					
Mai 1761.	1,000,000.	100,000. .	10 pour cent. . une tête.	62,860. .	628,600.
Juin 1770.	. . Inconnu. .	. . Inconnu.	9 pour cent. . une tête. . . . 104,157	131,809. .	1,157,300.
			7 ½ pour cent. . deux têtes. . . 27,652		355,360.
Février 1777.	. . Inconnu. .	. . Inconnu.	7 pour cent. . deux têtes.	131,857. .	1,883,671.
Hôpital de Toulouse. . . .	. . Inconnu. .	. . Inconnu. .	une tête.	17,691. . .	176,910.
Gouvernemens.	7,886,000.	830,880. .	8 pour cent. . une tête.	478,117. .	5,976,462.
Offices du point d'honneur.	Inconnu.	. . Inconnu.	une tête.	400,890. .	4,008,900.
Rentes d'Artois.	. . Inconnu.	. . Inconnu.	une tête.	809,047. .	8,090,470.
Rente Guémenée.	12,000,000.	. . Inconnu. .	une tête. 544,130	1,021,936. .	5,441,300.
			deux têtes. 477,806		5,308,950.
Arriéré des pensions. . . .	. Inconnu. .	. . Inconnu. .	une tête.	101,494. .	1,014,940.
Diverses caisses.	. . Inconnu. .	. . Inconnu. .	une tête.	1,122,910. .	11,229,100.
Rentes des corps ecclésiastiques.	. . Inconnu. .	. . Inconnu. .	. . . .	mémoire. .	. . mémoire. .
Domaine de la ville.					
Mars 1772.	200,000.	20,000. .	10 pour cent. . une tête.	17,385. .	173,850.
Août 1777.	. . Inconnu. .	. . Inconnu. .	7 pour cent. . deux têtes.	198,758. .	2,839,400.
De cette part.	1,772,082,118.	144,419,557. .	. . . .	98,015,616. .	1,063,050,732.

ÉDITS DE CRÉATION.	CAPITAUX FOURNIS ORIGINAIREMENT.	RENTES PRIMITIVES.	DENIERS DES EMPRUNTS, ET DÉSIGNATION DU NOMBRE DE TÊTES.	RENTES subsistantes au premier janvier 1793 (vieux style.)	CAPITAUX RESTANS.
Report.	1,772,082,118 ₶	144,419,557 ₶	. . . .	98,015,616 ₶	1,063,050,732 ₶
Tontines.					
Mai 1709	2,000,000 .	200,000 . .	divers deniers . . une tête.	1,676 . .	13,966 .
Novembre 1733.	18,810,000 .	1,047,537 . .	*Idem* . . . . . une tête	76,716 . .	767,160 .
Août 1734.	15,570,000 .	1,463,000 . .	*Idem* . . . . . une tête	70,458 . .	704,580 .
Janvier 1743.	6,300,000 .	315,000 . .	5 pour cent . . une tête.	83,967 . .	1,679,340 .
Février 1743.	6,300,000 .	315,000 . .	5 pour cent . . une tête.	76,389 . .	1,527,780 .
Novembre 1744.	9,000,000 .	877,200 . .	divers deniers . . une tête.	128,059 . .	1,280,590 .
Février 1745.	9,000,000 .	889,500 . .	*Idem* . . . . . une tête	127,536 . .	1,275,360 .
Décembre 1759.	46,870,000 .	4,610,532 . .	*Idem* . . . . . une tête	2,037,496 . .	20,374,960 .
TOTAUX.	1,885,932,118 .	154,137,326 . .	. . . .	100,617,913 . .	1,090,674,468 .

RÉCAPITULATION

DES RENTES VIAGÈRES,

Dues le premier Janvier 1793 (vieux style), et des capitaux qui ont été fournis.

NOMBRE DE TÊTES.	CAPITAUX.	RENTES.
Une tête	732,962,123 ₶	70,849,137 ₶
Deux têtes	324,884,490	27,028,129
Trois têtes.	22,883,715	1,945,108
Quatre têtes.	9,944,140	795,539
TOTAUX.	1,090,674,468	100,617,913

B.

ÉTAT GÉNÉRAL

DES RENTES VIAGÈRES

CONSTITUÉES SUR UNE TÊTE,

Distribuées par ordre de naissances, et subsistantes à l'époque du premier Nivôse, l'an second, avec les extinctions arrivées depuis l'année 1787 *(vieux style) jusqu'audit jour premier Nivôse, extrait du compte rendu par les Payeurs des rentes, pour les paiemens de ladite année* 1787 *(vieux style).*

ANNÉES DES NAISSANCES des têtes sur lesquelles les rentes viagères sont assises.	RENTES SUBSISTANTES en 1787 (vieux-style.)	EXTINCTIONS connues depuis 1787, jusqu'au premier Nivôse, l'an deuxième.	RENTES subsistantes audit jour premier Nivôse.	AGES DES TÊTES.	ANNÉES DES NAISSANCES, DES TÊTES sur lesquelles les rentes viagères sont assises.	RENTES SUBSISTANTES en 1787 (vieux style.)	EXTINCTIONS connues depuis 1787, jusqu'au premier Nivôse, l'an deuxième.	RENTES subsistantes audit jour premier Nivôse.	AGES DES TÊTES.
1788	34,106 ₶	1,854 ₶	32,252 ₶	6 ans.	*Report* . .	42,077,664 ₶	1,949,611	401,28,053	
1787	129,871	725	129,146	7	1744	1,413,070	55,200	1,357,870	50 ans.
1786	129,461	100	129,361	8	1743	1,011,905	35,271	976,634	51
1785	416,672	90,106	326,566	9	1742	849,744	21,193	828,551	52
1784	325,271	10,660	314,611	10	1741	867,570	34,804	832,766	53
1783	1,118,254	6,723	1,111,531	11	1740	840,243	45,978	794,265	54
1782	3,070,694	18,691	3,052,003	12	1739	734,856	37,760	697,096	55
1781	3,075,428	331,640	2,743,788	13	1738	863,329	69,039	794,290	56
1780	2,891,731	466,691	2,425,040	14	1737	1,000,967	58,800	942,167	57
1779	3,271,882	60,470	3,211,412	15	1736	1,169,150	53,161	1,115,989	58
1778	2,592,301	7,293	2,585,008	16	1735	756,789	72,089	684,700	59
1777	1,754,840	2,618	1,752,222	17	1734	1,239,014	72,440	1,166,574	60
1776	1,324,602	9,720	1,314,882	18	1733	1,023,235	70,775	952,460	61
1775	2,014,833	23,720	1,991,113	19	1732	1,092,972	45,353	1,047,619	62
1774	983,036	8,512	974,524	20	1731	909,583	69,614	839,969	63
1773	891,681	39,656	852,025	21	1730	1,101,293	77,869	1,023,424	64
1772	440,684	20,936	419,748	22	1729	923,537	73,184	850,353	65
1771	243.589	11,750	231,839	23	1728	864,660	88,957	775,703	66
1770	528,148	4,242	523,906	24	1727	1,156,084	68,616	1,087,468	67
1769	482,473	14,235	468,238	25	1726	874,402	76,395	798,007	68
1768	537,527	5,240	532,287	26	1725	860,833	125,095	735,738	69
1767	541,567	31,513	510,054	27	1724	737,428	129,527	607,901	70
1766	495,106	45,275	449,831	28	1723	1,050,380	203,664	846,716	71
1765	480,125	19,731	460,394	29	1722	764,652	126,024	638,628	72
1764	442,132	47,439	394,693	30	1721	703,774	118,371	585,403	73
1763	400,523	7,367	393,156	31	1720	740,183	119,286	620,897	74
1762	388;273	15,057	373,216	32	1719	586,092	126,316	459,776	75
1761	545,287	17,627	527,660	33	1718	536,823	76,216	460,607	76
1760	526,726	31,708	495,018	34	1717	649,941	101,156	548,785	77
1759	589,182	13,077	576,105	35	1716	505,869	120,989	384,880	78
1758	538,550	20,069	518,481	36	1715	769,909	105,681	664,228	79
1757	684,912	20,886	664,026	37	1714	505,153	128,009	377,144	80
1756	682,167	38,080	644,087	38	1713	325,933	98,338	227,595	81
1755	1,241,728	26,489	1,215,239	39	1712	318,010	115,234	202,776	82
1754	731,885	63,761	668,124	40	1711	243,511	80,331	163,180	83
1753	738,448	14,641	723,807	41	1710	255,563	86,363	169,200	84
1752	826,179	18,938	807,241	42	1709	207,067	75,125	131,942	85
1751	886,613	26,836	859,777	43	1708	172,715	86,626	86,089	86
1750	661,942	27,131	634,811	44	1707	179,253	77,879	101,374	87
1749	775,101	18,653	756,448	45	1706	128,355	48,361	79,994	88
1748	740,663	37,069	703,594	46	1705	246,045	71,655	174,390	89
1747	1,065,271	241,198	824,073	47	1704	538,859	252,227	286,632	90 et au-dessus.
1746	985,566	15,260	970,306	48					
1745	852,634	16,224	836,410	49					
De cette part.	42,077,664 ₶	1,949,611	40,128,053		TOTAUX.	71,796,415 ₶	5,548,582 ₶	66,247,833 ₶	

G.

ÉTAT DES RENTES VIAGÈRES

APPARTENANTES A LA CAISSE D'ESCOMPTE.

DATES DES ACHATS.	NOMBRE DES PARTIES.	RENTES, COMPRIS LE DIXIÈME.	ÉDITS DE CRÉATION.	Constitution.	CAPITAUX PORTÉS AUX CONTRATS.	PRIX DES ACHATS.	MONTANT DES ACHATS ET FRAIS.
1791.					# s d		# s d
17 Mai.	28	130,666 # 13 s 4 d	Janvier 1782.	1786	1,306,666 13 4	8 ½	1,474,028 19 4
Premier Juin.	29	3,712 " "	Novembre 1787.	1789	46,400 " "	8 ¼	42,422 17 1
18 Juin.	96	327,222 3 1	Mars 1781.	1784	3,272,221 4 5	9 ¼	3,187,382 15 8
28 Juin.	29	58,000 " "	Novembre 1787.	1789	725,000 " "	9	645,249 19 10
28 Juin.	95	160,000 " "	Janvier 1782.	1784	1,600,000 " "	9 ¼	1,731,511 14 7
Premier Juillet.	37	13,875 " "	Janvier 1782.	1786	138,750 " "	9 ¼	150,039 10 "
26 Juillet.	55	27,500 " "	Janvier 1782.	1782	275,000 " "	9 ¼	299,114 2 6
26 Novembre.	27	35,550 " "	Mars 1781.	1786	355,500 " "	9 ½	400,736 17 "
26 Novembre.	27	6,075 " "	Décembre 1783.	1784	67,500 " "		
9 Décembre.	"	35,550 " "	Mars 1781.	1786	355,500 " "	9 ½	400,736 17 "
9 Décembre.	"	6,075 " "	Décembre 1783.	1784	67,500 " "		
20 Décembre.	28	14,000 " "	Novembre 1787.	1789	175,000 " "	10	140,175 " "
21 Décembre.	27	13,050 " "	Mars 1781.	1786	130,500 " "	10	117,596 15 "
29 Décembre.	27	13,365 " "	Décembre 1783.	1785	310,444 8 10	10	285,436 5 "
29 Décembre.	54	14,575 " "	Décembre 1783.	1784			
31 Décembre.	28	10,623 4 "	Novembre 1787.	1789	132,790 " "	10	108,548 " "
1792.							
17 Janvier.	26	52,000 " "	Lots. Décembre 1783.	1785	520,000 " "	10	520,000 " "
20 Janvier.	135	59,058 " "	Décembre 1783.	1784	656,200 " "	10	603,360 5 "
31 Mai.	54	7,200 " "	Décembre 1783.	1784	80,000 " "	13	55,384 12 3
		988,097 " 5			10,214,972 6 7		10,161,724 9 3

A déduire. Arrérages des six premiers mois 1791 desdites rentes.	341,395 4 8
	9,820,329 4 7
Intérêt du semestre à 5 pour cent sur 7,529,749 l. 18 s.	188,243 14 11
	10,008,572 19 6
A déduire. Arrérages des 6 derniers mois 1791.	466,167 10 4
	9,542,405 9 2
Intérêt du semestre à 5 pour cent sur 9,953,188 l. 7 s. 3 d.	248,829 10 "
	9,791,234 19 2
A déduire. Arrérages des six premiers mois 1792.	470,344 12 8
	9,320,890 6 6
Intérêt du semestre, à 5 pour cent, sur 9,791,234 l. 19 s. 2 d.	244,780 17 6
	9,565,671 4 "
A déduire. Arrérages des 6 derniers mois 1792.	470,570 7 8
	9,095,100 16 4
Intérêt du semestre, à 5 pour cent, sur 9,565,671 l. 4 s.	239,141 15 8
Valeur actuelle au bilan.	9,334,242 12 "

Je soussigné, Directeur principal de la Liquidation de la Caisse d'Escompte, certifie le présent conforme au Bilan. Paris, le 17 Brumaire, l'an second de la République Française.

A. D. LAFFON-LADEBAT.

D.

TABLE

Pour régler l'Imposition annuelle qui devrait être supportée par les Rentes viagères, le principal de la Contribution foncière étant fixé au cinquième pour les rentes perpétuelles.

Si la tête sur laquelle on paie la rente est actuellement âgée de. . .

Âge	Retrancher		Ou payer net	
1 ans.	retrancher $8\frac{863}{1000}$	p. $\frac{0}{0}$ ou	payer net $91\frac{137}{1000}$	pour cent de la rente.
2	$11\frac{563}{1000}$		$88\frac{437}{1000}$	
3	$13\frac{420}{1000}$		$86\frac{580}{1000}$	
4	$14\frac{135}{1000}$		$85\frac{865}{1000}$	
5	$14\frac{633}{1000}$		$85\frac{367}{1000}$	
6	$14\frac{827}{1000}$		$85\frac{173}{1000}$	
7	$15\frac{41}{1000}$		$84\frac{959}{1000}$	
8	$15\frac{166}{1000}$		$84\frac{834}{1000}$	
9	$15\frac{226}{1000}$		$84\frac{774}{1000}$	
10	$15\frac{210}{1000}$		$84\frac{790}{1000}$	
11	$15\frac{139}{1000}$		$84\frac{861}{1000}$	
12	$15\frac{43}{1000}$		$84\frac{957}{1000}$	
13	$14\frac{957}{1000}$		$85\frac{43}{1000}$	
14	$14\frac{826}{1000}$		$85\frac{174}{1000}$	
15	$14\frac{710}{1000}$		$85\frac{290}{1000}$	
16	$14\frac{588}{1000}$		$85\frac{412}{1000}$	
17	$14\frac{460}{1000}$		$85\frac{540}{1000}$	
18	$14\frac{334}{1000}$		$85\frac{666}{1000}$	
19	$14\frac{217}{1000}$		$85\frac{783}{1000}$	
20	$14\frac{108}{1000}$		$85\frac{892}{1000}$	
21	$14\frac{7}{1000}$		$85\frac{993}{1000}$	
22	$13\frac{917}{1000}$		$86\frac{83}{1000}$	
23	$13\frac{833}{1000}$		$86\frac{167}{1000}$	
24	$13\frac{746}{1000}$		$86\frac{254}{1000}$	
25	$13\frac{658}{1000}$		$86\frac{342}{1000}$	
26	$13\frac{567}{1000}$		$86\frac{433}{1000}$	
27	$13\frac{473}{1000}$		$86\frac{527}{1000}$	
28	$13\frac{377}{1000}$		$86\frac{623}{1000}$	
29	$13\frac{278}{1000}$		$86\frac{722}{1000}$	
30	$13\frac{177}{1000}$		$86\frac{823}{1000}$	
31	$13\frac{72}{1000}$		$86\frac{928}{1000}$	
32	$12\frac{965}{1000}$		$87\frac{35}{1000}$	
33	$12\frac{854}{1000}$		$87\frac{146}{1000}$	
34	$12\frac{740}{1000}$		$87\frac{260}{1000}$	
35	$12\frac{623}{1000}$		$87\frac{377}{1000}$	
36	$12\frac{502}{1000}$		$87\frac{498}{1000}$	
37	$12\frac{377}{1000}$		$87\frac{623}{1000}$	
38	$12\frac{249}{1000}$		$87\frac{751}{1000}$	
39	$12\frac{116}{1000}$		$87\frac{884}{1000}$	
40	$11\frac{979}{1000}$		$88\frac{21}{1000}$	
41	$11\frac{837}{1000}$		$88\frac{163}{1000}$	
42	$11\frac{695}{1000}$		$88\frac{305}{1000}$	
43	$11\frac{551}{1000}$		$88\frac{449}{1000}$	
44	$11\frac{407}{1000}$		$88\frac{593}{1000}$	
45	$11\frac{258}{1000}$		$88\frac{742}{1000}$	
46	$11\frac{105}{1000}$		$88\frac{895}{1000}$	

Si la tête sur laquelle on paie la rente, est actuellement âgée de. . .

Âge	Retrancher		Ou payer net	
47 ans.	retrancher $10\frac{947}{1000}$	p. $\frac{0}{0}$ ou	payer net $89\frac{53}{1000}$	pour cent de la rente.
48	$10\frac{784}{1000}$		$89\frac{216}{1000}$	
49	$10\frac{616}{1000}$		$89\frac{384}{1000}$	
50	$10\frac{443}{1000}$		$89\frac{557}{1000}$	
51	$10\frac{268}{1000}$		$89\frac{732}{1000}$	
52	$10\frac{97}{1000}$		$89\frac{903}{1000}$	
53	$9\frac{925}{1000}$		$90\frac{75}{1000}$	
54	$9\frac{748}{1000}$		$90\frac{252}{1000}$	
55	$9\frac{567}{1000}$		$90\frac{433}{1000}$	
56	$9\frac{382}{1000}$		$90\frac{618}{1000}$	
57	$9\frac{193}{1000}$		$90\frac{807}{1000}$	
58	$8\frac{999}{1000}$		$91\frac{1}{1000}$	
59	$8\frac{797}{1000}$		$91\frac{203}{1000}$	
60	$8\frac{593}{1000}$		$91\frac{407}{1000}$	
61	$8\frac{391}{1000}$		$91\frac{609}{1000}$	
62	$8\frac{179}{1000}$		$91\frac{821}{1000}$	
63	$7\frac{966}{1000}$		$92\frac{34}{1000}$	
64	$7\frac{742}{1000}$		$92\frac{258}{1000}$	
65	$7\frac{514}{1000}$		$92\frac{486}{1000}$	
66	$7\frac{276}{1000}$		$92\frac{724}{1000}$	
67	$7\frac{34}{1000}$		$92\frac{966}{1000}$	
68	$6\frac{787}{1000}$		$93\frac{213}{1000}$	
69	$6\frac{536}{1000}$		$93\frac{464}{1000}$	
70	$6\frac{281}{1000}$		$93\frac{719}{1000}$	
71	$6\frac{23}{1000}$		$93\frac{977}{1000}$	
72	$5\frac{764}{1000}$		$94\frac{236}{1000}$	
73	$5\frac{504}{1000}$		$94\frac{496}{1000}$	
74	$5\frac{245}{1000}$		$94\frac{755}{1000}$	
75	$4\frac{990}{1000}$		$95\frac{10}{1000}$	
76	$4\frac{744}{1000}$		$95\frac{256}{1000}$	
77	$4\frac{541}{1000}$		$95\frac{459}{1000}$	
78	$4\frac{277}{1000}$		$95\frac{723}{1000}$	
79	$4\frac{35}{1000}$		$95\frac{965}{1000}$	
80	$3\frac{776}{1000}$		$96\frac{224}{1000}$	
81	$3\frac{545}{1000}$		$96\frac{455}{1000}$	
82	$3\frac{263}{1000}$		$96\frac{737}{1000}$	
83	$3\frac{20}{1000}$		$96\frac{980}{1000}$	
84	$2\frac{797}{1000}$		$97\frac{203}{1000}$	
85	$2\frac{627}{1000}$		$97\frac{373}{1000}$	
86	$2\frac{471}{1000}$		$97\frac{529}{1000}$	
87	$2\frac{328}{1000}$		$97\frac{672}{1000}$	
88	$2\frac{193}{1000}$		$97\frac{807}{1000}$	
89	$2\frac{80}{1000}$		$97\frac{920}{1000}$	
90 et au-dessus.	$1\frac{974}{1000}$		$98\frac{26}{1000}$	

E.

TABLEAU

Des Résultats de l'opération sur les Rentes viagères, proposée par le Comité des Finances, calculées sur les 66,247,833 liv. des Rentes viagères, actuellement dues sur une tête, d'après les comptes des Payeurs des Rentes.

AGE DES TÊTES sur lesquelles les Rentes viagères existantes sont constituées. Naissances	Age actuel.	MONTANT DES RENTES existantes à la date du 1er. Nivôse, l'an second.	CAPITAL REPRÉSENTATIF DES RENTES VIAGÈRES, d'après la mortalité des Rentiers de l'État, observée par Parcieux, l'intérêt perpétuel étant de 5 pour cent.		CAPITAL REPRÉSENTATIF DES RENTES VIAGÈRES, d'après un ordre de mortalité moyen, fourni par Duvillard, l'intérêt étant de 5 pour cent.		CAPITAL FOURNI PAR LES PRÊTEURS LORS DE L'EMPRUNT.		CAPITAL qui sera dû d'après la liquidation proposée par le Décret.		RENTES VIAGÈRES qui seront dues, si les propriétaires les conservent en entier sur des têtes du même âge		INSCRIPTIONS sur le grand livre de la dette consolidée, qui seront dues, si les propriétaires ne conservent point de rentes viagères.	
1788	6 ans.	32,252 ₶	multipliés par 16	donnent 520,225 ₶	et par 15	485,102 ₶	Et par 10	322,520 ₶	égal au capital fourni	322,520 ₶	lequel calculé à raison de 6 p. %	donne 21,443 ₶	à raison de 5 pour cent.	16,126 ₶
1787	7	129,146	16	2,092,165	15	1,958,628		1,291,460		1,291,460	6	85,155		64,573
1786	8	129,361	16	2,100,823	15	1,969,650		1,293,610		1,293,610	6	84,960		64,681
1785	9	326,566	16	4,113,229	15	4,867,069		3,265,660		3,265,660	6	214,704		163,283
1784	10	314,611	16	5,112,429	15	4,762,896		3,146,110		3,146,110	6	207,816		157,306
1783	11	1,111,531	16	18,029,033	15	16,720,761		11,115,310		11,115,310	6	738,901		555,766
1782	12	3,052,003	16	49,350,889	14	45,587,769		30,520,030		30,520,030	6	2,043,255		1,526,001
1781	13	2,743,788	16	44,174,987	14	40,679,401		27,437,880		27,437,880	6	1,850,657		1,371,894
1780	14	2,425,040	16	38,849,141	14	35,672,338		24,250,400		24,250,400	6	1,648,566		1,212,520
1779	15	3,211,412	15	50,189,907	14	46,848,078		32,114,120		32,114,120	6	2,201,423		1,605,706
1778	16	2,585,008	15	40,998,227	14	22,919,216		25,850,080		25,850,080	6	1,787,688		1,292,504
1777	17	1,752,222	15	27,650,063	14	25,116,350		17,522,220		17,522,220	6	1,222,420		876,111
1776	18	1,314,882	15	20,656,796	14	18,693,677		13,148,820		13,148,820	7	924,862		657,441
1775	19	1,991,113	15	31,160,918	14	28,090,624		19,911,130		19,911,130	7	1,411,341		995,557
1774	20	974,524	15	15,183,084	14	13,650,158		9,745,240		9,745,240	7	695,742		487,252
1773	21	852,025	15	13,214,968	13	11,858,332		8,520,250		8,520,250	7	612,223		426,013
1772	22	419,748	15	6,480,909	13	5,836,374		4,197,480		4,197,480	7	303,440		209,874
1771	23	231,839	15	3,563,365	13	5,936,059		2,318,390		2,318,390	7	314,154		115,919
1770	24	523,906	15	8,015,761	13	7,155,508		5,239,060		5,239,060	7	383,588		261,953
1769	25	468,238	15	7,131,265	13	6,352,585		4,682,380		4,682,380	7	345,129		234,119
1768	26	532,287	15	8,069,471	13	7,171,513		5,322,870		5,322,870	7	395,079		266,144
1767	27	510,054	15	7,701,614	13	6,822,992		5,100,540		5,100,540	7	381,291		255,027
1766	28	449,831	15	6,747,465	13	5,972,856		4,498,310		4,498,310	7	338,781		224,916
1765	29	460,394	14	5,027,502	13	6,066,612		4,603,940		4,603,940	7	349,393		230,197
1764	30	394,693	14	5,857,224	13	5,159,477		3,946,930		3,946,930	7	301,936		197,347
1763	31	393,156	14	5,799,051	12	5,097,268		3,931,560		3,931,560	7	303,245		196,578
1762	32	373,216	14	5,463,882	12	4,797,318		3,732,160		3,732,160	7	290,351		186,608
1761	33	527,660	14	7,666,900	12	6,722,388		5,276,600		5,276,600	7	414,176		263,830
1760	34	495,018	14	7,138,160	12	6,248,612		4,950,180		4,950,180	7	392,153		247,509
1759	35	596,105	14	8,244,063	12	7,202,465		5,761,050		5,761,050	7	460,809		288,053
1758	36	518,481	14	7,357,245	12	6,417,239		5,184,810		5,184,810	8	418,907		259,241
1757	37	664,026	14	9,332,846	12	8,133,654		6,640,260		6,640,260	8	542,104		332,013
1756	38	644,087	13	7,239,473	12	7,803,758		6,440,870		6,440,870	8	531,597		322,044
1755	39	1,215,239	13	16,758,146	11	14,556,348		12,152,390		12,152,390	8	1,014,469		607,620
1754	40	668,124	13	9,098,849	11	7,908,584		6,681,240		6,681,240	8	564,438		334,062
1753	41	723,807	13	9,727,966	11	8,464,913		7,238,070		7,238,070	8	618,906		361,906
1752	42	807,241	13	10,687,371	11	9,324,441		8,072,410		8,072,410	8	698,858		403,621
1751	43	859,777	13	11,211,492	11	9,807,476		8,597,770		8,597,770	8	753,732		429,889
1750	44	634,811	12	8,150,973	11	7,146,702		6,348,110		6,348,110	8	565,877		317,406
1749	45	756,448	12	9,561,503	11	8,400,355		7,564,480		7,564,480	9	681,181		378,224
1748	46	703,594	12	8,745,673	10	7,702,244		7,035,940		7,035,940	9	642,726		351,797
1747	47	824,073	12	10,070,173	10	8,886,803		8,240,730		8,240,730	9	764,163		412,036
1746	48	970,306	12	11,653,375	10	10,300,768		9,703,060		9,703,060	9	913,999		485,153
1745	49	836,410	11	9,869,638	10	8,734,630		8,364,100		8,364,100	9	800,909		418,205
1744	50	1,357,870	11	15,724,135	10	13,943,967		13,578,700		13,578,700	9	1,322,294		678,935
1743	51	976,634	11	11,094,562	10	9,861,073		9,766,340		9,766,340	9	967,248		488,317
1742	52	828,551	11	9,230,058	9	8,223,369		8,285,510	et par 9	8,223,369	10	828,551		414,168
1741	53	832,766	10	9,085,477	9	8,117,823		8,327,660	9	8,117,803	10	832,766		405,890
1740	54	794,265	10	8,482,750	9	7,598,733		7,942,650	9	7,598,733	10	794,265		379,937
1739	55	697,096	10	7,284,653	9	6,540,155		6,970,960	9	6,540,155	10	697,096		327,008
1738	56	794,290	10	8,117,644	9	7,301,908		7,942,900	9	7,301,908	10	794,290		365,295
1737	57	942,167	9	9,745,218	8	8,478,561		9,421,670	8	8,478,561	11	942,167		423,928
1736	58	1,115,989	9	10,880,893	8	9,821,819		11,159,890	8	9,821,819	11	1,115,989		491,091
1735	59	684,700	9	6,504,650	8	5,887,735		6,847,000	8	5,887,735	11	684,700		294,387
1734	60	1,166,574	9	10,779,144	8	9,789,889		11,665,740	8	9,789,889	11	1,166,574		489,494
1733	61	952,460	8	8,553,091	7	7,792,075		9,524,600	8	7,792,075	12	952,460		389,604
1732	62	1,047,619	8	9,124,761	7	8,345,333		10,476,190	7	8,345,333	12	1,047,619		417,267
1731	63	839,969	8	7,080,939	7	6,503,040		8,399,690	7	6,503,040	12	839,969		325,152
1730	64	1,023,424	8	8,330,671	7	7,690,008		10,234,240	7	7,690,008	13	1,023,424		384,600
1729	65	850,353	7	6,666,768	7	6,187,168		8,503,530	7	6,187,168	13	850,353		309,358
1728	66	775,703	7	5,833,287	7	5,456,295		7,757,030	7	5,456,295	14	775,703		272,815
1727	67	1,087,468	7	7,851,519	6	7,380,645		10,874,680	6	7,380,645	14	1,087,468		369,032
1726	68	798,007	6	5,510,189	6	5,215,774		7,980,070	6	5,215,774	15	798,007		260,789
1725	69	735,738	6	4,885,300	6	4,621,170		7,357,380	6	4,621,170	15	735,738		231,058
1724	70	607,901	6	3,866,250	6	3,661,388		6,079,010	6	3,661,388	16	607,901		183,069
1723	71	846,716	6	5,164,968	5	4,880,471		8,467,160	5	4,880,471	17	846,716		244,024
1722	72	638,628	5	3,729,576	5	3,515,009		6,386,280	5	3,515,009	18	638,628		175,750
1721	73	585,403	5	3,266,549	5	3,070,439		5,854,030	5	3,070,439	19	585,403		151,522
1720	74	620,897	5	3,303,172	4	3,098,276		6,208,970	4	3,098,276	20	620,897		156,914
1719	75	459,776	5	2,326,467	4	2,178,331		4,597,760	4	2,178,331	21	459,776		108,917
1718	76	460,607	4	2,210,914	4	2,077,798		4,606,070	4	2,077,798	22	460,607		103,889
1717	77	548,785	4	2,494,972	4	2,347,153		5,487,850	4	2,347,153	23	548,785		117,359
1716	78	384,880	4	1,653,835	4	1,552,991		3,848,800	4	1,552,991	24	384,880		77,649
1715	79	664,228	4	2,710,050	3	2,508,125		6,642,280	3	2,508,125	26	664,228		125,406
1714	80	377,144	3	1,455,776	3	1,325,661		3,771,440	3	1,325,661	28	377,144		66,283
1713	81	227,595	3	830,722	3	742,641		2,275,950	3	742,641	30	227,595		37,132
1712	82	202,776	3	699,577	3	612,384		2,027,760	3	612,384	33	202,776		30,619
1711	83	163,180	3	528,703	2	457,414		1,631,800	2	457,414	35	163,180		22,871
1710	84	169,200	3	509,292	2	444,488		1,692,000	2	444,488	38	169,200		22,224
1709	85	131,942	2	366,799	2	326,029		1,319,420	2	326,029	40	131,942		16,301
1708	86	86,089	2	220,388	2	200,415		860,890	2	200,415	42	86,089		10,021
1707	87	101,374	2	237,215	2	222,313		1,013,740	2	222,313	45	101,374		11,116
1706	88	79,994	2	167,987	2	166,388		799,940	2	166,383	48	79,994		8,319
1705	89	174,290	1	320,878	1	335,526		1,743,900	1	335,525	51	174,290		16,775
1704	90 et au-dessus.	286,632	1	452,879	1	493,867		2,866,320	1	493,867	58	286,632		24,694
		66,247,833 ₶		803,079,404 ₶		718,953,566 ₶		662,478,330		589,794,157		56,309,380 ₶		29,489,713 ₶

CONVENTION NATIONALE.

PROJET DE DÉCRET SUR LES RENTES VIAGÈRES DÉCLARÉES DETTES NATIONALES;

PRÉSENTÉ

PAR CAMBON, député par le département de l'Hérault,

AU NOM DU COMITÉ DES FINANCES.

IMPRIMÉ PAR ORDRE DE LA CONVENTION NATIONALE.

LA Convention nationale, après avoir entendu le rapport de son comité des finances, décrète :

§. PREMIER.

Remise des titres.

ARTICLE PREMIER. (*décrété le 1er. germinal.*)

Tous les propriétaires de rentes viagères qui ont été déclarées dettes nationales, provenant des emprunts faits par l'ancien gouvernement, par les ci-devant états provinciaux, les ci-devant chapitres, maisons religieuses et autres établissemens ecclésiastiques supprimés, ou par les corporations de judicature et ministérielles, communautés d'arts et métiers, villes et communes, seront tenus de remettre, d'ici au premier vendemiaire de la troisième année républicaine, à la trésorerie nationale, les contrats et titres desdites rentes viagères ; et faute par eux de les remettre dans le délai prescrit, ils sont dès à présent déclarés déchus de toute répétition envers la République.

II. (*Décrété le premier germinal.*)

Les créanciers viagers qui ont remis leurs titres au directeur général de la liquidation, les retireront pour les rapporter à la trésorerie nationale dans le délai prescrit par l'article précédent, sous la peine qui y est portée.

III. (*Décrété le premier germinal.*)

Les propriétaires de rentes viagères joindront à leurs titres et contrats originaux :

1°. Les certificats de vie, suivant les modèles N°. 1 et 2, de toutes les têtes sur lesquelles lesdites rentes viagères sont dues, soit actuellement, soit par droit de survie ; lesdits certificats ne pourront être datés antérieurement au premier germinal.

2°. Les actes de naissance de toutes les têtes *sur lesquelles les rentes sont assises*, toutes les fois qu'ils ne seront pas énoncés dans les contrats.

Nota. Dans le décret du premier germinal, au lieu des mots italiques, il y avait ceux-ci, *ayant droit de survie*, ce qui laissait du doute.

N°. I. (*Décrété le premier germinal.*)

Modèle du certificat de vie pour l'intérieur de la République.

Nous, officiers municipaux de la commune de district de département de certifions que (noms, prénoms du requérant) né le * *demeurant à* , est vivant, pour s'être présenté cejourd'hui devant nous.
A ce l'an de la République une et indivisible. Et a signé avec nous.

Nota. 1°. Les personnes domiciliées à Paris pourront, sur l'attestation de deux témoins, obtenir leur certificat de vie par le ministère d'un juge de paix ou officier public, ayant à cet effet l'autorisation du département, avec mention dans ledit certificat qui constate que la personne certifiée ou les deux témoins sont connus dudit officier public.
2°. Ces certificats seront assujétis au droit d'enregistrement.
3°. Si les officiers municipaux ne connoissoient pas bien l'individu, ils feront appuyer leur certificat de deux témoins qu'ils dénommeront et feront signer avec eux.
4°. Si, par le jeune âge, infirmité, maladie ou autre cause, le certifié ne sait ou ne peut signer, il en sera fait mention.

* Ces mots italiques n'ont pas été décrétés. La rédaction était *habitant de cette commune.*

N°. II. (*Décrété le premier germinal.*)

Certificat de vie pour les pays hors la République.

Je soussigné, agent de la République française à (mettre le lieu de la résidence de l'agent), certifie que (mettre les noms, prénoms du certifié) né le demeurant à est vivant, pour s'être cejourd'hui présenté devant nous; cette existence attestée par (remplir les noms, prénoms et demeures de 4 témoins connus de l'agent.)
A ce l'an de la République une et indivisible. Et ont, ledit avec lesdits témoins et moi, signé ledit certificat.

Nota. 1°. Ce certificat doit être légalisé par un chef des bureaux du ministre des affaires étrangères, enregistré à Paris, et certifié véritable par la personne qui touchera la rente.
2°. Si, par le jeune âge, infirmité, maladie, ou autre cause valable, l'individu ne sait ou ne peut signer, il en sera fait mention.
3°. * *En Suisse, ce certificat pourra être délivré aux habitans naturels de cette République par les magistrats civils ; il devra être visé et légalisé par l'agent de la République française qui y réside.*

* Cette troisième observation n'est pas décrétée.

I V.

En Suisse, les certificats de vie pourront être fournis aux habitans naturels de cette République par les magistrats civils; ils seront visés et légalisés par l'agent de la République qui y réside.

V.

Les propriétaires des rentes viagères et ceux qui auront droit au capital qui sera liquidé, seront tenus, en remettant leurs pièces et titres, de fournir la déclaration suivant le modèle n°. III, s'ils veulent, ou non, jouir de la portion de rente viagère conservée par le présent décret; et s'ils veulent en jouir, ils y joindront leurs actes de naissance.

V I.

Cette déclaration une fois remise à la trésorerie nationale, ne pourra plus être changée; elle sera sur papier libre, faite et signée par le propriétaire ou par le fondé de pouvoir porteur des titres, et par les pères, mères, tuteurs ou curateurs représentant les mineurs ou interdits, sans qu'il soit nécessaire d'aucune autorisation spéciale pour cet objet.

V I I. (*Décrété le premier germinal.*)

Les pièces mentionnées aux articles III et V, seront séparées.

V I I I. (*Décrété le premier germinal.*)

Ceux dont le certificat de vie n'aura pas été remis à la trésorerie dans le délai fixé par l'article premier, seront réputés morts, et leurs droits acquis au profit de la République; mais le défaut de représentation du certificat de vie de quelque tête, dans le délai prescrit, n'empêchera pas la liquidation des parties co-intéressées avec celles qui se seront mises en règle.

§. I I.

Paiement des arrérages.

I X. (*Décrété le premier germinal.*)

Après la remise des titres et pièces désignés aux articles 1, 3 et 5, les arrérages des rentes viagères qui seront dus seront payés, à la trésorerie, à bureau ouvert, en fournissant:

1°. Un certificat, suivant le modèle N°. 4, du payeur, trésorier ou autre agent qui aura fait le dernier paiement desdites rentes, constatant le net de ce qui en sera dû au premier germinal, an deuxième de la République.

2°. Un certificat constatant que le jouissant réside en France depuis le 9 mai 1792 sans interruption.

3°. Un certificat de non détention, à l'époque de leur demande, pour cause de suspicion ou de contre-révolution.

4°. Un certificat de non émigration;

5°. Et une seule quittance enregistrée dans l'ancienne forme, pour toutes les sommes qui seront dues d'après les divers certificats des payeurs ci-dessus mentionnés.

X.

Les arrérages des rentes dus au premier germinal, ne pourront être payés qu'à l'époque du premier vendémiaire, si les propriétaires ne fournissent pas toutes les pièces relatives aux droits des expectans, ou s'ils ne justifient de leur mort ou émigration.

X I. (*Décrété le premier germinal.*)

Les certificats de résidence seront fournis par les municipalités, et à Paris, par les comités civils des sections, visés par les directoires de district; ceux de non émigration le seront par les directoires de district, et ceux de non détention par les municipalités, et à Paris par les comités civils des sections; lesdits certificats seront enregistrés et vaudront pendant trois mois de la date de l'enregistrement.

X I I.

Pour accélérer et faciliter le paiement des rentes viagères, les propriétaires pourront réunir en un seul certificat ceux mentionnés en l'article IX, et celui constatant le paiement des contributions. Ce nouveau certificat sera conforme au modèle N°. V ci-après, lequel sera délivré par les municipalités et visé par les directoires de district, et, à Paris, par les comités civils des sections, visé par le directoire de département; il sera enregistré et vaudra aussi pendant trois mois.

X I I I.

A compter de ce jour, les créanciers en rentes viagères seront tenus de se procurer le certificat mentionné en l'article précédent; cependant, les paiemens pourront être continués sur la remise des certificats qui sont expédiés dans l'ancienne forme, jusqu'à leur surannation.

X I V. (*Décrété le premier germinal.*)

Les certificats des payeurs, trésoriers ou autres agens qui auront fait le dernier paiement, autres que ceux qui seront fournis par les payeurs dits de l'hôtel-de-ville de Paris *et par le trésorier de la commune de Paris* *, seront visés et vérifiés par l'agent national de la résidence du payeur, sur la représentation des anciens livres du comptable.

* Les mots italiques ne sont pas décrétés.

X V. (*Décrété le premier germinal.*)

Le directeur général de la liquidation fournira les certificats des arrérages dus pour les titres dont les états lui auront été fournis. Lesdits certificats n'auront pas besoin d'être visés.

X V I. (*Décrété le premier germinal.*)

Si quelque payeur, trésorier ou autre agent précédemment chargé du paiement, étoit détenu, mort ou absent, le directoire du district commettra un agent pour délivrer les certificats d'après le registre du comptable; lesdits certificats seront visés et vérifiés par l'agent national de la commune.

X V I I. (*Décrété le premier germinal.*)

Les payeurs, trésoriers, ou autres agens, feront mention dans leurs certificats s'il subsiste ou non des oppositions sur lesdites rentes, et s'il en existe, ils donneront les dates et les noms des opposans.

N°. I I I.

Modèle de la déclaration du rentier viager.

Je soussigné (mettre les noms, prénoms et date de naissance)
déclare qu'en conséquence de l'article 5, §. premier du décret du sur les rentes viagères, mon intention est *de conserver (telle portion) de rente viagère (ou) de renoncer à conserver aucune portion de rente viagère.*
A ce l'an de la République une et indivisible.

N°. I V. (*Décrété le premier germinal.*)

Modèle de certificat du payeur, trésorier, &c., pour constater les arrérages des rentes viagères qui sont dus.

RENTES VIAGÈRES NATIONALES.

Certificat d'arrérages dus au premier germinal, an deuxième de la République.

Année de l'acte de création . . . . . . N°. du registre . . . . . Produit net de la rente annuelle.

Je soussigné (payeur ou trésorier, etc.)
certifie (mettre les noms et prénoms du jouissant) (pour les payeurs des rentes à Paris) a droit de (mettre le net de la rente viagère ou de toutes les rentes viagères énoncées au tableau qui sera en tête), (*et pour les autres payeurs, receveurs, ou trésoriers*) *a été payé le d'une rente viagère annuelle montant net* *
et que les arrérages lui en sont dus depuis le (en toutes lettres) jusqu'au premier germinal, an second de la République, et qu'il n'y a pas d'opposition sur ladite rente.
A ce l'an second de la République une et indivisible.

Nota. S'il y a des oppositions, elle seront énoncées par date et nom des opposans.
Si le présent certificat est délivré par tout autre que par le payeur des rentes à Paris, ou par le directeur général de la liquidation, il sera visé et vérifié par l'agent national de la résidence du trésorier ou payeur.
* Les mots italiques ne sont pas encore décrétés.

XVIII.

Les payeurs ne pourront plus recevoir d'oppositions sur les rentes viagères postérieurement à la date de leurs certificats.

XIX.

Les propriétaires qui auront remis leurs titres et les pièces mentionnées aux articles III et V, avant le premier vendémiaire de la troisième année, conserveront leurs droits, quoiqu'ils n'aient pas fourni les pièces exigées par l'article IX.

XX.

Les certificats de vie ne seront reçus à la trésorerie que pendant le mois de leur date, et la remise dans ce délai desdits certificats accompagnés de la déclaration mentionnée en l'article V, déterminera les droits résultans du présent décret, pour convertir les rentes viagères en un capital transmissible.

§. III.

Défense de vendre, céder ni partager les rentes viagères.

XXI. (*Décrété le 2 germinal.*)

A compter de ce jour, à Paris, et dans dix jours, pour le reste de la République, aucun titre de créance viagère sur la République, de quelque nature qu'il soit, ne pourra être négocié, vendu, cédé, transporté ni partagé, directement ni indirectement, sous peine de nullité de l'acte de vente, négociation, cession, transport ou partage, et de trois mille livres d'amende, payables par le propriétaire, l'acheteur, le notaire, courtier de change ou autre agent qui auroit participé auxdites ventes, cessions, transports, négociations ou partages.

XXII. (*Décrété le 2 germinal.*)

A compter des mêmes époques, il est défendu aux préposés du droit d'enregistrement d'enregistrer aucun acte de vente, négociation, transport ou partage, prohibé par l'article précédent, sous peine de mille livres d'amende, et d'être destitués de leurs emplois.

§. IV.

De la liquidation des rentes viagères et de leur conversion en un capital.

XXIII.

Il sera formé un capital du produit de toutes les rentes ou intérêts de la dette viagère de la République, d'après la proportion et les bases établies aux tables jointes au présent décret, savoir :

Pour les rentes viagères sur une tête, suivant la table N°. I.
Sur deux têtes, suivant la table N°. II.
Sur trois têtes, suivant la table N°. III.
Sur quatre têtes, suivant la table N°. IV.

XXIV.

Dans aucun cas, le capital provenant de cette liquidation, ne pourra excéder la somme qui aura été fournie dans l'emprunt.

XXV.

Si le contrat ne fait pas mention du capital fourni dans l'emprunt, ou si ce capital provient des lots, primes ou chances qui ont été accordées par l'ancien gouvernement, on l'établira en calculant les rentes sur une tête, par 10 fois le montant ;
sur deux têtes, par 11 $\frac{1}{100}$ fois,
sur trois têtes, par 11 $\frac{76}{100}$ fois,
sur quatre têtes, par 12 $\frac{50}{100}$ fois.

XXVI.

Sont exceptées des dispositions des articles précédens, les rentes ci-devant tontines, lesquelles seront calculées d'après les bases portées aux diverses tables, sans avoir égard au capital fourni.

XXVII.

Les propriétaires de rentes et intérêts viagers seront crédités sur le grand livre de la dette consolidée, des intérêts à cinq pour cent du capital de leur liquidation, sauf les exceptions ci-après.

§. V.

De la faculté accordée de conserver des rentes viagères.

XXVIII.

Les propriétaires des rentes viagères, ou ceux qui auront droit au capital qui proviendra de la liquidation desdites rentes, qui sont domiciliés en France ou en pays amis de la République française, pourront convertir ce capital en une rente viagère, qui ne pourra cependant pas excéder 1000 livres, s'ils sont âgés de 30 ans et au-dessous.

1500 l.	de 30 à 40 ans.
2000	de 40 à 50.
3000	de 50 à 60.
4000	de 60 à 70.
5000	de 70 à 80.
7500	de 80 à 90.
10000	de 90 et au-dessus.

Le surplus du capital, s'ils en ont, sera inscrit sur le grand livre de la dette consolidée, à raison de cinq pour cent.

XXIX.

Sont considérés comme ayant droit au capital qui sera liquidé pour les rentes viagères :

1°. Ceux qui sont propriétaires d'un droit de survie ;

2°. Ceux qui, par un acte ayant date certaine et authentique, antérieure au premier germinal, ont acquis des délégations sur les rentes viagères, ou des portions desdites rentes.

XXX.

Les compagnies de finances, qui sont propriétaires de rentes viagères ne pourront point jouir de la faveur mentionnée en l'article précédent.

XXXI.

Dans aucun cas, les rentes viagères conservées ne pourront être vendues, cédées ni transportées.

N°. V.

Modèle de certificat unique de résidence, de non émigration, non détention, etc.

Département d
District d
Commune d

Nous, officiers municipaux de la commune d , sur l'attestation de (mettre les noms, prénoms et demeures des trois citoyens résidant dans ladite commune) et que nous déclarons bien connoître ;

Certifions que (mettre les noms, prénoms et demeure du requérant) s'est présenté aujourd'hui devant nous ; qu'il a résidé en France depuis le 9 mai 1792 jusqu'à présent, sans interruption ; qu'il n'a point émigré et qu'il n'est point détenu pour cause de suspicion ou de contre-révolution.

Certifions en outre que ledit nous a présenté, en bonne forme, 1°. sa quittance d'imposition mobiliaire de 1792 ; 2°. celle du dernier tiers de sa contribution patriotique.

Suit le signalement du citoyen.

Fait à le l'an de la République une et indivisible.

Nota. 1°. Ce certificat doit être signé de deux officiers municipaux, du secrétaire de la commune, des trois témoins et du requérant.
2°. Il doit être visé par deux membres du directoire du district dans le courant de la décade, et enregistré dans la décade de la date du visa.
3°. Il sera sur papier timbré.

XXXII.

Les rentes viagères conservées ne pourront être constituées que sur une seule tête ; tout droit de réversibilité ou de succession à cet égard étant supprimé.

§. VI.

De la répartition des capitaux provenant des rentes viagères.

XXXIII.

Pour régler la rente viagère qui sera conservée, le liquidateur de la trésorerie nationale liquidera toujours quel est le capital qui est dû, d'après les bases établies par les articles précédens, sans que jamais ce capital puisse excéder la somme qui auroit été fournie dans l'emprunt ; une fois le capital établi, la rente viagère sera calculée d'après le taux fixé pour chaque âge par la table No. V.

XXXIV.

La portion du capital qui appartiendra aux propriétaires jouissant actuellement, et ceux appelés à la jouissance, sera réglée et liquidée par le liquidateur de la trésorerie, quelles que soient les conditions du contrat et sauf les exceptions ci-après, proportionnellement aux évaluations portées dans les tables No. VI à XVII, pour les cas qui y sont prévus.

XXXV.

S'il se trouve des cas non prévus dans lesdites tables, la répartition du capital en sera faite d'après les bases qui ont servi aux calculs desdites tables, lesquelles bases seront déterminées par le bureau des calculs qui sera établi à la trésorerie nationale.

XXXVI.

Si lors du placement en rentes viagères sur plusieurs têtes, le jouissant actuel a seul fourni l'entier capital prêté ; et si par le résultat de la liquidation desdites rentes, et par la répartition qui en sera faite, ce jouissant éprouvoit une diminution en viager, dont les propriétaires expectans dussent profiter ; ces derniers n'auront droit au capital liquidé que déduction faite de la somme qui sera nécessaire pour conserver, au jouissant, la même rente qu'il reçoit actuellement.

XXXVII.

Les pères et les mères actuellement existans, qui lors des placemens en viagers, ont fourni tous les fonds, et ont stipulé une jouissance après leur mort en faveur d'un ou de plusieurs de leurs enfans, seront propriétaires du capital qui reviendra par la liquidation et répartition à l'enfant expectant.

XXXVIII.

Dans le cas où les fonds auront été fournis par des inconnus, le capital qui sera liquidé et réparti appartiendra aux personnes jouissantes ou expectantes qui y ont droit, quelles que soient les conditions qui pourroient se trouver dans le contrat.

XXXIX.

Les jouissans des rentes viagères, et ceux appelés à la jouissance d'un même contrat, pourront cependant faire entre eux telles stipulations, partages et transactions qu'ils jugeront à propos, pourvu que la portion de chacun ne soit pas au-dessous de cinquante livres de rente viagère, ou d'inscription sur le grand livre de la dette consolidée : il ne sera payé que trente sous pour droit d'enregistrement de ces actes.

XL.

Si ces propriétaires veulent profiter de l'avantage qui leur est accordé par le présent décret, de conserver une partie de la rente viagère, le capital nécessaire pour constituer ladite rente, sera prélevé sur la portion de celui qui leur reviendra par la liquidation ; et le taux de l'intérêt dudit capital sera réglé ainsi qu'il est prescrit par l'art. XXXIII et suivant la table No. V.

§. VII.

Du grand livre de la dette viagère, et de son dépôt.

XLI.

Toute la dette publique viagère qui sera conservée, sera enregistrée par ordre alphabétique des noms des créanciers, sur un grand livre en un ou plusieurs volumes.

XLII.

Chaque créancier de la République y sera crédité en un seul et même article, et sous un même numéro, de la rente viagère dont il sera propriétaire.

XLIII.

Il ne pourra être fait aucune inscription sur le grand livre pour une somme au-dessous de cinquante livres de rente viagère.

XLIV.

Pour la facilité des calculs et des paiemens, si, par la réunion des diverses parties de rentes viagères qui seront conservées, ou si, par le titre actuel, il étoit dû des sous ou deniers, la fraction au-dessous de dix sous seroit supprimée, et il sera ajouté la fraction nécessaire pour compléter la livre à celle de dix sous et au-dessus.

XLV.

Il sera ouvert sur le grand livre de la dette publique viagère, un compte de la nation, au crédit duquel seront portées toutes les extinctions, afin qu'on puisse reconnoître et constater dans tous les temps le montant des diminutions que la dette viagère aura éprouvées.

XLVI.

Le grand livre de la dette publique viagère sera le titre unique et fondamental de tous les créanciers viagers de la République.

XLVII.

Le grand livre de la dette publique viagère sera sommé, arrêté et signé par trois commissaires de la Convention ou du corps législatif, par les commissaires de la trésorerie nationale et par le payeur principal de la dette publique ; il sera ensuite déposé aux archives nationales.

XLVIII.

Il sera fait deux copies du grand livre, qui seront sommées et signées par les commissaires de la trésorerie nationale et par le payeur principal de la dette publique.

XLIX.

Une de ces copies sera déposée aux archives de la trésorerie nationale ; l'autre restera dans les bureaux du payeur principal de la dette publique.

§. VIII.

De la contribution de la dette publique viagère.

L.

Toute la dette publique viagère inscrite sur le grand livre, sera assujétie par moitié au principal de la contribution foncière qui sera réglée chaque année par le corps législatif.

LI.

Le paiement de cette contribution sera fait par retenue sur les feuilles de paiement annuel.

§. IX.

Des saisies et oppositions sur les rentes viagères.

LII.

A l'avenir, il ne pourra être fait aucune saisie ni opposition sur les rentes viagères qui seront conservées.

LIII.

Les saisies ou oppositions qui existent sur les rentes viagères, seront transportées sur leur inscription au grand livre de la dette consolidée.

§. X.

Des extraits d'inscription provisoire.

L I V.

Le liquidateur de la trésorerie pourra délivrer des extraits d'inscription provisoire aux propriétaires des rentes viagères qui seront converties en une inscription sur le grand livre de la dette consolidée.

L V.

Les formes à suivre pour porter les oppositions qui existent sur les rentes viagères, sur le grand livre de la dette consolidée, et pour délivrer les inscriptions provisoires, seront les mêmes que celles qui ont été fixées par la loi du 24 août et subséquentes, sur la consolidation de la dette publique.

L V I.

Les inscriptions provenant de la liquidation des rentes viagères seront admises en paiement des domaines nationaux, ainsi qu'il est prescrit par la loi du 24 août dernier, pour celles provenant de la dette exigible.

§. X I.

Des états à fournir par le liquidateur de la trésorerie.

L V I I.

Le liquidateur de la trésorerie nationale annullera les titres de créance viagère qui lui seront fournis; il dressera chaque décade :

1°. Un état par nom et prénoms du propriétaire et du capital provenant de la liquidation.

2°. Un état aussi par nom et prénom du propriétaire, avec le montant des rentes viagères qui seront conservées.

L V I I I.

Il enverra chaque décade ces états au payeur principal de la dette publique, qui fera créditer sur le grand livre de la dette publique les propriétaires des capitaux, du montant de l'intérêt à cinq pour cent, et les propriétaires des rentes viagères, du montant desdites rentes sur le grand livre qui sera à ce destiné.

§. X I I.

De la comptabilité du payeur principal.

L I X.

Le payeur principal de la dette publique, chargé de la direction en chef du grand livre de la dette publique viagère, sera comptable de cette opération.

L X.

Il n'aura sa décharge complète que lorsqu'il aura justifié aux commissaires de la trésorerie, qui en rendront compte à la Convention, ou au corps législatif, que le montant de la dette publique, transcrite sur le grand livre, est égal à celui des états fournis par le liquidateur.

§. X I I I.

De la délivrance de l'extrait d'inscription.

L X I.

Il sera délivré aux propriétaires des rentes viagères inscrites sur le grand livre, qui le demanderont, un extrait d'inscription conforme à celui qui a été prescrit par la loi du 24 août dernier sur la consolidation de la dette publique.

L X I I.

L'extrait d'inscription ne pourra être délivré au propriétaire que d'après le certificat du liquidateur de la trésorerie.

L X I I I.

Le liquidateur de la trésorerie ne pourra délivrer son certificat qu'après avoir vérifié et s'être fait remettre les titres justificatifs de la propriété.

§. X I V.

De la remise et de l'annullation des titres de créance viagère.

L X I V.

Tous les contrats et autres titres qui seront remis par les propriétaires, en retirant le certificat du liquidateur, après le décret du corps législatif sur leur vérification définitive, seront annullés et détruits.

L X V.

Dans le mois qui suivra le dépôt du grand livre de la dette viagère aux archives nationales, les commissaires surveillans du bureau de comptabilité se feront remettre, par les notaires de Paris, les minutes de tous les contrats et autres titres constatant la dette viagère de la nation, portés sur leurs répertoires; ils les feront annuller et détruire; ils feront annuller aussi l'indication portée sur le répertoire.

L X V I.

Dès que le dépôt du grand livre de la dette viagère sera fait aux archives nationales, les commissaires de la trésorerie en préviendront les administrations de département et de district, qui seront tenues de se faire remettre de suite, par tous les dépositaires publics, tous les titres, pièces et indications qui constatent les créances viagères dues par la nation, lesquels seront annullés et détruits.

L X V I I.

A compter de la publication du présent décret, il ne pourra être délivré par les officiers publics aucune expédition ou extrait de titres de créance viagère sur la nation, de quelque nature qu'ils soient, sous peine de dix ans de fers.

L X V I I I.

Les titres III, IV, VI et VII de la loi du 21 frimaire dernier qui règlent le mode de suppléer les titres perdus, ou qui sont sous les scellés, ou aux Indes, ou aux colonies, ou qui appartiennent aux émigrés condamnés ou déportés, seront applicables à la remise des titres des rentes viagères; mais le droit d'enregistrement qui a été établi par les art. XI et XII de la loi du 21 frimaire, ne sera que d'un cinquième de la rente viagère.

L X I X.

La régie nationale du droit d'enregistrement et des domaines, sera tenue de rechercher et faire remettre tous les titres de créances viagères appartenantes aux détenus, pour cause de suspicion ou de contre-révolution, ainsi qu'elle en a été chargée par le titre VI de la loi du 21 frimaire, pour les titres appartenans aux émigrés condamnés ou déportés.

L X X.

Les titres qui se trouvent déposés chez les notaires ou entre les mains d'autres particuliers, pour servir de gage ou d'hypothèque, ou à tel autre titre que ce soit, pourront être remis à la trésorerie nationale par les dépositaires, à la charge de notifier ou faire tous les actes conservatoires pour leur sûreté ou celle d'autrui.

L X X I.

Les propriétaires qui ont acquis des portions de rentes viagères ou des délégations, pourront contraindre les dépositaires des titres qui leur servent d'hypothèque ou de gage, de les remettre à la trésorerie nationale; ils seront tenus de remettre, dans les délais prescrits, les titres constatant leurs droits.

L X X I I.

Si l'acte de vente, cession ou délégation antérieure au premier germinal a été passé en pays étranger, actuellement ami de la République, par un officier public, n'est pas encore enregistré, il pourra l'être en payant un cinquième du montant de la rente pour droit de mutation.

§. X V.

Des dépenses pour l'exécution.

L X X I I I.

Les commissaires de la trésorerie nationale rendront compte au comité des finances, du travail et du zèle que mettront les payeurs dits de l'hôtel-de-ville de Paris, à l'expédition des certificats exigés par le présent décret, et il sera statué sur la gratification qui leur sera accordée d'après ledit rapport.

L X X I V.

Il sera mis à la disposition des commissaires de la trésorerie nationale jusqu'à concurrence de cinq cent mille livres, pour les frais de la liquidation des rentes viagères ou pour les changemens à faire à la trésorerie pour y établir le paiement des rentes.

§. X V I.

Du paiement des inscriptions viagères conservées.

L X X V.

A compter du jour de la publication du présent décret, il ne pourra être payé aucuns arrérages de rentes viagères nationales par aucuns receveurs, caissiers, régisseurs ou administrateurs, autres que ceux de la trésorerie nationale ; ils seront rejetés des états ou comptes où ils seroient portés en dépense.

L X V I.

Le paiement annuel des inscriptions viagères sera fait les premiers vendémiaire et germinal de chaque année, à bureau ouvert, sans attendre l'ordre alphabétique des noms actuellement usités.

L X X V I I.

Tous les créanciers viagers pourront recevoir dans le chef-lieu de district le montant de leur inscription viagère ; cependant le paiement du premier semestre après le premier germinal, ne pourra être fait qu'à la trésorerie nationale ; le comité des finances demeurant chargé de présenter un projet de décret pour le mode de paiement annuel et les pièces à fournir par les rentiers.

§. X V I I.

Création du bureau des calculs à la trésorerie.

L X X V I I I.

Les commissaires de la trésorerie nationale choisiront les citoyens qui seront nécessaires pour la formation du bureau des calculs, pour liquider des rentes viagères : le chef de ce bureau signera tous les arbitrages qui y seront décidés, il en tiendra registre ; il lui sera alloué 8000 liv. par an.

§. X V I I I.

Impression, envoi, et publication des décrets.

La commission des administrations civiles, police et tribunaux fera imprimer le présent décret chez Baudoüin, avec le rapport et les tables, en tel nombre d'exemplaires qui lui seront nécessaires pour en faire l'envoi direct aux corps constitués et fonctionnaires publics.

L X X I X.

Les corps administratifs et municipaux feront imprimer et afficher le présent décret et le rapport, en annonçant aux citoyens que les tables qui y sont annoncées sont déposées dans leur secrétariat, et que les citoyens peuvent venir en prendre communication.

L X X X.

Le présent décret et le rapport, sans les tables, seront imprimés au Bulletin, ce qui servira de promulgation, et le rapport servira d'instruction.

N°. I.

TABLE pour servir de base aux Calculs à faire pour déterminer le Capital d'une Rente viagère constituée sur une tête.

Une rente viagère constituée pour s'éteindre à la mort d'une personne actuellement âgée de . . . .

Âge	sera calculée par	fois son montant, ou pour 1000 liv. de rente,
1 an,	$11\frac{563}{1000}$	11,563*
2 ans,	$13\frac{420}{1000}$	13,420
3	$14\frac{135}{1000}$	14,135
4	$14\frac{613}{1000}$	14,613
5	$14\frac{827}{1000}$	14,827
6	$15\frac{41}{1000}$	15,041
7	$15\frac{166}{1000}$	15,166
8	$15\frac{226}{1000}$	15,226
9	$15\frac{210}{1000}$	15,210
10	$15\frac{139}{1000}$	15,139
11	$15\frac{43}{1000}$	15,043
12	$14\frac{937}{1000}$	14,937
13	$14\frac{826}{1000}$	14,826
14	$14\frac{710}{1000}$	14,710
15	$14\frac{588}{1000}$	14,588
16	$14\frac{460}{1000}$	14,460
17	$14\frac{334}{1000}$	14,334
18	$14\frac{217}{1000}$	14,217
19	$14\frac{108}{1000}$	14,108
20	$14\frac{7}{1000}$	14,007
21	$13\frac{917}{1000}$	13,917
22	$13\frac{833}{1000}$	13,833
23	$13\frac{746}{1000}$	13,746
24	$13\frac{658}{1000}$	13,658
25	$13\frac{567}{1000}$	13,567
26	$13\frac{473}{1000}$	13,473
27	$13\frac{377}{1000}$	13,377
28	$13\frac{278}{1000}$	13,278
29	$13\frac{177}{1000}$	13,177
30	$13\frac{72}{1000}$	13,072
31	$12\frac{965}{1000}$	12,965
32	$12\frac{854}{1000}$	12,854
33	$12\frac{740}{1000}$	12,740
34	$12\frac{623}{1000}$	12,623
35	$12\frac{502}{1000}$	12,502
36	$12\frac{377}{1000}$	12,377
37	$12\frac{249}{1000}$	12,249
38	$12\frac{116}{1000}$	12,116
39	$11\frac{979}{1000}$	11,979
40	$11\frac{837}{1000}$	11,837
41	$11\frac{695}{1000}$	11,695
42	$11\frac{551}{1000}$	11,551
43	$11\frac{407}{1000}$	11,407
44	$11\frac{258}{1000}$	11,258
45	$11\frac{105}{1000}$	11,105
46	$10\frac{947}{1000}$	10,947
47	$10\frac{784}{1000}$	10,784
48	$10\frac{616}{1000}$	10,616
49	$10\frac{443}{1000}$	10,443
50	$10\frac{269}{1000}$	10,269
51	$10\frac{97}{1000}$	10,097
52	$9\frac{925}{1000}$	9,925
53	$9\frac{748}{1000}$	9,748
54	$9\frac{567}{1000}$	9,567
55	$9\frac{382}{1000}$	9,382
56	$9\frac{193}{1000}$	9,193
57	$8\frac{999}{1000}$	8,999
58	$8\frac{801}{1000}$	8,801
59	$8\frac{599}{1000}$	8,599
60	$8\frac{392}{1000}$	8,392
61	$8\frac{181}{1000}$	8,181
62	$7\frac{966}{1000}$	7,966
63	$7\frac{742}{1000}$	7,742
64	$7\frac{514}{1000}$	7,514
65	$7\frac{276}{1000}$	7,276

Mais, dans aucun cas, le capital ne pourra excéder la somme qui aura été fournie dans l'emprunt.

Une rente viagère constituée pour s'éteindre à la mort d'une personne actuellement âgée de . . . .

Âge		Multiplicateur		Pour 1000 liv. de rente
66 ans,	sera calculée par	$7\frac{34}{1000}$	fois son montant, ou pour 1000 liv. de rente, ...	7,034#
67		$6\frac{787}{1000}$	. . . .	6,787
68		$6\frac{536}{1000}$	. . . .	6,536
69		$6\frac{281}{1000}$	. . . .	6,281
70		$6\frac{23}{1000}$	. . . .	6,023
71		$5\frac{764}{1000}$	. . . .	5,764
72		$5\frac{504}{1000}$	. . . .	5,504
73		$5\frac{245}{1000}$	. . . .	5,245
74		$4\frac{990}{1000}$	. . . .	4,990
75		$4\frac{744}{1000}$	. . . .	4,744
76		$4\frac{511}{1000}$	. . . .	4,511
77		$4\frac{277}{1000}$	. . . .	4,277
78		$4\frac{35}{1000}$	. . . .	4,035
79		$3\frac{776}{1000}$	. . . .	3,776
80		$3\frac{515}{1000}$	. . . .	3,515
81		$3\frac{263}{1000}$	. . . .	3,263
82		$3\frac{20}{1000}$	. . . .	3,020
83		$2\frac{797}{1000}$	. . . .	2,797
84		$2\frac{627}{1000}$	. . . .	2,627
85		$2\frac{471}{1000}$	. . . .	2,471
86		$2\frac{328}{1000}$	. . . .	2,328
87		$2\frac{193}{1000}$	. . . .	2,193
88		$2\frac{80}{1000}$	. . . .	2,080
89		$1\frac{924}{1000}$	. . . .	1,924
90 & au-dessus, ...		$1\frac{723}{1000}$	. . . .	1,723

Mais, dans aucun cas, le capital ne pourra excéder la somme qui aura été fournie dans l'emprunt.

N°. 2.

TABLE pour servir de base aux Calculs à faire pour déterminer le Capital d'une Rente viagère constituée sur deux têtes.

	Ans.	Mois.		Ans.	Mois.				
Une rente viagère constituée pour s'éteindre après la mort de deux personnes, dont une est actuellement âgée depuis 2 ans 6 mois jusqu'à 7 ans 6 mois; l'autre, depuis	2	6	jusqu'à	7	6	sera calculée par	17 $\frac{67}{100}$	fois son montant, ou pour 1,000# de rente	17,670#
	7	6	. . . .	12	6	. . . .	17 $\frac{65}{100}$	. . . .	17,650
	12	6	. . . .	17	6	. . . .	17 $\frac{46}{100}$	. . . .	17,460
	17	6	. . . .	22	6	. . . .	17 $\frac{27}{100}$	. . . .	17,270
	22	6	. . . .	27	6	. . . .	17 $\frac{11}{100}$	. . . .	17,110
	27	6	. . . .	32	6	. . . .	16 $\frac{94}{100}$	. . . .	16,940
	32	6	. . . .	37	6	. . . .	16 $\frac{76}{100}$	. . . .	16,760
	37	6	. . . .	42	6	. . . .	16 $\frac{58}{100}$	. . . .	16,580
	42	6	. . . .	47	6	. . . .	16 $\frac{36}{100}$	. . . .	16,360
	47	6	. . . .	52	6	. . . .	16 $\frac{16}{100}$	. . . .	16,160
	52	6	. . . .	57	6	. . . .	15 $\frac{95}{100}$	. . . .	15,950
	57	6	. . . .	62	6	. . . .	15 $\frac{75}{100}$	. . . .	15,750
	62	6	. . . .	67	6	. . . .	15 $\frac{56}{100}$	. . . .	15,560
	67	6	. . . .	72	6	. . . .	15 $\frac{38}{100}$	. . . .	15,380
	72	6	. . . .	77	6	. . . .	15 $\frac{21}{100}$	. . . .	15,210
	77	6	. . . .	82	6	. . . .	15 $\frac{8}{100}$	. . . .	15,080
	82	6	. . . .	87	6	. . . .	14 $\frac{98}{100}$	. . . .	14,980
	87	6	. . . .	92	6	. . . .	14 $\frac{91}{100}$	. . . .	14,910
Idem, depuis 7 ans 6 mois, jusqu'à 12 ans 6 mois; l'autre, depuis	7	6	jusqu'à	12	6	sera calculée par	17 $\frac{61}{100}$	*Idem*	17,610
	12	6	. . . .	17	6	. . . .	17 $\frac{42}{100}$	. . . .	17,420
	17	6	. . . .	22	6	. . . .	17 $\frac{24}{100}$	. . . .	17,240
	22	6	. . . .	27	6	. . . .	17 $\frac{8}{100}$	. . . .	17,080
	27	6	. . . .	32	6	. . . .	16 $\frac{91}{100}$	. . . .	16,910
	32	6	. . . .	37	6	. . . .	16 $\frac{72}{100}$	. . . .	16,720
	37	6	. . . .	42	6	. . . .	16 $\frac{53}{100}$	. . . .	16,530
	42	6	. . . .	47	6	. . . .	16 $\frac{34}{100}$	. . . .	16,340
	47	6	. . . .	52	6	. . . .	16 $\frac{15}{100}$	. . . .	16,150
	52	6	. . . .	57	6	. . . .	15 $\frac{96}{100}$	. . . .	15,960
	57	6	. . . .	62	6	. . . .	15 $\frac{78}{100}$	. . . .	15,780
	62	6	. . . .	67	6	. . . .	15 $\frac{61}{100}$	. . . .	15,610
	67	6	. . . .	72	6	. . . .	15 $\frac{46}{100}$	. . . .	15,460
	72	6	. . . .	77	6	. . . .	15 $\frac{36}{100}$	. . . .	15,360
	77	6	. . . .	82	6	. . . .	15 $\frac{26}{100}$	. . . .	15,260
	82	6	. . . .	87	6	. . . .	15 $\frac{21}{100}$	. . . .	15,210
	87	6	. . . .	92	6	. . . .	15 $\frac{17}{100}$	. . . .	15,170
Idem, depuis 12 ans 6 mois, jusqu'à 17 ans 6 mois; l'autre, depuis	12	6	jusqu'à	17	6	sera calculée par	17 $\frac{22}{100}$	*Idem*	17,220
	17	6	. . . .	22	6	. . . .	17 $\frac{1}{100}$	. . . .	17,010
	22	6	. . . .	27	6	. . . .	16 $\frac{83}{100}$	. . . .	16,830
	27	6	. . . .	32	6	. . . .	16 $\frac{64}{100}$	. . . .	16,640
	32	6	. . . .	37	6	. . . .	16 $\frac{43}{100}$	. . . .	16,430
	37	6	. . . .	42	6	. . . .	16 $\frac{22}{100}$	. . . .	16,220
	42	6	. . . .	47	6	. . . .	16	. . . .	16,000
	47	6	. . . .	52	6	. . . .	15 $\frac{78}{100}$	. . . .	15,780
	52	6	. . . .	57	6	. . . .	15 $\frac{57}{100}$	. . . .	15,570
	57	6	. . . .	62	6	. . . .	15 $\frac{36}{100}$	. . . .	15,360
	62	6	. . . .	67	6	. . . .	15 $\frac{16}{100}$	. . . .	15,160
	67	6	. . . .	72	6	. . . .	14 $\frac{98}{100}$	. . . .	14,980
	72	6	. . . .	77	6	. . . .	14 $\frac{84}{100}$	. . . .	14,840
	77	6	. . . .	82	6	. . . .	14 $\frac{73}{100}$	. . . .	14,730
	82	6	. . . .	87	6	. . . .	14 $\frac{67}{100}$	. . . .	14,670
	87	6	. . . .	92	6	. . . .	14 $\frac{62}{100}$	. . . .	14,620
Idem, depuis 17 ans 6 mois, jusqu'à 22 ans 6 mois; l'autre, depuis	17	6	jusqu'à	22	6	sera calculée par	16 $\frac{78}{100}$	*Idem*	16,780
	22	6	. . . .	27	6	. . . .	16 $\frac{58}{100}$	. . . .	16,580
	27	6	. . . .	32	6	. . . .	16 $\frac{37}{100}$	. . . .	16,370
	32	6	. . . .	37	6	. . . .	16 $\frac{15}{100}$	. . . .	16,150
	37	6	. . . .	42	6	. . . .	15 $\frac{91}{100}$	. . . .	15,910
	42	6	. . . .	47	6	. . . .	15 $\frac{66}{100}$	. . . .	15,660
	47	6	. . . .	52	6	. . . .	15 $\frac{41}{100}$	. . . .	15,410
	52	6	. . . .	57	6	. . . .	15 $\frac{17}{100}$	. . . .	15,170
	57	6	. . . .	62	6	. . . .	14 $\frac{94}{100}$	. . . .	14,940
	62	6	. . . .	67	6	. . . .	14 $\frac{71}{100}$	. . . .	14,710
	67	6	. . . .	72	6	. . . .	14 $\frac{50}{100}$	. . . .	14,500
	72	6	. . . .	77	6	. . . .	14 $\frac{33}{100}$	. . . .	14,330
	77	6	. . . .	82	6	. . . .	14 $\frac{20}{100}$	. . . .	14,200
	82	6	. . . .	87	6	. . . .	14 $\frac{11}{100}$	. . . .	14,110
	87	6	. . . .	92	6	. . . .	14 $\frac{6}{100}$	. . . .	14,060

Mais, dans aucun cas, le capital ne pourra excéder la somme qui aura été fournie dans l'emprunt.

	Ans.	Mois.		Ans.	Mois.				
Une rente viagère constituée pour s'éteindre après la mort de deux personnes, dont une est actuellement âgée depuis 22 ans 6 mois jusqu'à 27 ans 6 mois; l'autre, depuis	22	6	jusqu'à	27	6	sera calculée par	$16 \frac{37}{100}$	fois son montant, ou pour 1,000 l. de rente	16,370
	27	6		32	6		$16 \frac{14}{100}$		16,140
	32	6		37	6		$15 \frac{89}{100}$		15,890
	37	6		42	6		$15 \frac{63}{100}$		15,630
	42	6		47	6		$15 \frac{37}{100}$		15,370
	47	6		52	6		$15 \frac{10}{100}$		15,100
	52	6		57	6		$14 \frac{83}{100}$		14,830
	57	6		62	6		$14 \frac{58}{100}$		14,580
	62	6		67	6		$14 \frac{33}{100}$		14,330
	67	6		72	6		$14 \frac{10}{100}$		14,100
	72	6		77	6		$13 \frac{91}{100}$		13,910
	77	6		82	6		$13 \frac{77}{100}$		13,770
	82	6		87	6		$13 \frac{68}{100}$		13,680
	87	6		92	6		$13 \frac{61}{100}$		13,610
Idem, depuis 27 ans 6 mois jusqu'à 32 ans 6 mois; l'autre, depuis	27	6	jusqu'à	32	6	sera calculée par	$15 \frac{89}{100}$	*Idem*	15,890
	32	6		37	6		$15 \frac{62}{100}$		15,620
	37	6		42	6		$15 \frac{33}{100}$		15,330
	42	6		47	6		$15 \frac{4}{100}$		15,040
	47	6		52	6		$14 \frac{74}{100}$		14,740
	52	6		57	6		$14 \frac{45}{100}$		14,450
	57	6		62	6		$14 \frac{17}{100}$		14,170
	62	6		67	6		$13 \frac{90}{100}$		13,900
	67	6		72	6		$13 \frac{65}{100}$		13,650
	72	6		77	6		$13 \frac{45}{100}$		13,450
	77	6		82	6		$13 \frac{30}{100}$		13,300
	82	6		87	6		$13 \frac{20}{100}$		13,200
	87	6		92	6		$13 \frac{13}{100}$		13,130
Idem, depuis 32 ans 6 mois jusqu'à 37 ans 6 mois; l'autre, depuis	32	6	jusqu'à	37	6	sera calculée par	$15 \frac{32}{100}$	*Idem*	15,320
	37	6		42	6		$15 \frac{1}{100}$		15,010
	42	6		47	6		$14 \frac{69}{100}$		14,690
	47	6		52	6		$14 \frac{36}{100}$		14,360
	52	6		57	6		$14 \frac{3}{100}$		14,030
	57	6		62	6		$13 \frac{72}{100}$		13,720
	62	6		67	6		$13 \frac{42}{100}$		13,420
	67	6		72	6		$13 \frac{14}{100}$		13,140
	72	6		77	6		$12 \frac{92}{100}$		12,920
	77	6		82	6		$12 \frac{75}{100}$		12,750
	82	6		87	6		$12 \frac{64}{100}$		12,640
	87	6		92	6		$12 \frac{57}{100}$		12,570
Idem, depuis 37 ans 6 mois jusqu'à 42 ans 6 mois; l'autre, depuis	37	6	jusqu'à	42	6	sera calculée par	$14 \frac{66}{100}$	*Idem*	14,660
	42	6		47	6		$14 \frac{30}{100}$		14,300
	47	6		52	6		$13 \frac{93}{100}$		13,930
	52	6		57	6		$13 \frac{57}{100}$		13,570
	57	6		62	6		$13 \frac{21}{100}$		13,210
	62	6		67	6		$12 \frac{87}{100}$		12,870
	67	6		72	6		$12 \frac{56}{100}$		12,560
	72	6		77	6		$12 \frac{31}{100}$		12,310
	77	6		82	6		$12 \frac{12}{100}$		12,120
	82	6		87	6		$11 \frac{99}{100}$		11,990
	87	6		92	6		$11 \frac{91}{100}$		11,910
Idem, depuis 42 ans 6 mois jusqu'à 47 ans 6 mois; l'autre, depuis	42	6	jusqu'à	47	6	sera calculée par	$13 \frac{90}{100}$	*Idem*	13,900
	47	6		52	6		$13 \frac{48}{100}$		13,480
	52	6		57	6		$13 \frac{8}{100}$		13,080
	57	6		62	6		$12 \frac{67}{100}$		12,670
	62	6		67	6		$12 \frac{29}{100}$		12,290
	67	6		72	6		$11 \frac{93}{100}$		11,930
	72	6		77	6		$11 \frac{64}{100}$		11,640
	77	6		82	6		$11 \frac{42}{100}$		11,420
	82	6		87	6		$11 \frac{28}{100}$		11,280
	87	6		92	6		$11 \frac{19}{100}$		11,190
Idem, depuis 47 ans 6 mois jusqu'à 52 ans 6 mois; l'autre, depuis	47	6	jusqu'à	52	6	sera calculée par	$13 \frac{1}{100}$	*Idem*	13,010
	52	6		57	6		$12 \frac{55}{100}$		12,550
	57	6		62	6		$12 \frac{9}{100}$		12,090
	62	6		67	6		$11 \frac{65}{100}$		11,650
	67	6		72	6		$11 \frac{24}{100}$		11,240
	72	6		77	6		$10 \frac{90}{100}$		10,900
	77	6		82	6		$10 \frac{64}{100}$		10,640
	82	6		87	6		$10 \frac{48}{100}$		10,480
	87	6		92	6		$10 \frac{37}{100}$		10,370

Mais, dans aucun cas, le capital ne pourra excéder la somme qui aura été fournie dans l'emprunt.

	Ans.	Mois		Ans.	Mois			
Une rente viagère constituée pour s'éteindre après la mort de deux personnes, dont une est actuellement âgée depuis 52 ans 6 mois, jusqu'à 57 ans 6 mois; l'autre, depuis	52	6	jusqu'à	57	6	sera calculée par	12 $\frac{3}{100}$ fois son montant; ou pour 1,000 l. de rente	12,030tt
	57	6	. . . .	62	6	. . . .	11 $\frac{50}{100}$	11,500
	62	6	. . . .	67	6	. . . .	10 $\frac{99}{100}$	10,990
	67	6	. . . .	72	6	. . . .	10 $\frac{51}{100}$	10,510
	72	6	. . . .	77	6	. . . .	10 $\frac{12}{100}$	10,120
	77	6	. . . .	82	6	. . . .	9 $\frac{82}{100}$	9,820
	82	6	. . . .	87	6	. . . .	9 $\frac{63}{100}$	9,630
	87	6	. . . .	92	6	. . . .	9 $\frac{50}{100}$	9,500
Idem, depuis 57 ans 6 mois, jusqu'à 62 ans 6 mois; l'autre, depuis			jusqu'à			sera calculée par	*Idem.*	
	57	6	. . . .	62	6	. . . .	10 $\frac{90}{100}$	10,900
	62	6	. . . .	67	6	. . . .	10 $\frac{30}{100}$	10,300
	67	6	. . . .	72	6	. . . .	9 $\frac{73}{100}$	9,730
	72	6	. . . .	77	6	. . . .	9 $\frac{27}{100}$	9,270
	77	6	. . . .	82	6	. . . .	8 $\frac{91}{100}$	8,910
	82	6	. . . .	87	6	. . . .	8 $\frac{65}{100}$	8,650
	87	6	. . . .	92	6	. . . .	8 $\frac{54}{100}$	8,540
Idem, depuis 62 ans 6 mois, jusqu'à 67 ans 6 mois; l'autre, depuis			jusqu'à			sera calculée par	*Idem.*	
	62	6	. . . .	67	6	. . . .	9 $\frac{59}{100}$	9,590
	67	6	. . . .	72	6	. . . .	8 $\frac{92}{100}$	8,920
	72	6	. . . .	77	6	. . . .	8 $\frac{35}{100}$	8,350
	77	6	. . . .	82	6	. . . .	7 $\frac{92}{100}$	7,920
	82	6	. . . .	87	6	. . . .	7 $\frac{64}{100}$	7,640
	87	6	. . . .	92	6	. . . .	7 $\frac{45}{100}$	7,450
Idem, depuis 67 ans 6 mois jusqu'à 72 ans 6 mois; l'autre, depuis			jusqu'à			sera calculée par	*Idem.*	
	67	6	. . . .	72	6	. . . .	8 $\frac{12}{100}$	8,120
	72	6	. . . .	77	6	. . . .	7 $\frac{42}{10}$	7,420
	77	6	. . . .	82	6	. . . .	6 $\frac{86}{100}$	6,860
	82	6	. . . .	87	6	. . . .	6 $\frac{50}{100}$	6,500
	87	6	. . . .	92	6	. . . .	6 $\frac{26}{100}$	6,260
Idem, depuis 72 ans 6 mois jusqu'à 77 ans 6 mois; l'autre, depuis	72	6	jusqu'à	77	6	sera calculée par	6 $\frac{571}{100}$ . . . . *Idem*	6,5700
	77	6	. . . .	82	6	. . . .	5 $\frac{58}{100}$	5,88
	82	6	. . . .	87	6	. . . .	5 $\frac{40}{100}$	5,400
	87	6	. . . .	92	6	. . . .	5 $\frac{5}{100}$	5,050
Idem, depuis 77 ans 6 mois jusqu'à 82 ans 6 mois; l'autre, depuis	77	6	jusqu'à	82	6	sera calculée par	5 $\frac{1}{100}$ . . . . *Idem*	5,010
	82	6	. . . .	87	6	. . . .	4 $\frac{41}{100}$	4,410
	87	6	. . . .	92	6	. . . .	3 $\frac{98}{100}$	3,980
Idem, dep. 82 ans 6 m. jusqu'à 87 ans 6 mois; l'autre, depuis .	82	6	jusqu'à	87	6	sera calculée par	3 $\frac{69}{100}$ . . . . *Idem*	3,690
	87	6	. . . .	92	6	. . . .	3 $\frac{[illegible]}{100}$	3,160
Idem, dep. 87 ans 6 m. jusqu'à 92 ans 6 mois; l'autre, depuis .	87	6	jusqu'à	92	6	sera calculée par	2 $\frac{54}{100}$ . . . . *Idem.*	2,540

Mais, dans aucun cas, le capital ne pourra excéder la somme qui aura été fournie dans l'emprunt.

N°. 3.

TABLE pour servir de base aux calculs à faire pour déterminer le capital d'une rente viagère constituée sur trois têtes.

	Ans.		Ans.				
Une rente viagère, constituée pour s'éteindre après la mort de trois personnes, dont une est actuellement âgée depuis 5 ans jusqu'à 15 ans ; l'autre, depuis 5 ans jusqu'à 15 ; l'autre, depuis	5	jusqu'à	15	sera calculée par	18 $\frac{41}{100}$	fois son montant, ou pour 1,000 l. de rente	18,410#
	15	. . . . .	25		18 $\frac{22}{100}$		18,220
	25	. . . . .	35		18 $\frac{7}{100}$		18,070
	35	. . . . .	45		17 $\frac{92}{100}$		17,920
	45	. . . . .	55		17 $\frac{79}{100}$		17,790
	55	. . . . .	65		17 $\frac{70}{100}$		17,700
	65	. . . . .	75		17 $\frac{64}{100}$		17,640
	75	. . . . .	85		17 $\frac{62}{100}$		17,620
	85	. . . . .	95		17 $\frac{61}{100}$		17,610
Idem, depuis 5 ans jusqu'à 15 ans ; l'autre, depuis 15 ans jusqu'à 25 ans ; l'autre, depuis	15	jusqu'à	25	sera calculée par	18	. . . . *Idem*	18,000
	25	. . . . .	35		17 $\frac{82}{100}$		17,820
	35	. . . . .	45		17 $\frac{63}{100}$		17,630
	45	. . . . .	55		17 $\frac{48}{100}$		17,480
	55	. . . . .	65		17 $\frac{36}{100}$		17,360
	65	. . . . .	75		17 $\frac{28}{100}$		17,280
	75	. . . . .	85		17 $\frac{25}{100}$		17,250
	85	. . . . .	95		17 $\frac{24}{100}$		17,240
Idem, depuis 5 ans jusqu'à 15 ans ; l'autre, depuis 25 ans jusqu'à 35 ans ; l'autre, depuis	25	jusqu'à	35	sera calculée par	17 $\frac{60}{100}$	. . . . *Idem*	17,600
	35	. . . . .	45		17 $\frac{38}{100}$		17,380
	45	. . . . .	55		17 $\frac{19}{100}$		17,190
	55	. . . . .	65		17 $\frac{5}{100}$		17,050
	65	. . . . .	75		16 $\frac{96}{100}$		16,960
	75	. . . . .	85		16 $\frac{92}{100}$		16,920
	85	. . . . .	95		16 $\frac{91}{100}$		16,910
Idem, depuis 5 ans jusqu'à 15 ans ; l'autre, depuis 35 ans jusqu'à 45 ans ; l'autre, depuis	35	jusqu'à	45	sera calculée par	17 $\frac{12}{100}$	. . . . *Idem*	17,120
	45	. . . . .	55		16 $\frac{89}{100}$		16,890
	55	. . . . .	65		16 $\frac{71}{100}$		16,710
	65	. . . . .	75		16 $\frac{60}{100}$		16,600
	75	. . . . .	85		16 $\frac{55}{100}$		16,550
	85	. . . . .	95		16 $\frac{54}{100}$		16,540
Idem, depuis 5 ans jusqu'à 15 ans ; l'autre, depuis 45 ans jusqu'à 55 ans ; l'autre, depuis	45	jusqu'à	55	sera calculée par	16 $\frac{61}{100}$	. . . . *Idem*	16,610
	55	. . . . .	65		16 $\frac{38}{100}$		16,380
	65	. . . . .	75		16 $\frac{23}{100}$		16,230
	75	. . . . .	85		16 $\frac{17}{100}$		16,170
	85	. . . . .	95		16 $\frac{15}{100}$		16,150
Idem, depuis 5 ans jusqu'à 15 ans ; l'autre, depuis 55 ans jusqu'à 65 ans ; l'autre, depuis	55	jusqu'à	65	sera calculée par	16 $\frac{10}{100}$	. . . . *Idem*	16,100
	65	. . . . .	75		15 $\frac{90}{100}$		15,900
	75	. . . . .	85		15 $\frac{81}{100}$		15,810
	85	. . . . .	95		15 $\frac{78}{100}$		15,780
Idem, depuis 5 ans jusqu'à 15 ans ; l'autre, depuis 65 ans jusqu'à 75 ans ; l'autre, depuis	65	jusqu'à	75	sera calculée par	15 $\frac{64}{100}$	. . . . *Idem*	15,640
	75	. . . . .	85		15 $\frac{51}{100}$		15,510
	85	. . . . .	95		15 $\frac{47}{100}$		15,470
Idem, depuis 5 ans jusqu'à 15 ans ; l'autre, depuis 75 ans jusqu'à 85 ans ; l'autre, depuis	75	jusqu'à	85	sera calculée par	15 $\frac{33}{100}$	. . . . *Idem*	15,330
	85	. . . . .	95		15 $\frac{27}{100}$		15,270
Idem, depuis 5 ans jusqu'à 15 ans ; l'autre, depuis 85 ans jusqu'à 95 ans ; l'autre, depuis	85	jusqu'à	95	sera calculée par	15 $\frac{19}{100}$	. . . . *Idem*	15,190
Idem, depuis 15 ans jusqu'à 25 ans ; l'autre, depuis 15 ans jusqu'à 25 ans ; l'autre, depuis	15	jusqu'à	25	sera calculée par	17 $\frac{74}{100}$	. . . . *Idem*	17,740
	25	. . . . .	35		17 $\frac{61}{100}$		17,610
	35	. . . . .	45		17 $\frac{29}{100}$		17,290
	45	. . . . .	55		17 $\frac{10}{100}$		17,100
	55	. . . . .	65		16 $\frac{95}{100}$		16,950
	65	. . . . .	75		16 $\frac{84}{100}$		16,840
	75	. . . . .	85		16 $\frac{80}{100}$		16,800
	85	. . . . .	95		16 $\frac{79}{100}$		16,790

Mais, dans aucun cas, le capital ne pourra excéder la somme qui aura été fournie dans l'emprunt.

	Ans.	Ans.				
Une rente viagère, constituée pour s'éteindre après la mort de trois personnes, dont une est actuellement âgée depuis 15 ans jusqu'à 25 ans ; l'autre, depuis 25 ans jusqu'à 35 ans ; l'autre, depuis	25 jusqu'à	35	sera calculée par	17 $\frac{25}{100}$	fois son montant, ou pour 1,000 l. de rente	17,250#
	35	45		16 $\frac{98}{100}$		16,980
	45	55		16 $\frac{75}{100}$		16,750
	55	65		16 $\frac{57}{100}$		16,570
	65	75		16 $\frac{45}{100}$		16,450
	75	85		16 $\frac{39}{100}$		16,390
	85	95		16 $\frac{38}{100}$		16,380
Idem, depuis 15 ans jusqu'à 25 ans ; l'autre, depuis 35 ans jusqu'à 45 ans ; l'autre, depuis	35 jusqu'à	45	sera calculée par	16 $\frac{67}{100}$	. . . . *Idem*	16,670
	45	55		16 $\frac{38}{100}$		16,380
	55	65		16 $\frac{15}{100}$		16,150
	65	75		16		16,000
	75	85		15 $\frac{93}{100}$		15,930
	85	95		15 $\frac{91}{100}$		15,910
Idem, depuis 15 ans jusqu'à 25 ans ; l'autre, depuis 45 ans jusqu'à 55 ans ; l'autre, depuis	45 jusqu'à	55	sera calculée par	16 $\frac{2}{100}$	. . . . *Idem*	16,020
	55	65		15 $\frac{73}{100}$		15,730
	65	75		15 $\frac{54}{100}$		15,540
	75	85		15 $\frac{45}{100}$		15,450
	85	95		15 $\frac{42}{100}$		15,420
Idem, depuis 15 ans jusqu'à 25 ans ; l'autre, depuis 55 ans jusqu'à 65 ans ; l'autre, depuis	55 jusqu'à	65	sera calculée par	15 $\frac{37}{100}$	. . . . *Idem*	15,370
	65	75		15 $\frac{11}{100}$		15,110
	75	85		14 $\frac{98}{100}$		14,980
	85	95		14 $\frac{94}{100}$		14,940
Idem, depuis 15 ans jusqu'à 25 ans ; l'autre, depuis 65 ans jusqu'à 75 ans ; l'autre, depuis	65 jusqu'à	75	sera calculée par	14 $\frac{75}{100}$	. . . . *Idem*	14,750
	75	85		14 $\frac{57}{100}$		14,570
	85	95		14 $\frac{51}{100}$		14,510
Idem, depuis 15 ans jusqu'à 25 ans ; l'autre, depuis 75 ans jusqu'à 85 ans ; l'autre, depuis	75 jusqu'à	85	sera calculée par	14 $\frac{31}{100}$	. . . . *Idem*	14,310
	85	95		14 $\frac{22}{100}$		14,220
Idem, depuis 15 ans jusqu'à 25 ans ; l'autre, depuis 85 ans jusqu'à 95 ans ; l'autre, depuis	85 jusqu'à	95	sera calculée par	14 $\frac{9}{100}$	. . . . *Idem*	14,090
Idem, depuis 25 ans jusqu'à 35 ans ; l'autre, depuis 25 ans jusqu'à 35 ans ; l'autre, depuis	25 jusqu'à	35	sera calculée par	16 $\frac{93}{100}$	. . . . *Idem*	16,930
	35	45		16 $\frac{62}{100}$		16,620
	45	55		16 $\frac{34}{100}$		16,340
	55	65		16 $\frac{12}{100}$		16,120
	65	75		15 $\frac{98}{100}$		15,980
	75	85		15 $\frac{91}{100}$		15,910
	85	95		15 $\frac{89}{100}$		15,890
Idem, depuis 25 ans jusqu'à 35 ans ; l'autre, depuis 35 ans jusqu'à 45 ans ; l'autre, depuis	35 jusqu'à	45	sera calculée par	16 $\frac{24}{100}$	. . . . *Idem*	16,240
	45	55		15 $\frac{89}{100}$		15,890
	55	65		15 $\frac{62}{100}$		15,620
	65	75		15 $\frac{44}{100}$		15,440
	75	85		15 $\frac{36}{100}$		15,360
	85	95		15 $\frac{34}{100}$		15,340
Idem, depuis 25 ans jusqu'à 35 ans ; l'autre, depuis 45 ans jusqu'à 55 ans ; l'autre, depuis	45 jusqu'à	55	sera calculée par	15 $\frac{47}{100}$	. . . . *Idem*	15,470
	55	65		15 $\frac{12}{100}$		15,120
	65	75		14 $\frac{89}{100}$		14,890
	75	85		14 $\frac{78}{100}$		14,780
	85	95		14 $\frac{75}{100}$		14,750
Idem, depuis 25 ans jusqu'à 35 ans ; l'autre, depuis 55 ans jusqu'à 65 ans ; l'autre, depuis	55 jusqu'à	65	sera calculée par	14 $\frac{69}{100}$	. . . . *Idem*	14,690
	65	75		14 $\frac{37}{100}$		14,370
	75	85		14 $\frac{22}{100}$		14,220
	85	95		14 $\frac{18}{100}$		14,180
Idem, depuis 25 ans jusqu'à 35 ans ; l'autre, depuis 65 ans jusqu'à 75 ans ; l'autre, depuis	65 jusqu'à	75	sera calculée par	13 $\frac{96}{100}$	. . . . *Idem*	13,960
	75	85		13 $\frac{74}{100}$		13,740
	85	95		13 $\frac{67}{100}$		13,670
Idem, depuis 25 ans jusqu'à 35 ans ; l'autre, depuis 75 ans jusqu'à 85 ans ; l'autre, depuis	75 jusqu'à	85	sera calculée par	13 $\frac{43}{100}$	. . . . *Idem*	13,430
	85	95		13 $\frac{32}{100}$		13,320
Idem, depuis 25 ans jusqu'à 35 ans ; l'autre, depuis 85 ans jusqu'à 95 ans ; l'autre, depuis	85 jusqu'à	95	sera calculée par	13 $\frac{17}{100}$	. . . . *Idem*	13,170

Mais, dans aucun cas, le capital ne pourra excéder la somme qui aura été fournie dans l'emprunt.

	Ans.		Ans.				
Une rente viagère, constituée pour s'éteindre après la mort de trois personnes, dont une est actuellement âgée depuis 35 ans jusqu'à 45 ans ; l'autre, depuis 35 ans jusqu'à 45 ans ; l'autre, depuis	35	jusqu'à	45	sera calculée par	$15\frac{78}{100}$	fois son montant, ou pour 1000 liv. de rente	15,780#
	45	. . . . .	55		$15\frac{36}{100}$		15,360
	55	. . . . .	65		$15\frac{2}{100}$		15,020
	65	. . . . .	75		$14\frac{80}{100}$		14,800
	75	. . . . .	85		$14\frac{69}{100}$		14,690
	85	. . . . .	95		$14\frac{66}{100}$		14,660
Idem, depuis 35 ans jusqu'à 45 ans ; l'autre, depuis 45 ans jusqu'à 55 ans, l'autre, depuis	45	jusqu'à	55	sera calculée par	$14\frac{84}{100}$	. . . . *Idem*	14,840
	55	. . . . .	65		$14\frac{41}{100}$		14,410
	65	. . . . .	75		$14\frac{11}{100}$		14,110
	75	. . . . .	85		$13\frac{97}{100}$		13,970
	85	. . . . .	95		$13\frac{94}{100}$		13,940
Idem, depuis 35 ans jusqu'à 45 ans ; l'autre, depuis 55 ans jusqu'à 65 ans ; l'autre, depuis	55	jusqu'à	65	sera calculée par	$13\frac{86}{100}$	. . . . *Idem*	13,860
	65	. . . . .	75		$13\frac{47}{100}$		13,470
	75	. . . . .	85		$13\frac{28}{100}$		13,280
	85	. . . . .	95		$13\frac{22}{100}$		13,220
Idem, depuis 35 ans jusqu'à 45 ans ; l'autre, depuis 65 ans jusqu'à 75 ans ; l'autre, depuis	65	jusqu'à	75	sera calculée par	$12\frac{94}{100}$	. . . . *Idem*	12,940
	75	. . . . .	85		$12\frac{66}{100}$		12,660
	85	. . . . .	95		$12\frac{58}{100}$		12,580
Idem, depuis 35 ans jusqu'à 45 ans ; l'autre, depuis 75 ans jusqu'à 85 ans ; l'autre, depuis	75	jusqu'à	85	sera calculée par	$12\frac{28}{100}$	. . . . *Idem*	12,280
	85	. . . . .	95		$12\frac{14}{100}$		12,140
Idem, depuis 35 ans jusqu'à 45 ans ; l'autre, depuis 85 ans jusqu'à 95 ans ; l'autre, depuis	85	jusqu'à	95	sera calculée par	$11\frac{96}{100}$	. . . . *Idem*	11,960
Idem, depuis 45 ans jusqu'à 55 ans ; l'autre, depuis 45 ans jusqu'à 55 ans ; l'autre, depuis	45	jusqu'à	55	sera calculée par	$14\frac{19}{100}$	. . . . *Idem*	14,190
	55	. . . . .	65		$13\frac{64}{100}$		13,640
	65	. . . . .	75		$13\frac{26}{100}$		13,260
	75	. . . . .	85		$13\frac{8}{100}$		13,080
	85	. . . . .	95		$13\frac{2}{100}$		13,020
Idem, depuis 45 ans jusqu'à 55 ans ; l'autre, depuis 55 ans jusqu'à 65 ans ; l'autre, depuis	55	jusqu'à	65	sera calculée par	$12\frac{91}{100}$	. . . . *Idem*	12,910
	65	. . . . .	75		$12\frac{43}{100}$		12,430
	75	. . . . .	85		$12\frac{18}{100}$		12,180
	85	. . . . .	95		$12\frac{10}{100}$		12,100
Idem, depuis 45 ans jusqu'à 55 ans ; l'autre, depuis 65 ans jusqu'à 75 ans ; l'autre, depuis	65	jusqu'à	75	sera calculée par	$11\frac{74}{100}$	. . . . *Idem*	11,740
	75	. . . . .	85		$11\frac{37}{100}$		11,370
	85	. . . . .	95		$11\frac{26}{100}$		11,260
Idem, depuis 45 ans jusqu'à 55 ans ; l'autre, depuis 75 ans jusqu'à 85 ans ; l'autre, depuis	75	jusqu'à	85	sera calculée par	$10\frac{87}{100}$	. . . . *Idem*	10,870
	85	. . . . .	95		$10\frac{68}{100}$		10,680
Idem, depuis 45 ans jusqu'à 55 ans ; l'autre, depuis 85 ans jusqu'à 95 ans ; l'autre, depuis	85	jusqu'à	95	sera calculée par	$10\frac{43}{100}$	. . . . *Idem*	10,430
Idem, depuis 55 ans jusqu'à 65 ans ; l'autre, depuis 55 ans jusqu'à 65 ans ; l'autre, depuis	55	jusqu'à	65	sera calculée par	$12\frac{5}{100}$	. . . . *Idem*	12,050
	65	. . . . .	75		$11\frac{36}{100}$		11,360
	75	. . . . .	85		$11\frac{2}{100}$		11,020
	85	. . . . .	95		$10\frac{91}{100}$		10,910
Idem, depuis 55 ans jusqu'à 65 ans ; l'autre, depuis 65 ans jusqu'à 75 ans ; l'autre, depuis	65	jusqu'à	75	sera calculée par	$10\frac{43}{100}$	. . . . *Idem*	10,430
	75	. . . . .	85		$9\frac{92}{100}$		9,920
	85	. . . . .	95		$9\frac{76}{100}$		9,760
Idem, depuis 55 ans, jusqu'à 65 ans ; l'autre, depuis 75 ans jusqu'à 85 ans ; l'autre, depuis	75	jusqu'à	85	sera calculée par	$9\frac{23}{100}$	. . . . *Idem*	9,230
	85	. . . . .	95		$8\frac{97}{100}$		8,970
Idem, depuis 55 ans jusqu'à 65 ans ; l'autre, depuis 85 ans jusqu'à 95 ans ; l'autre, depuis	85	jusqu'à	95	sera calculée par	$8\frac{62}{100}$	. . . . *Idem*	8,620

Mais, dans aucun cas, le capital ne pourra excéder la somme qui aura été fournie dans l'emprunt.

	Ans. — Ans.				
Une rente viagère, constituée pour s'éteindre après la mort de trois personnes, dont une est actuellement âgée depuis 65 ans jusqu'à 75 ans; l'autre, depuis 65 ans jusqu'à 75 ans; l'autre, depuis	65 jusqu'à 75 75 . . . . . . 85 85 95	sera calculée par	9 $\frac{18}{100}$ 8 $\frac{42}{100}$ 8 $\frac{16}{100}$	fois son montant, ou pour 1,000 livres de rente.	9,180[ll] 8,420 8,160
Idem, depuis 65 ans jusqu'à 75 ans; l'autre, depuis 75 ans jusqu'à 85 ans; l'autre, depuis	75 jusqu'à 85 85 95	sera calculée par	7 $\frac{36}{100}$ 6 $\frac{95}{100}$	. . . . *Idem*	7,360 6,950
Idem, depuis 65 ans jusqu'à 75 ans; l'autre, depuis 85 ans jusqu'à 95 ans; l'autre, depuis	85 jusqu'à 95	sera calculée par	6 $\frac{40}{100}$	. . . . *Idem*	6,400
Idem, depuis 75 ans jusqu'à 85 ans; l'autre, depuis 75 ans jusqu'à 85 ans; l'autre, depuis	75 jusqu'à 85 85 95	sera calculée par	5 $\frac{86}{100}$ 5 $\frac{18}{100}$	. . . . *Idem*	5,860 5,180
Idem, depuis 75 ans jusqu'à 85 ans; l'autre, depuis 85 ans jusqu'à 95 ans; l'autre, depuis	85 jusqu'à 95	sera calculée par	4 $\frac{26}{100}$	. . . . *Idem*	4,260
Idem, depuis 85 ans jusqu'à 95 ans; l'autre, depuis 85 ans jusqu'à 95 ans; l'autre, depuis	85 jusqu'à 95	sera calculée par	3	. . . . *Idem*	3,000

Mais, dans aucun cas, le capital ne pourra excéder la somme qui aura été fournie dans l'emprunt.

N°. 4.

TABLE pour servir de base aux calculs à faire pour déterminer le capital d'une rente viagère, constituée sur quatre têtes.

Rente	Âge de la quatrième tête		Multiplicateur		Capital pour 1,000 liv. de rente
Une rente viagère constituée pour s'éteindre après la mort de quatre personnes, dont une est actuellement âgée depuis 5 ans jusqu'à 15 ans, l'autre depuis 5 jusqu'à 15 ans, l'autre depuis 5 jusqu'à 15 ans, l'autre depuis	5 ans jusqu'à 15 ans	sera calculée par	$18\frac{97}{100}$	fois son montant, ou pour 1,000 liv. de rente	18,970 #
	15 . . . . . 25 . .		$18\frac{65}{100}$		18,650
	25 . . . . . 35 . .		$18\frac{57}{100}$		18,570
	35 . . . . . 45 . .		$18\frac{50}{100}$		18,500
	45 . . . . . 55 . .		$18\frac{45}{100}$		18,450
	55 . . . . . 65 . .		$18\frac{43}{100}$		18,430
	65 . . . . . 75 . .		$18\frac{41}{100}$		18,410
	75 . . . . . 85 . .		$18\frac{41}{100}$		18,410
	85 . . . . . 95 . .		$18\frac{41}{100}$		18,410
Idem, depuis 5 jusqu'à 15 ans; l'autre, depuis 5 jusqu'à 15 ans; l'autre, depuis 15 jusqu'à 25 ans; l'autre, depuis	15 ans jusqu'à 25 ans	sera calculée par	$18\frac{58}{100}$	*Idem*	18,580
	25 . . . . . 35 . .		$18\frac{42}{100}$		18,420
	35 . . . . . 45 . .		$18\frac{34}{100}$		18,340
	45 . . . . . 55 . .		$18\frac{28}{100}$		18,280
	55 . . . . . 65 . .		$18\frac{25}{100}$		18,250
	65 . . . . . 75 . .		$18\frac{23}{100}$		18,230
	75 . . . . . 85 . .		$18\frac{23}{100}$		18,230
	85 . . . . . 95 . .		$18\frac{23}{100}$		18,230
Idem, depuis 5 jusqu'à 15 ans; l'autre, depuis 5 jusqu'à 15 ans; l'autre, depuis 25 jusqu'à 35 ans; l'autre, depuis	25 ans jusqu'à 35 ans	sera calculée par	$18\frac{34}{100}$	*Idem*	18,340 #
	35 . . . . . 45 . .		$18\frac{21}{100}$		18,210
	45 . . . . . 55 . .		$18\frac{14}{100}$		18,140
	55 . . . . . 65 . .		$18\frac{10}{100}$		18,100
	65 . . . . . 75 . .		$18\frac{8}{100}$		18,080
	75 . . . . . 85 . .		$18\frac{7}{100}$		18,070
	85 . . . . . 95 . .		$18\frac{7}{100}$		18,070
Idem, depuis 5 jusqu'à 15 ans; l'autre, depuis 5 jusqu'à 15 ans; l'autre, depuis 35 jusqu'à 45 ans; l'autre, depuis	35 ans jusqu'à 45 ans	sera calculée par	$18\frac{9}{100}$	*Idem*	18,090 #
	45 . . . . . 55 . .		$18\frac{1}{100}$		18,010
	55 . . . . . 65 . .		$17\frac{95}{100}$		17,950
	65 . . . . . 75 . .		$17\frac{93}{100}$		17,930
	75 . . . . . 85 . .		$17\frac{92}{100}$		17,920
	85 . . . . . 95 . .		$17\frac{92}{100}$		17,920
Idem, depuis 5 jusqu'à 15 ans; l'autre, depuis 5 jusqu'à 15 ans; l'autre, depuis 45 jusqu'à 55 ans; l'autre, depuis	45 ans jusqu'à 55 ans	sera calculée par	$17\frac{90}{100}$	*Idem*	17,900 #
	55 . . . . . 65 . .		$17\frac{84}{100}$		17,840
	65 . . . . . 75 . .		$17\frac{81}{100}$		17,810
	75 . . . . . 85 . .		$17\frac{80}{100}$		17,800
	85 . . . . . 95 . .		$17\frac{79}{100}$		17,790
Idem, depuis 5 jusqu'à 15 ans; l'autre, depuis 5 jusqu'à 15 ans; l'autre, depuis 55 jusqu'à 65 ans; l'autre, depuis	55 ans jusqu'à 65 ans	sera calculée par	$17\frac{76}{100}$	*Idem*	17,760 #
	65 . . . . . 75 . .		$17\frac{72}{100}$		17,720
	75 . . . . . 85 . .		$17\frac{71}{100}$		17,710
	85 . . . . . 95 . .		$17\frac{70}{100}$		17,700
Idem, depuis 5 jusqu'à 15 ans; l'autre, depuis 5 jusqu'à 15 ans; l'autre, depuis 65 jusquà 75 ans; l'autre, depuis	65 ans jusqu'à 75 ans	sera calculée par	$17\frac{68}{100}$	*Idem*	17,680 #
	75 . . . . . 85 . .		$17\frac{65}{100}$		17,650
	85 . . . . . 95 . .		$17\frac{64}{100}$		17,640
Idem, depuis 5 jusqu'à 15 ans; l'autre, depuis 5 jusqu'à 15 ans; l'autre, depuis 75 jusqu'à 85 ans; l'autre, depuis	75 ans jusqu'à 85 ans	sera calculée par	$17\frac{62}{100}$	*Idem*	17,620 #
	85 . . . . . 95 . .		$17\frac{62}{100}$		17,620
Idem, depuis 5 jusqu'à 15 ans; l'autre, depuis 5 jusqu'à 15 ans; l'autre, depuis 85 jusqu'à 95 ans; l'autre, depuis	85 ans jusqu'à 95 ans	sera calculée par	$17\frac{62}{100}$	*Idem*	17,620 #
Idem, depuis 5 jusqu'à 15 ans; l'autre, depuis 15 jusqu'à 25 ans; l'autre, depuis 15 jusqu'à 25 ans; l'autre, depuis	15 ans jusqu'à 25 ans	sera calculée par	$18\frac{37}{100}$	*Idem*	18,370 #
	25 . . . . . 35 . .		$18\frac{25}{100}$		18,250
	35 . . . . . 45 . .		$18\frac{16}{100}$		18,160
	45 . . . . . 55 . .		$18\frac{8}{100}$		18,080
	55 . . . . . 65 . .		$18\frac{4}{100}$		18,040
	65 . . . . . 75 . .		$18\frac{1}{100}$		18,010
	75 . . . . . 85 . .		$18\frac{1}{100}$		18,010
	85 . . . . . 95 . .		18		18,000

Mais, dans aucun cas, le capital ne pourra excéder la somme qui aura été fournie dans l'emprunt.

Une rente viagère constituée pour s'éteindre après la mort de quatre personnes, dont une est actuellement âgée depuis 5 ans jusqu'à 15, l'autre depuis 15 ans jusqu'à 25, l'autre depuis 25 ans jusqu'à 35, l'autre depuis	25 ans jusqu'à 35 ans	sera calculée par	18 $\frac{11}{100}$	fois son montant, ou pour 1,000 liv. de rente	18,110
	35 . . . . . . 45 . .		17 $\frac{99}{100}$		17,990
	45 . . . . . . 55 . .		17 $\frac{90}{100}$		17,900
	55 . . . . . . 65 . .		17 $\frac{85}{100}$		17,850
	65 . . . . . . 75 . .		17 $\frac{83}{100}$		17,830
	75 . . . . . . 85 . .		17 $\frac{82}{100}$		17,820
	85 . . . . . . 95 . .		17 $\frac{82}{100}$		17,820
Idem, depuis 5 ans jusqu'à 15, l'autre depuis 15 ans jusqu'à 25, l'autre depuis 35 ans jusqu'à 45, l'autre depuis	35 ans jusqu'à 45 ans	sera calculée par	17 $\frac{85}{100}$	. . . . . *Idem*.	17,850
	45 . . . . . . 55 . .		17 $\frac{74}{100}$		17,740
	55 . . . . . . 65 . .		17 $\frac{68}{100}$		17,680
	65 . . . . . . 75 . .		17 $\frac{65}{100}$		17,650
	75 . . . . . . 85 . .		17 $\frac{64}{100}$		17,640
	85 . . . . . . 95 . .		17 $\frac{64}{100}$		17,640
Idem, depuis 5 ans jusqu'à 15, l'autre depuis 15 ans jusqu'à 25, l'autre depuis 45 ans jusqu'à 55, l'autre depuis	45 ans jusqu'à 55 ans	sera calculée par	17 $\frac{62}{100}$	. . . . . *Idem*.	17,620
	55 . . . . . . 65 . .		17 $\frac{53}{100}$		17,530
	65 . . . . . . 75 . .		17 $\frac{50}{100}$		17,500
	75 . . . . . . 85 . .		17 $\frac{48}{100}$		17,480
	85 . . . . . . 95 . .		17 $\frac{48}{100}$		17,480
Idem, depuis 5 ans jusqu'à 15, l'autre depuis 15 ans jusqu'à 25, l'autre depuis 55 ans jusqu'à 65, l'autre depuis	55 ans jusqu'à 65 ans	sera calculée par	17 $\frac{43}{100}$	. . . . . *Idem*.	17,430
	65 . . . . . . 75 . .		17 $\frac{38}{100}$		17,380
	75 . . . . . . 85 . .		17 $\frac{37}{100}$		17,370
	85 . . . . . . 95 . .		17 $\frac{36}{100}$		17,360
Idem, depuis 5 ans jusqu'à 15, l'autre depuis 15 ans jusqu'à 25, l'autre depuis 65 ans jusqu'à 75, l'autre depuis	65 ans jusqu'à 75 ans	sera calculée par	17 $\frac{31}{100}$	. . . . . *Idem*.	17,310
	75 . . . . . . 85 . .		17 $\frac{29}{100}$		17,290
	85 . . . . . . 95 . .		17 $\frac{28}{100}$		17,280
Idem, depuis 5 ans jusqu'à 15, l'autre depuis 15 ans jusqu'à 25, l'autre depuis 75 ans jusqu'à 85, l'autre depuis	75 ans jusqu'à 85 ans	sera calculée par	17 $\frac{26}{100}$	. . . . . *Idem*.	17,260
	85 . . . . . . 95 . .		17 $\frac{25}{100}$		17,250
Idem, depuis 5 ans jusqu'à 15, l'autre depuis 15 ans jusqu'à 25, l'autre depuis 85 ans jusqu'à 95, l'autre depuis	85 ans jusqu'à 95 ans	sera calculée par	17 $\frac{25}{100}$	. . . . . *Idem*.	17,250
Idem, depuis 5 ans jusqu'à 15, l'autre depuis 25 ans jusqu'à 35, l'autre depuis 25 ans jusqu'à 35, l'autre depuis	25 ans jusqu'à 35 ans	sera calculée par	17 $\frac{95}{100}$	. . . . . *Idem*.	17,950
	35 . . . . . . 45 . .		17 $\frac{81}{100}$		17,810
	45 . . . . . . 55 . .		17 $\frac{70}{100}$		17,790
	55 . . . . . . 65 . .		17 $\frac{64}{100}$		17,640
	65 . . . . . . 75 . .		17 $\frac{61}{100}$		17,610
	75 . . . . . . 85 . .		17 $\frac{60}{100}$		17,600
	85 . . . . . . 95 . .		17 $\frac{60}{100}$		17,600
Idem, depuis 5 ans jusqu'à 15, l'autre depuis 25 ans jusqu'à 35, l'autre depuis 35 ans jusqu'à 45, l'autre depuis	35 ans jusqu'à 45 ans	sera calculée par	17 $\frac{63}{100}$	. . . . . *Idem*.	17,630
	45 . . . . . . 55 . .		17 $\frac{51}{100}$		17,510
	55 . . . . . . 65 . .		17 $\frac{43}{100}$		17,430
	65 . . . . . . 75 . .		17 $\frac{39}{100}$		17,390
	75 . . . . . . 85 . .		17 $\frac{38}{100}$		17,380
	85 . . . . . . 95 . .		17 $\frac{38}{100}$		17,380
Idem, depuis 5 ans jusqu'à 15, l'autre depuis 25 ans jusqu'à 35, l'autre depuis 45 ans jusqu'à 55, l'autre depuis	45 ans jusqu'à 55 ans	sera calculée par	17 $\frac{36}{100}$	. . . . . *Idem*.	17,360
	55 . . . . . . 65 . .		17 $\frac{26}{100}$		17,260
	65 . . . . . . 75 . .		17 $\frac{21}{100}$		17,210
	75 . . . . . . 85 . .		17 $\frac{20}{100}$		17,200
	85 . . . . . . 95 . .		17 $\frac{19}{100}$		17,190
Idem, depuis 5 ans jusqu'à 15, l'autre depuis 45 ans jusqu'à 45, l'autre depuis 55 ans jusqu'à 65, l'autre depuis	55 ans jusqu'à 65 ans	sera calculée par	17 $\frac{14}{100}$	. . . . . *Idem*.	17,140
	65 . . . . . . 75 . .		17 $\frac{7}{100}$		17,070
	75 . . . . . . 85 . .		17 $\frac{6}{100}$		17,060
	85 . . . . . . 95 . .		17 $\frac{5}{100}$		17,050

Mais, dans aucun cas, le capital ne pourra excéder la somme qui aura été fournie dans l'emprunt.

Une rente viagère constituée pour s'éteindre après la mort de quatre personnes, dont une est actuellement âgée depuis 5 ans jusqu'à 15 ans; l'autre, depuis 25 jusqu'à 35 ans; l'autre, depuis 65 jusqu'à 75 ans; l'autre depuis	65 ans jusqu'à 75 ans 75 . . . . . 85 . . 85 . . . . . 95 . .	sera calculée par	16 $\frac{99}{100}$ 16 $\frac{97}{100}$ 16 $\frac{96}{100}$	fois son montant, ou pour 1,000 liv. de rente	16,990 16,970 16,960
Idem, depuis 5 ans jusqu'à 15 ans; l'autre, depuis 25 ans jusqu'à 35; l'autre, depuis 75 jusqu'à 85; l'autre, depuis	75 ans jusqu'à 85 ans 85 . . . . . 95 . .	sera calculée par	16 $\frac{92}{100}$ 16 $\frac{92}{100}$	. . . . . . *Idem*.	16,920 16,920
Idem, depuis 5 ans jusqu'à 15 ans; l'autre, depuis 25 ans jusqu'à 35; l'autre, depuis 85 ans jusqu'à 95; l'autre, depuis	85 ans jusqu'à 95 ans	sera calculée par	16 $\frac{91}{100}$	. . . . . . *Idem*.	16,910
Idem, depuis 5 ans jusqu'à 15; l'autre, depuis 35 ans jusqu'à 45; l'autre, depuis 35 ans jusqu'à 45; l'autre depuis	35 ans jusqu'à 45 ans 45 . . . . . 55 . . 55 . . . . . 65 . . 65 . . . . . 75 . . 75 . . . . . 85 . . 85 . . . . . 95 . .	sera calculée par	17 $\frac{43}{100}$ 17 $\frac{28}{100}$ 17 $\frac{18}{100}$ 17 $\frac{14}{100}$ 17 $\frac{12}{100}$ 17 $\frac{12}{100}$	. . . . . . *Idem*.	17,430 17,280 17,180 17,140 17,120 17,120
Idem, depuis 5 ans jusqu'à 15; l'autre, depuis 35 ans jusqu'à 45; l'autre, depuis 45 ans jusqu'à 55; l'autre, depuis	45 ans jusqu'à 55 ans 55 . . . . . 65 . . 65 . . . . . 75 . . 75 . . . . . 85 . . 85 . . . . . 95 . .	sera calculée par	17 $\frac{10}{100}$ 16 $\frac{97}{100}$ 16 $\frac{91}{100}$ 16 $\frac{89}{100}$ 16 $\frac{89}{100}$	. . . . . . *Idem*.	17,100 16,970 16,910 16,890 16,890
Idem, depuis 5 ans jusqu'à 15; l'autre, depuis 35 ans jusqu'à 45; l'autre, depuis 55 ans jusqu'à 65; l'autre, depuis	55 ans jusqu'à 65 ans 65 . . . . . 75 . . 75 . . . . . 85 . . 85 . . . . . 95 . .	sera calculée par	16 $\frac{82}{100}$ 16 $\frac{74}{100}$ 16 $\frac{72}{100}$ 16 $\frac{71}{100}$	. . . . . . *Idem*.	16,820 16,740 16,720 16,710
Idem, depuis 5 ans jusqu'à 15; l'autre, depuis 35 ans jusqu'à 45; l'autre, depuis 65 ans jusqu'à 75; l'autre, depuis.	65 ans jusqu'à 75 ans 75 . . . . . 85 . . 85 . . . . . 95 . .	sera calculée par	16 $\frac{64}{100}$ 16 $\frac{61}{100}$ 16 $\frac{60}{100}$	. . . . . . *Idem*.	16,640 16,610 16,600
Idem, depuis 5 ans jusqu'à 15; l'autre, depuis 35 ans jusqu'à 45; l'autre, depuis 75 ans jusqu'à 85; l'autre, depuis	75 ans jusqu'à 85 ans 85 . . . . . 95 . .	sera calculée par	16 $\frac{56}{100}$ 16 $\frac{55}{100}$	. . . . . . *Idem*.	16,560 16,550
Idem, depuis 5 ans jusqu'à 15; l'autre, depuis 45 ans jusqu'à 55; l'autre, depuis 85 ans jusqu'à 95; l'autre, depuis	85 ans jusqu'à 95 ans	sera calculée par	16 $\frac{54}{100}$	. . . . . . *Idem*.	16,540
Idem, depuis 5 ans jusqu'à 15; l'autre, depuis 45 ans jusqu'à 55; l'autre, depuis 45 ans jusqu'à 55; l'autre, depuis	45 ans jusqu'à 55 ans 55 . . . . . 65 . . 65 . . . . . 75 . . 75 . . . . . 85 . . 85 . . . . . 95 . .	sera calculée par	16 $\frac{87}{100}$ 16 $\frac{71}{100}$ 16 $\frac{64}{100}$ 16 $\frac{61}{100}$ 16 $\frac{61}{100}$	. . . . . . *Idem*.	16,870 16,710 16,640 16,610 16,610
Idem, depuis 5 ans jusqu'à 15; l'autre, depuis 45 ans jusqu'à 55; l'autre, depuis 55 ans jusqu'à 65; l'autre, depuis	55 ans jusqu'à 65 ans 65 . . . . . 75 . . 75 . . . . . 85 . . 85 . . . . . 95 . .	sera calculée par	16 $\frac{53}{100}$ 16 $\frac{42}{100}$ 16 $\frac{39}{100}$ 16 $\frac{38}{100}$	. . . . . . *Idem*.	16,530 16,420 16,390 16,380
Idem, depuis 5 ans jusqu'à 15; l'autre, depuis 45 ans jusqu'à 55; l'autre, depuis 65 ans jusqu'à 75; l'autre, depuis.	65 ans jusqu'à 75 ans 75 . . . . . 85 . . 85 . . . . . 95 . .	sera calculée par	16 $\frac{30}{100}$ 16 $\frac{24}{100}$ 16 $\frac{23}{100}$	. . . . . . *Idem*.	16,300 16,240 16,230
Idem, depuis 5 ans jusqu'à 15; l'autre, depuis 45 ans jusqu'à 55; l'autre, depuis 75 ans jusqu'à 85; l'autre, depuis.	75 ans jusqu'à 85 ans 85 . . . . . 95 . .	sera calculée par	16 $\frac{19}{100}$ 16 $\frac{17}{100}$	. . . . . . *Idem*.	16,190 16,170
Idem, depuis 5 ans jusqu'à 15; l'autre, depuis 45 ans jusqu'à 55; l'autre, depuis 85 ans jusqu'à 95; l'autre, depuis.	85 ans jusqu'à 95 ans	sera calculée par	16 $\frac{15}{100}$	. . . . . . *Idem*.	16,150
Idem, depuis 5 ans jusqu'à 15, l'autre, depuis 55 ans jusqu'à 65; l'autre, depuis 55 ans jusqu'à 65; l'autre, depuis	55 ans jusqu'à 65 ans 65 . . . . . 75 . . 75 . . . . . 85 . . 85 . . . . . 95 . .	sera calculée par	16 $\frac{29}{100}$ 16 $\frac{15}{100}$ 16 $\frac{11}{100}$ 16 $\frac{10}{100}$	. . . . . . *Idem*.	16,290 16,150 16,110 16,100

Mais, dans aucun cas, le capital ne pourra excéder la somme qui aura été fournie dans l'emprunt.

Une rente viagère constituée pour s'éteindre après la mort de quatre personnes, dont une est actuellement âgée depuis 5 ans jusqu'à 15, l'autre depuis 55 ans jusqu'à 65, l'autre depuis 65 jusqu'à 75, l'autre depuis.	65 ans jusqu'à 75 ans	sera calculée par	16 $\frac{5}{100}$	fois son montant, ou pour 1,000 liv. de rente	16,050 ᵗᵗ
	75 . . . . . 85 . .		15 $\frac{91}{100}$		15,910
	85 . . . . . 95 . .		15 $\frac{90}{100}$		15,900
Idem, depuis 5 ans jusqu'à 15, l'autre depuis 55 ans jusqu'à 65, l'autre depuis 75 ans jusqu'à 85, l'autre depuis	75 ans jusqu'à 85 ans	sera calculée par	15 $\frac{83}{100}$	*Idem.*	15,830
	85 . . . . . 95 . .		15 $\frac{81}{100}$		15,810
Idem, depuis 5 ans jusqu'à 15, l'autre depuis 55 ans jusqu'à 65, l'autre depuis 85 ans jusqu'à 95, l'autre depuis	85 ans jusqu'à 95 ans	sera calculée par	15 $\frac{79}{100}$	*Idem.*	15,790
Idem, depuis 5 ans jusqu'à 15, l'autre depuis 65 ans jusqu'à 75, l'autre depuis 65 ans jusqu'à 75, l'autre depuis	65 ans jusqu'à 75 ans	sera calculée par	15 $\frac{75}{100}$	*Idem.*	15,750
	75 . . . . . 85 . .		15 $\frac{65}{100}$		15,650
	85 . . . . . 95 . .		15 $\frac{64}{100}$		15,640
Idem, depuis 5 ans jusqu'à 15, l'autre depuis 65 ans jusqu'à 75, l'autre depuis 75 ans jusqu'à 85, l'autre depuis	75 ans jusqu'à 85 ans	sera calculée par	15 $\frac{54}{100}$	*Idem.*	15,540
	85 . . . . . 95 . .		15 $\frac{51}{100}$		15,510
Idem, depuis 5 ans jusqu'à 15, l'autre depuis 65 ans jusqu'à 75, l'autre depuis 85 ans jusqu'à 95, l'autre depuis	85 ans jusqu'à 95 ans	sera calculée par	15 $\frac{48}{100}$	*Idem.*	15,480
Idem, depuis 5 ans jusqu'à 15, l'autre depuis 75 ans jusqu'à 85, l'autre depuis 75 ans jusqu'à 85, l'autre depuis	75 ans jusqu'à 85 ans	sera calculée par	15 $\frac{38}{100}$	*Idem.*	15,380
	85 . . . . . 95 . .		15 $\frac{34}{100}$		15,340
Idem, depuis 5 ans jusqu'à 15, l'autre depuis 75 ans jusqu'à 85, l'autre depuis 85 ans jusqu'à 95, l'autre depuis	85 ans jusqu'à 95 ans	sera calculée par	15 $\frac{28}{100}$	*Idem.*	15,280
Idem, depuis 5 ans jusqu'à 15, l'autre depuis 85 ans jusqu'à 95, l'autre depuis 85 ans jusqu'à 95, l'autre depuis	85 ans jusqu'à 95 ans	sera calculée par	15 $\frac{21}{100}$	*Idem.*	15,210
Idem, depuis 15 ans jusqu'à 25, l'autre depuis 15 ans jusqu'à 25, l'autre depuis 15 ans jusqu'à 25, l'autre depuis	15 ans jusqu'à 25 ans	sera calculée par	18 $\frac{19}{100}$	*Idem.*	18,190
	25 . . . . . 35 . .		18 $\frac{5}{100}$		18,050
	35 . . . . . 45 . .		17 $\frac{93}{100}$		17,930
	45 . . . . . 55 . .		17 $\frac{84}{100}$		17,840
	55 . . . . . 65 . .		17 $\frac{78}{100}$		17,780
	65 . . . . . 75 . .		17 $\frac{76}{100}$		17,760
	75 . . . . . 85 . .		17 $\frac{75}{100}$		17,750
	85 . . . . . 95 . .		17 $\frac{75}{100}$		17,750
Idem, depuis 15 ans jusqu'à 25, l'autre depuis 15 ans jusqu'à 25, l'autre depuis 25 ans jusqu'à 35, l'autre depuis	25 ans jusqu'à 35 ans	sera calculée par	17 $\frac{88}{100}$	*Idem.*	17,880
	35 . . . . . 45 . .		17 $\frac{73}{100}$		17,730
	45 . . . . . 55 . .		17 $\frac{63}{100}$		17,630
	55 . . . . . 65 . .		17 $\frac{57}{100}$		17,570
	65 . . . . . 75 . .		17 $\frac{53}{100}$		17,530
	75 . . . . . 85 . .		17 $\frac{52}{100}$		17,520
	85 . . . . . 95 . .		17 $\frac{52}{100}$		17,520
Idem, depuis 15 ans jusqu'à 25, l'autre depuis 15 ans jusqu'à 25, l'autre depuis 35 ans jusqu'à 45, l'autre depuis	35 ans jusqu'à 45 ans	sera calculée par	17 $\frac{56}{100}$	*Idem.*	17,560
	45 . . . . . 55 . .		17 $\frac{43}{100}$		17,430
	55 . . . . . 65 . .		17 $\frac{35}{100}$		17,350
	65 . . . . . 75 . .		17 $\frac{31}{100}$		17,310
	75 . . . . . 85 . .		17 $\frac{30}{100}$		17,300
	85 . . . . . 95 . .		17 $\frac{30}{100}$		17,300
Idem, depuis 15 ans jusqu'à 25, l'autre depuis 15 ans jusqu'à 25, l'autre depuis 45 ans jusqu'à 55, l'autre depuis	45 ans jusqu'à 55 ans	sera calculée par	17 $\frac{28}{100}$	*Idem.*	17,280
	55 . . . . . 65 . .		17 $\frac{17}{100}$		17,170
	65 . . . . . 75 . .		17 $\frac{12}{100}$		17,120
	75 . . . . . 85 . .		17 $\frac{10}{100}$		17,100
	85 . . . . . 95 . .		17 $\frac{10}{100}$		17,100

Mais, dans aucun cas, le capital ne pourra excéder la somme qui aura été fournie dans l'emprunt.

	Ans.		Ans.				
Une rente viagère, constituée pour s'éteindre après la mort de quatre personnes, dont une est actuellement âgée depuis 15 ans jusqu'à 25 ; l'autre, depuis 15 ans jusqu'à 25 ; l'autre, depuis 55 ans jusqu'à 65 ; l'autre, depuis	55	jusqu'à	65	sera calculée par	$17 \frac{5}{100}$	fois son montant, ou pour 1,000 liv. de rente	17,050[#]
	65	. . . .	75		$16 \frac{98}{100}$		16,980
	75	. . . .	85		$16 \frac{95}{100}$		16,950
	85	. . . .	95		$16 \frac{95}{100}$		16,950
Idem, depuis 15 ans jusqu'à 25 ; l'autre, dep. 15 ans jusq. 25 ; l'autre, dep. 65 ans jusq. 75 ; l'autre, dep. .	65	jusqu'à	75	sera calculée par	$16 \frac{89}{100}$	. . . . . . *Idem*	16,890
	75	. . . .	85		$16 \frac{85}{100}$		16,850
	85	. . . .	95		$16 \frac{85}{100}$		16,850
Idem, depuis 15 ans jusqu'à 25 ; l'autre, dep. 15 ans jusq. 25 ; l'autre, dep. 75 ans jusq. 85 ; l'autre, dep. .	75	jusqu'à	85	sera calculée par	$16 \frac{81}{100}$	. . . . . . *Idem*	16,810
	85	. . . .	95		$16 \frac{80}{100}$		16,800
Idem, depuis 15 ans jusqu'à 25 ; l'autre, dep. 15 ans jusq. 25 ; l'autre, dep. 85 ans jusq. 95 ; l'autre, dep. .	85	jusqu'à	95	sera calculée par	$16 \frac{79}{100}$	. . . . . . *Idem*	16,790
Idem, depuis 15 ans jusqu'à 25 ; l'autre, dep. 25 ans jusq. 35 ; l'autre, dep. 25 ans jusq. 35 ; l'autre, dep. .	25	jusqu'à	35	sera calculée par	$17 \frac{68}{100}$	. . . . . . *Idem*	17,680
	35	. . . .	45		$17 \frac{51}{100}$		17,510
	45	. . . .	55		$17 \frac{46}{100}$		17,460
	55	. . . .	65		$17 \frac{30}{100}$		17,300
	65	. . . .	75		$17 \frac{26}{100}$		17,260
	75	. . . .	85		$17 \frac{25}{100}$		17,250
	85	. . . .	95		$17 \frac{25}{100}$		17,250
Idem, depuis 15 ans jusqu'à 25 ; l'autre, dep. 25 ans jusq. 35 ; l'autre, dep. 35 ans jusq. 45 ; l'autre, dep. .	35	jusqu'à	45	sera calculée par	$17 \frac{30}{100}$	. . . . . . *Idem*	17,300
	45	. . . .	55		$17 \frac{15}{100}$		17,150
	55	. . . .	65		$17 \frac{5}{100}$		17,050
	66	. . . .	75		17		17,000
	75	. . . .	85		$16 \frac{99}{100}$		16,990
	85	. . . .	95		$16 \frac{98}{100}$		16,980
Idem, depuis 15 ans jusqu'à 25 ; l'autre, dep. 25 ans jusq. 35 ; l'autre, dep. 45 ans jusq. 55 ; l'autre, dep. .	45	jusqu'à	55	sera calculée par	$16 \frac{96}{100}$	. . . . . . *Idem*	16,960
	55	. . . .	65		$16 \frac{84}{100}$		16,840
	65	. . . .	75		$16 \frac{78}{100}$		16,780
	75	. . . .	85		$16 \frac{76}{100}$		16,760
	85	. . . .	95		$16 \frac{75}{100}$		16,750
Idem, depuis 15 ans jusqu'à 25 ; l'autre, dep. 25 ans jusq. 35 ; l'autre, dep. 55 ans jusq. 65 ; l'autre, dep. .	55	jusqu'à	65	sera calculée par	$16 \frac{68}{100}$	. . . . . . *Idem*	16,680
	65	. . . .	75		$16 \frac{60}{100}$		16,600
	75	. . . .	85		$16 \frac{58}{100}$		16,580
	85	. . . .	95		$16 \frac{57}{100}$		16,570
Idem, depuis 15 ans jusqu'à 25 ; l'autre, dep. 25 ans jusq. 35 ; l'autre, dep. 65 ans jusq. 75 ; l'autre, dep. .	65	jusqu'à	75	sera calculée par	$16 \frac{49}{100}$	. . . . . . *Idem*	16,490
	75	. . . .	85		$16 \frac{46}{100}$		16,460
	85	. . . .	95		$16 \frac{45}{100}$		16,450
Idem, depuis 15 ans jusqu'à 25 ; l'autre, dep. 25 ans jusq. 35 ; l'autre, dep. 75 ans jusq. 85 ; l'autre, dep. .	75	jusqu'à	85	sera calculée par	$16 \frac{42}{100}$	. . . . . . *Idem*	16,420
	85	. . . .	95		$16 \frac{40}{100}$		16,400
Idem, depuis 15 ans jusqu'à 25 ; l'autre, dep. 25 ans jusq. 35 ; l'autre, dep. 75 ans jusq. 85 ; l'autre, dep. .	85	jusqu'à	95	sera calculée par	$16 \frac{38}{100}$	. . . . . . *Idem*	16,380
Idem, depuis 15 ans jusqu'à 25 ; l'autre, dep. 35 ans jusq. 45 ; l'autre, dep. 35 ans jusq. 45 ; l'autre, dep. .	35	jusqu'à	45	sera calculée par	$17 \frac{6}{100}$	. . . . . . *Idem*	17,060
	45	. . . .	55		$16 \frac{87}{100}$		16,870
	55	. . . .	65		$16 \frac{75}{100}$		16,750
	65	. . . .	75		$16 \frac{69}{100}$		16,690
	75	. . . .	85		$16 \frac{67}{100}$		16,670
	85	. . . .	95		$16 \frac{67}{100}$		16,670
Idem, depuis 15 ans jusqu'à 25 ; l'autre, dep. 35 ans jusq. 45 ; l'autre, dep. 45 ans jusq. 55 ; l'autre, dep. .	45	jusqu'à	55	sera calculée par	$16 \frac{64}{100}$	. . . . . . *Idem*	16,640
	55	. . . .	65		$16 \frac{49}{100}$		16,490
	65	. . . .	75		$16 \frac{41}{100}$		16,410
	75	. . . .	85		$16 \frac{38}{100}$		16,380
	85	. . . .	95		$16 \frac{38}{100}$		16,380
Idem, depuis 15 ans jusqu'à 25 ; l'autre, dep. 35 ans jusq. 45 ; l'autre, dep. 55 ans jusq. 65 ; l'autre, dep. .	55	jusqu'à	65	sera calculée par	$16 \frac{30}{100}$	. . . . . . *Idem*	16,300
	65	. . . .	75		$16 \frac{19}{100}$		16,190
	75	. . . .	85		$16 \frac{16}{100}$		16,160
	85	. . . .	95		$16 \frac{15}{100}$		16,150

Mais, dans aucun cas, le capital ne pourra excéder la somme qui aura été fournie dans l'emprunt.

	Ans.	Ans.				
Une rente viagère, constituée pour s'éteindre après la mort de quatre personnes, dont une est actuellement âgée depuis 15 ans jusqu'à 25; l'autre, depuis 35 ans jusqu'à 45; l'autre, depuis 65 ans jusqu'à 75; l'autre, depuis	65 jusqu'à 75 . . . . 85	75 85 95	sera calculée par	16 $\frac{6}{100}$ 16 $\frac{1}{100}$ 16	fois son montant, ou pour 1,000 liv. de rente	16,060 16,010 16,000
Idem, depuis 15 ans jusqu'à 25; l'autre, dep. 35 ans jusq. 45; l'autre, dep. 75 ans jusq. 85; l'autre, dep. .	75 jusqu'à 85	85 95	sera calculée par	15 $\frac{95}{100}$ 15 $\frac{93}{100}$	. . . . . . *Idem*	15,950 15,930
Idem, depuis 15 ans jusqu'à 25; l'autre, dep. 35 ans jusq. 45; l'autre, dep. 85 ans jusq. 95; l'autre, dep. .	85 jusqu'à	95	sera calculée par	15 $\frac{91}{100}$	. . . . . . *Idem*	15,910
Idem, depuis 15 ans jusqu'à 25; l'autre, dep. 45 ans jusq. 55; l'autre, dep. 45 ans jusq. 55; l'autre, dep. .	45 jusqu'à 55 . . . . 65 . . . . 75 . . . . 85	55 65 75 85 95	sera calculée par	16 $\frac{36}{100}$ 16 $\frac{17}{100}$ 16 $\frac{7}{100}$ 16 $\frac{3}{100}$ 16 $\frac{3}{100}$	. . . . . . *Idem*	16,360 16,170 16,070 16,030 16,030
Idem, depuis 15 ans jusqu'à 25; l'autre, dep. 45 ans jusq. 55; l'autre, dep. 55 ans jusq. 65; l'autre, dep. .	55 jusqu'à 65 . . . . 75 . . . . 85	65 75 85 95	sera calculée par	15 $\frac{94}{100}$ 15 $\frac{79}{100}$ 15 $\frac{75}{100}$ 15 $\frac{74}{100}$	. . . . . . *Idem*	15,940 15,790 15,750 15,740
Idem, depuis 15 ans jusqu'à 25; l'autre, dep. 45 ans jusq. 55; l'autre, dep. 65 ans jusq. 75; l'autre, dep. .	65 jusqu'à 75 . . . . 85	75 85 95	sera calculée par	15 $\frac{62}{100}$ 15 $\frac{56}{100}$ 15 $\frac{54}{100}$	. . . . . . *Idem*	15,620 15,560 15,540
Idem, depuis 15 ans jusqu'à 25; l'autre, dep. 45 ans jusq. 55; l'autre, dep. 75 ans jusq. 85; l'autre, dep. .	75 jusqu'à 85	85 95	sera calculée par	15 $\frac{47}{100}$ 15 $\frac{45}{100}$	. . . . . . *Idem*	15,470 15,450
Idem, depuis 15 ans jusqu'à 25; l'autre, dep. 45 ans jusq. 55; l'autre, dep. 85 ans jusq. 95; l'autre, dep. .	85 jusqu'à	95	sera calculée par	15 $\frac{42}{100}$	. . . . . . *Idem*	15,420
Idem, depuis 15 ans jusqu'à 25; l'autre, dep. 55 ans jusq. 65; l'autre, dep. 55 ans jusq. 65; l'autre, dep. .	55 jusqu'à 65 . . . . 75 . . . . 85	65 75 85 95	sera calculée par	15 $\frac{63}{100}$ 15 $\frac{45}{100}$ 15 $\frac{39}{100}$ 15 $\frac{37}{100}$	. . . . . . *Idem*	15,630 15,450 15,390 15,370
Idem, depuis 15 ans jusqu'à 25; l'autre, dep. 55 ans jusq. 65; l'autre, dep. 65 ans jusq. 75; l'autre, dep. .	65 jusqu'à 75 . . . . 85	75 85 95	sera calculée par	15 $\frac{22}{100}$ 15 $\frac{13}{100}$ 15 $\frac{11}{100}$	. . . . . . *Idem*	15,220 15,130 15,110
Idem, depuis 15 ans jusqu'à 25; l'autre, dep. 55 ans jusq. 65; l'autre, dep. 75 ans jusq. 85; l'autre, dep. .	75 jusqu'à 85	85 95	sera calculée par	15 $\frac{15}{100}$ 14 $\frac{99}{100}$	. . . . . . *Idem*	15,150 14,990
Idem, depuis 15 ans jusqu'à 25; l'autre, dep. 55 ans jusq. 65; l'autre, dep. 85 ans jusq. 95; l'autre, dep. .	85 jusqu'à	95	sera calculée par	14 $\frac{95}{100}$	. . . . . . *Idem*	14,950
Idem, depuis 15 ans jusqu'à 25; l'autre, dep. 65 ans jusq. 75; l'autre, dep. 65 ans jusq. 75; l'autre, dep. .	65 jusqu'à 75 . . . . 85	75 85 95	sera calculée par	14 $\frac{92}{100}$ 14 $\frac{79}{100}$ 14 $\frac{76}{100}$	. . . . . . *Idem*	14,920 14,790 14,760
Idem, depuis 15 ans jusqu'à 25; l'autre, dep. 65 ans jusq. 75; l'autre, dep. 75 ans jusq. 85; l'autre, dep. .	75 jusqu'à 85	85 95	sera calculée par	14 $\frac{62}{100}$ 14 $\frac{57}{100}$	. . . . . . *Idem*	14,620 14,570
Idem, depuis 15 ans jusqu'à 25; l'autre, dep. 65 ans jusq. 75; l'autre, dep. 85 ans jusq. 95; l'autre, dep. .	85 jusqu'à	95	sera calculée par	14 $\frac{52}{100}$	. . . . . . *Idem*	14,520
Idem, depuis 15 ans jusqu'à 25; l'autre, dep. 75 ans jusq. 85; l'autre, dep. 75 ans jusq. 85; l'autre, dep. .	75 jusqu'à 85	85 95	sera calculée par	14 $\frac{39}{100}$ 14 $\frac{32}{100}$	. . . . . . *Idem*	14,390 14,320
Idem, depuis 15 ans jusqu'à 25; l'autre, dep. 75 ans jusq. 85; l'autre, dep. 85 ans jusq. 95; l'autre, dep. .	85 jusqu'à	95	sera calculée par	14 $\frac{33}{100}$	. . . . . . *Idem*	14,330
Idem, depuis 15 ans jusqu'à 25; l'autre, dep. 85 ans jusq. 95; l'autre, dep. 85 ans jusq. 95; l'autre, dep. .	85 jusqu'à	95	sera calculée par	14 $\frac{11}{100}$	. . . . . . *Idem*	14,110

Mais, dans aucun cas, le capital ne pourra excéder la somme qui aura été fournie dans l'emprunt.

	Ans.		Ans.				
Une rente viagère, constituée pour s'éteindre après la mort de quatre personnes, dont une est actuellement âgée depuis 25 ans jusqu'à 35; l'autre, depuis 25 ans jusqu'à 35; l'autre, depuis 25 ans jusqu'à 35; l'autre, depuis	25	jusqu'à	35	sera calculée par	$17\frac{45}{100}$	fois son montant, ou pour 1,000 liv. de rente	17,450 l.
	35	. . . .	45		$17\frac{24}{100}$		17,240
	45	. . . .	55		$17\frac{9}{100}$		17,090
	55	. . . .	65		17		17,000
	65	. . . .	75		$16\frac{95}{100}$		16,950
	75	. . . .	85		$16\frac{94}{100}$		16,940
	85	. . . .	95		$16\frac{94}{100}$		16,940
Idem, depuis 25 ans jusqu'à 35; l'autre, dep. 25 ans jusq. 35; l'autre, dep. 35 ans jusq. 45; l'autre, dep.	35	jusqu'à	45	sera calculée par	$17\frac{1}{100}$	*Idem*	17,010
	45	. . . .	55		$16\frac{81}{100}$		16,810
	55	. . . .	65		$16\frac{70}{100}$		16,700
	65	. . . .	75		$16\frac{64}{100}$		16,640
	75	. . . .	85		$16\frac{62}{100}$		16,620
	85	. . . .	95		$16\frac{62}{100}$		16,620
Idem, depuis 25 ans jusqu'à 35; l'autre, dep. 25 ans jusqu. 35; l'autre, dep. 45 ans jusqu'à 55; l'autre, dep.	45	jusqu'à	55	sera calculée par	$16\frac{59}{100}$	*Idem*	16,590
	55	. . . .	65		$16\frac{44}{100}$		16,440
	65	. . . .	75		$16\frac{37}{100}$		16,370
	75	. . . .	85		$16\frac{34}{100}$		16,340
	85	. . . .	95		$16\frac{34}{100}$		16,340
Idem, depuis 25 ans jusqu'à 35; l'autre, dep. 25 ans jusq. 35; l'autre, dep. 55 ans jusq. 65; l'autre, dep.	55	jusqu'à	65	sera calculée par	$16\frac{26}{100}$	*Idem*	16,260
	65	. . . .	75		$16\frac{16}{100}$		16,160
	75	. . . .	85		$16\frac{13}{100}$		16,130
	85	. . . .	95		$16\frac{12}{100}$		16,120
Idem, depuis 25 ans jusqu'à 35; l'autre, dep. 25 ans jusqu. 35; l'autre, dep. 65 ans jusq. 75; l'autre, dep.	65	jusqu'à	75	sera calculée par	$16\frac{3}{100}$	*Idem*	16,030
	75	. . . .	85		$15\frac{99}{100}$		15,990
	85	. . . .	95		$15\frac{98}{100}$		15,980
Idem, depuis 25 ans jusqu'à 35; l'autre, dep. 25 ans jusq. 35; l'autre, dep. 75 ans jusq. 85; l'autre, dep.	75	jusqu'à	85	sera calculée par	$15\frac{98}{100}$	*Idem*	15,980
	85	. . . .	95		$15\frac{92}{100}$		15,920
Idem, depuis 25 ans jusqu'à 35; l'autre, dep. 25 ans jusqu. 35; l'autre, dep. 85 ans jusqu. 95; l'autre, dep.	85	jusqu'à	95	sera calculée par	$15\frac{90}{100}$	*Idem*	15,900
Idem, depuis 25 ans jusqu'à 35; l'autre, dep. 35 ans jusq. 45; l'autre, dep. 35 ans jusq. 45; l'autre, dep.	35	jusqu'à	45	sera calculée par	$16\frac{71}{100}$	*Idem*	16,710
	45	. . . .	55		$16\frac{48}{100}$		16,480
	65	. . . .	56		$16\frac{35}{100}$		16,350
	65	. . . .	75		$16\frac{26}{100}$		16,260
	75	. . . .	85		$16\frac{25}{100}$		16,250
	85	. . . .	95		$16\frac{24}{100}$		16,240
Idem, depuis 25 ans jusqu'à 35; l'autre, dep. 35 ans jusq. 45; l'autre, dep. 45 ans jusq. 55; l'autre, dep.	45	jusqu'à	55	sera calculée par	$16\frac{21}{100}$	*Idem*	16,210
	55	. . . .	65		$16\frac{2}{100}$		16,020
	65	. . . .	75		$15\frac{93}{100}$		15,930
	75	. . . .	85		$15\frac{90}{100}$		15,900
	85	. . . .	95		$15\frac{90}{100}$		15,920
Idem, depuis 25 ans jusqu'à 35; l'autre, dep. 35 ans jusq. 45; l'autre, dep. 55 ans jusqu. 65; l'autre, dep.	55	jusqu'à	65	sera calculée par	$15\frac{80}{100}$	*Idem*	15,800
	65	. . . .	75		$15\frac{67}{100}$		15,670
	75	. . . .	85		$15\frac{63}{100}$		15,630
	85	. . . .	95		$15\frac{62}{100}$		15,620
Idem, depuis 25 ans jusqu'à 35; l'autre, dep. 35 ans jusq. 45; l'autre, dep. 65 ans jusq. 75; l'autre, dep.	65	jusqu'à	75	sera calculée par	$15\frac{51}{100}$	*Idem*	15,510
	75	. . . .	85		$15\frac{46}{100}$		15,460
	85	. . . .	95		$15\frac{45}{100}$		15,450
Idem, depuis 25 ans jusqu'à 35; l'autre, dep. 35 ans jusq. 45; l'autre, dep. 75 ans jusqu'à 85; l'autre, dep.	75	jusqu'à	85	sera calculée par	$15\frac{41}{100}$	*Idem*	15,410
	85	. . . .	95		$15\frac{37}{100}$		15,370
Idem, depuis 25 ans jusqu'à 35; l'autre, dep. 35 ans jusq. 45; l'autre, dep. 85 ans jusq. 95; l'autre, dep.	85	jusqu'à	95	sera calculée par	$15\frac{34}{100}$	*Idem*	15,340
Idem, depuis 25 ans jusqu'à 35; l'autre, dep. 45 ans jusq. 55; l'autre, dep. 45 ans jusq. 55; l'autre, dep.	45	jusqu'à	55	sera calculée par	$15\frac{88}{100}$	*Idem*	15,880
	55	. . . .	65		$15\frac{64}{100}$		15,640
	65	. . . .	75		$15\frac{52}{100}$		15,520
	75	. . . .	85		$15\frac{48}{100}$		15,480
	85	. . . .	95		$15\frac{47}{100}$		15,470
Idem, depuis 25 ans jusqu'à 35; l'autre, dep. 45 ans jusq. 55; l'autre, dep. 55 ans jusq. 65; l'autre, dep.	55	jusqu'à	65	sera calculée par	$15\frac{35}{100}$	*Idem*	15,350
	65	. . . .	75		$15\frac{19}{100}$		15,190
	75	. . . .	85		$15\frac{14}{100}$		15,140
	85	. . . .	95		$15\frac{13}{100}$		15,130

Mais, dans aucun cas, le capital ne pourra excéder la somme qui aura été fournie dans l'emprunt.

	Ans.		Ans.				
Une rente viagère, constituée pour s'éteindre après la mort de quatre personnes, dont une est actuellement âgée depuis 25 ans jusqu'à 35; l'autre, dep. 45 ans jusq. 55; l'autre, dep. 65 jusq. 75; l'autre, dep.	65	jusqu'à	75	sera calculée par	14 $\frac{99}{100}$	fois son montant, ou pour 1,000 liv. de rente	14,990[#]
	75	. . . .	85		14 $\frac{91}{100}$		14,910
	85	. . . .	95		14 $\frac{90}{100}$		14,900
Idem, depuis 25 ans jusqu'à 35; l'autre, dep. 45 ans jusq. 55; l'autre, dep. 75 ans jusq. 85; l'autre, dep.	75	jusqu'à	85	sera calculée par	14 $\frac{80}{100}$	*Idem*	14,800
	85	. . . .	95		14 $\frac{79}{100}$		14,790
Idem, depuis 25 ans jusqu'à 35; l'autre, dep. 45 ans jusq. 55; l'autre, dep. 85 ans jusq. 95; l'autre, dep.	85	jusqu'à	95	sera calculée par	14 $\frac{76}{100}$	*Idem*	14,760
Idem, depuis 25 ans jusqu'à 35; l'autre, dep. 55 ans jusq. 65; l'autre, dep. 55 ans jusq. 65; l'autre, dep.	55	jusqu'à	65	sera calculée par	14 $\frac{99}{100}$	*Idem*	14,990
	65	. . . .	75		14 $\frac{78}{100}$		14,780
	75	. . . .	85		14 $\frac{71}{100}$		14,710
	85	. . . .	95		14 $\frac{69}{100}$		14,690
Idem, depuis 25 ans jusqu'à 35; l'autre, dep. 55 ans jusq. 65; l'autre, dep. 65 ans jusq. 75; l'autre, dep.	65	jusqu'à	75	sera calculée par	14 $\frac{64}{100}$	*Idem*	14,640
	75	. . . .	85		14 $\frac{40}{100}$		14,400
	85	. . . .	95		14 $\frac{38}{100}$		14,380
Idem, depuis 25 ans jusqu'à 35; l'autre, dep. 55 ans jusq. 65; l'autre, dep. 75 ans jusq. 85; l'autre, dep.	75	jusqu'à	85	sera calculée par	14 $\frac{26}{100}$	*Idem*	14,260
	85	. . . .	95		14 $\frac{23}{100}$		14,230
Idem, depuis 25 ans jusqu'à 35; l'autre, dep. 55 ans jusq. 65; l'autre, dep. 85 ans jusq. 95; l'autre, dep.	85	jusqu'à	95	sera calculée par	14 $\frac{19}{100}$	*Idem*	14,190
Idem, depuis 25 ans jusqu'à 35; l'autre, dep. 65 ans jusq. 75; l'autre dep. 65 ans jusq. 75; l'autre dep.	65	jusqu'à	75	sera calculée par	14 $\frac{15}{100}$	*Idem*	14,150
	75	. . . .	85		14		14,000
	85	. . . .	95		13 $\frac{96}{100}$		13,960
Idem, depuis 25 ans jusqu'à 35; l'autre, dep. 65 ans jusq. 75; l'autre, dep. 75 ans jusq. 85; l'autre, dep.	75	jusqu'à	85	sera calculée par	13 $\frac{80}{100}$	*Idem*	13,800
	85	. . . .	95		13 $\frac{74}{100}$		13,740
Idem, depuis 25 ans jusqu'à 35; l'autre, dep. 65 ans jusq. 75; l'autre, dep. 85 ans jusq. 95; l'autre, dep.	85	jusqu'à	95	sera calculée par	13 $\frac{68}{100}$	*Idem*	13,680
Idem, depuis 25 ans jusqu'à 35; l'autre, dep. 75 ans jusq. 85; l'autre, dep. 75 ans jusq. 85; l'autre, dep.	75	jusqu'à	85	sera calculée par	13 $\frac{53}{100}$	*Idem*	13,530
	85	. . . .	95		13 $\frac{45}{100}$		13,450
Idem, depuis 25 ans jusqu'à 35; l'autre, dep. 75 ans jusq. 85; l'autre, dep. 85 ans jusq. 95; l'autre, dep.	85	jusqu'à	95	sera calculée par	13 $\frac{34}{100}$	*Idem*	13,340
Idem, depuis 25 ans jusqu'à 35; l'autre, dep. 85 ans jusq. 95; l'autre, dep. 85 ans jusq. 95; l'autre, dep.	85	jusqu'à	95	sera calculée par	13 $\frac{20}{100}$	*Idem*	13,200
Idem, depuis 35 ans jusqu'à 45; l'autre, dep. 35 ans jusq. 45; l'autre, dep. 35 ans jusq. 45; l'autre, dep.	35	jusqu'à	45	sera calculée par	16 $\frac{37}{100}$	*Idem*	16,370
	45	. . . .	55		16 $\frac{9}{100}$		16,090
	55	. . . .	65		15 $\frac{91}{100}$		15,910
	65	. . . .	75		15 $\frac{82}{100}$		15,820
	75	. . . .	85		15 $\frac{79}{100}$		15,790
	85	. . . .	95		15 $\frac{78}{100}$		15,780
Idem, depuis 35 ans jusqu'à 45; l'autre, dep. 35 ans jusq. 45; l'autre, dep. 45 ans jusq. 55; l'autre, dep.	45	jusqu'à	55	sera calculée par	15 $\frac{81}{100}$	*Idem*	15,810
	55	. . . .	65		15 $\frac{52}{100}$		15,520
	65	. . . .	75		15 $\frac{40}{100}$		15,400
	75	. . . .	85		15 $\frac{37}{100}$		15,370
	85	. . . .	95		15 $\frac{36}{100}$		15,360
Idem, depuis 35 ans jusqu'à 45; l'autre, dep. 35 ans jusq. 45; l'autre, dep. 55 ans jusq. 65; l'autre, dep.	55	jusqu'à	65	sera calculée par	15 $\frac{24}{100}$	*Idem*	15,240
	65	. . . .	75		15 $\frac{8}{100}$		15,080
	75	. . . .	85		15 $\frac{3}{100}$		15,030
	85	. . . .	95		15 $\frac{2}{100}$		15,020

Mais, dans aucun cas, le capital ne pourra excéder la somme qui aura été fournie dans l'emprunt.

Une rente viagère constituée pour s'éteindre après la mort de quatre personnes, dont une actuellement âgée depuis 35 ans jusqu'à 45, l'autre depuis 35 ans jusqu'à 45, l'autre depuis 65 ans jusqu'à 75, l'autre depuis. .	65 ans jusqu'à 75 ans	sera calculée par	14 $\frac{88}{100}$	fois son montant, ou pour 1,000 liv. de rente	14,880 #
	75 . . . . . . 85 . .		14 $\frac{81}{100}$		14,810
	85 . . . . . . 95 . .		14 $\frac{80}{100}$		14,800
Idem, depuis 35 ans jusqu'à 45, l'autre depuis 35 ans jusqu'à 45, l'autre depuis 75 ans jusqu'à 85, l'autre depuis	75 ans jusqu'à 85 ans	sera calculée par	14 $\frac{72}{100}$	. . . . . . *Idem*.	14,720
	85 . . . . . . 95 . .		14 $\frac{70}{100}$		14,700
Idem, depuis 35 ans jusqu'à 45, l'autre depuis 35 ans jusqu'à 45, l'autre depuis 85 ans jusqu'à 95, l'autre depuis	85 ans jusqu'à 95 ans	sera calculée par	14 $\frac{67}{100}$	. . . . . . *Idem*.	14,670
Idem, depuis 35 ans jusqu'à 45, l'autre depuis 45 ans jusqu'à 55, l'autre depuis 45 ans jusqu'à 55, l'autre depuis	45 ans jusqu'à 55 ans	sera calculée par	15 $\frac{34}{100}$	. . . . . . *Idem*.	15,340
	55 . . . . . . 65 . .		15 $\frac{5}{100}$		15,050
	65 . . . . . . 75 . .		14 $\frac{97}{100}$		14,970
	75 . . . . . . 85 . .		14 $\frac{85}{100}$		14,850
	85 . . . . . . 95 . .		14 $\frac{84}{100}$		14,840
Idem, depuis 35 ans jusqu'à 45, l'autre depuis 45 ans jusqu'à 55, l'autre depuis 55 ans jusqu'à 65, l'autre depuis	55 ans jusqu'à 65 ans	sera calculée par	14 $\frac{69}{100}$	. . . . . . *Idem*.	14,690
	65 . . . . . . 75 . .		14 $\frac{49}{100}$		14,490
	75 . . . . . . 85 . .		14 $\frac{42}{100}$		14,420
	85 . . . . . . 95 . .		14 $\frac{41}{100}$		14,410
Idem, depuis 35 ans jusqu'à 45, l'autre depuis 45 ans jusqu'à 55, l'autre depuis 65 ans jusqu'à 75, l'autre depuis	65 ans jusqu'à 75 ans	sera calculée par	14 $\frac{23}{100}$	. . . . . . *Idem*.	14,230
	75 . . . . . . 85 . .		14 $\frac{13}{100}$		14,130
	85 . . . . . . 95 . .		14 $\frac{12}{100}$		14,120
Idem, depuis 35 ans jusqu'à 45, l'autre depuis 45 ans jusqu'à 55, l'autre depuis 75 ans jusqu'à 85, l'autre depuis	75 ans jusqu'à 85 ans	sera calculée par	14 $\frac{1}{100}$	. . . . . . *Idem*.	14,010
	85 . . . . . . 95 . .		13 $\frac{98}{100}$		13,980
Idem, depuis 35 ans jusqu'à 45, l'autre depuis 45 ans jusqu'à 55, l'autre depuis 85 ans jusqu'à 95, l'autre depuis	85 ans jusqu'à 95 ans	sera calculée par	13 $\frac{94}{100}$	. . . . . . *Idem*.	13,940
Idem, depuis 35 ans jusqu'à 45, l'autre depuis 55 ans jusqu'à 65, l'autre depuis 55 ans jusqu'à 65, l'autre depuis	55 ans jusqu'à 65 ans	sera calculée par	14 $\frac{24}{100}$	. . . . . . *Idem*.	14,240
	65 . . . . . . 75 . .		13 $\frac{97}{100}$		13,970
	75 . . . . . . 85 . .		13 $\frac{88}{100}$		13,880
	85 . . . . . . 95 . .		13 $\frac{86}{100}$		13,860
Idem, depuis 35 ans jusqu'à 45, l'autre depuis 55 ans jusqu'à 65, l'autre depuis 65 ans jusqu'à 75, l'autre depuis	65 ans jusqu'à 75 ans	sera calculée par	13 $\frac{67}{100}$	. . . . . . *Idem*.	13,670
	75 . . . . . . 85 . .		13 $\frac{50}{100}$		13,500
	85 . . . . . . 95 . .		13 $\frac{47}{100}$		13,470
Idem, depuis 35 ans jusqu'à 45, l'autre depuis 55 ans jusqu'à 65, l'autre depuis 75 ans jusqu'à 85, l'autre depuis	75 ans jusqu'à 85 ans	sera calculée par	13 $\frac{33}{100}$	. . . . . . *Idem*.	13,330
	85 . . . . . . 95 . .		13 $\frac{28}{100}$		13,280
Idem, depuis 35 ans jusqu'à 45, l'autre depuis 55 ans jusqu'à 65, l'autre depuis 85 ans jusqu'à 95, l'autre depuis	85 ans jusqu'à 95 ans	sera calculée par	13 $\frac{23}{100}$	. . . . . . *Idem*.	13,230
Idem, depuis 35 ans jusqu'à 45, l'autre depuis 65 ans jusqu'à 75, l'autre depuis 65 ans jusqu'à 75, l'autre depuis	65 ans jusqu'à 75 ans	sera calculée par	13 $\frac{19}{100}$	. . . . . . *Idem*.	13,190
	75 . . . . . . 85 . .		12 $\frac{99}{100}$		12,990
	85 . . . . . . 95 . .		12 $\frac{95}{100}$		12,950
Idem, depuis 35 ans jusqu'à 45, l'autre depuis 65 ans jusqu'à 75, l'autre depuis 75 ans jusqu'à 85, l'autre depuis	75 ans jusqu'à 85 ans	sera calculée par	12 $\frac{74}{100}$	. . . . . . *Idem*.	12,740
	85 . . . . . . 95 . .		12 $\frac{67}{100}$		12,670
Idem, depuis 35 ans jusqu'à 45, l'autre depuis 65 ans jusqu'à 75, l'autre depuis 85 ans jusqu'à 95, l'autre depuis	85 ans jusqu'à 95 ans.	sera calculée par	12 $\frac{59}{100}$	. . . . . . *Idem*.	12,590

Mais, dans aucun cas, le capital ne pourra excéder la somme qui aura été fournie dans l'emprunt.

Une rente viagère constituée pour s'éteindre après la mort de quatre personnes, dont une est actuellement âgée depuis 35 ans jusqu'à 45, l'autre depuis 75 ans jusqu'à 85, l'autre depuis 75 ans jusqu'à 85, l'autre depuis.	75 ans jusqu'à 85 ans. 85 . . . . . . 95. .	sera calculée par	12 $\frac{40}{100}$ 12 $\frac{30}{100}$	fois son montant, ou pour 1,000 liv. de rente.	12,400 ″ 12,300
Idem, depuis 35 ans jusqu'à 45, l'autre depuis 75 ans jusqu'à 85, l'autre depuis 85 ans jusqu'à 95, l'autre depuis	85 . . . . . 95. .	sera calculée par	12 $\frac{16}{100}$	. . . . . . *Idem*.	12,160
Idem, depuis 35 ans jusqu'à 45, l'autre depuis 85 ans jusqu'à 95, l'autre depuis 85 ans jusqu'à 95, l'autre depuis	85 . . . . . 95. .	sera calculée par	11 $\frac{99}{100}$	. . . . . *Idem*.	11,990
Idem, depuis 45 ans jusqu'à 55, l'autre depuis 45 ans jusqu'à 55, l'autre depuis 45 ans jusqu'à 55, l'autre depuis	45 . . . . . 55. . 55 . . . . . 65. . 65 . . . . . 75. . 75 . . . . . 85. . 85 . . . . . 95. .	sera calculée par	14 $\frac{84}{100}$ 14 $\frac{47}{100}$ 14 $\frac{27}{100}$ 14 $\frac{21}{100}$ 14 $\frac{20}{100}$	. . . . . *Idem*.	14,840 14,470 14,270 14,210 14,200
Idem, depuis 45 ans jusqu'à 55, l'autre depuis 45 ans jusqu'à 55, l'autre depuis 55 ans jusqu'à 65, l'autre depuis	55 . . . . . 65. . 65 . . . . . 75. . 75 . . . . . 85. . 85 . . . . . 95. .	sera calculée par	14 $\frac{2}{100}$ 13 $\frac{75}{100}$ 13 $\frac{66}{100}$ 13 $\frac{64}{100}$	. . . . . *Idem*.	14,020 13,750 13,660 13,640
Idem, depuis 45 ans jusqu'à 5, l'autre depuis 45 ans jusqu'à 55, l'autre depuis 65 ans jusqu'à 75, l'autre depuis	65 . . . . . 75. . 75 . . . . . 85. . 85 . . . . . 95. .	sera calculée par	13 $\frac{42}{100}$ 13 $\frac{29}{100}$ 13 $\frac{26}{100}$	. . . . . *Idem*.	13,420 13,290 13,260
Idem, depuis 45 ans jusqu'à 55. l'autre depuis 45 ans jusqu'à 55, l'autre depuis 75 ans jusqu'à 85, l'autre depuis	75 . . . . . 85. . 85 . . . . . 95. .	sera calculée par	13 $\frac{12}{100}$ 13 $\frac{8}{100}$	. . . . . *Idem*.	13,120 13,080
Idem, depuis 45 ans jusqu'à 55, l'autre depuis 45 ans jusqu'à 55, l'autre depuis 85 ans jusqu'à 95, l'autre depuis	85 . . . . . 95. .	sera calculée par	13 $\frac{3}{100}$	. . . . . *Idem*.	13,030
Idem, depuis 45 ans jusqu'à 55, l'autre depuis 55 ans jusqu'à 65, l'autre depuis 55 ans jusqu'à 65, l'autre depuis	55 . . . . . 65. . 65 . . . . . 75. . 75 . . . . . 85. . 85 . . . . . 95. .	sera calculée par	13 $\frac{44}{100}$ 13 $\frac{7}{100}$ 12 $\frac{99}{100}$ 12 $\frac{95}{100}$	. . . . . *Idem*.	13,440 13,070 12,990 12,950
Idem, depuis 45 ans jusqu'à 55, l'autre depuis 55 ans jusqu'à 65, l'autre depuis 65 ans jusqu'à 75, l'autre depuis	65 . . . . . 75. . 75 . . . . . 85. . 85 . . . . . 95. .	sera calculée par	12 $\frac{65}{100}$ 12 $\frac{47}{100}$ 12 $\frac{43}{100}$	. . . . . *Idem*.	12,650 12,470 12,430
Idem, depuis 45 ans jusqu'à 55, l'autre depuis 55 ans jusqu'à 65, l'autre depuis 75 ans jusqu'à 85, l'autre depuis	75 . . . . . 85. . 85 . . . . . 95. .	sera calculée par	12 $\frac{24}{100}$ 12 $\frac{19}{100}$	. . . . . *Idem*.	12,240 12,190
Idem, depuis 45 ans jusqu'à 55, l'autre depuis 55 ans jusqu'à 65, l'autre depuis 85 ans jusqu'à 95, l'autre depuis	85 . . . . . 95. .	sera calculée par	12 $\frac{11}{100}$	. . . . . *Idem*.	12,110
Idem, depuis 45 ans jusqu'à 55, l'autre depuis 65 ans jusqu'à 75, l'autre depuis 65 ans jusqu'à 75, l'autre depuis	65 . . . . . 75. . 75 . . . . . 85. . 85 . . . . . 95. .	sera calculée par	12 $\frac{7}{100}$ 11 $\frac{81}{100}$ 11 $\frac{75}{100}$	. . . . . *Idem*.	12,070 11,810 11,750
Idem, depuis 45 ans jusqu'à 55, l'autre depuis 65 ans jusqu'à 75, l'autre depuis 75 ans jusqu'à 85, l'autre depuis	75 . . . . . 85. . 85 . . . . . 95. .	sera calculée par	11 $\frac{48}{100}$ 11 $\frac{38}{100}$	. . . . . *Idem*.	11,480 11,380
Idem, depuis 45 ans jusqu'à 55, l'autre depuis 65 ans jusqu'à 75, l'autre depuis 85 ans jusqu'à 95, l'autre depuis	85 . . . . . 95. .	sera calculée par	11 $\frac{27}{100}$	. . . . . *Idem*.	11,270

Mais, dans aucun cas, le capital ne pourra excéder la somme qui aura été fournie dans l'emprunt.

Une rente viagère constituée pour s'éteindre après la mort de quatre personnes, dont une est actuellement âgée depuis 45 ans jusqu'à 55; l'autre, depuis 75 jusqu'à 85 ans; l'autre, depuis 75 jusqu'à 85 ans; l'autre, depuis.	75 ans jusqu'à 85 ans. 85 . . . . . 95 . .	sera calculée par	11 $\frac{3}{100}$ 10 $\frac{89}{100}$	fois son montant, ou pour 1,000 liv. de rente.	11,030 ᵗᵗ 10,890
Idem, depuis 45 jusqu'à 55 ans; l'autre, depuis 75 jusqu'à 85 ans; l'autre, depuis 85 jusqu'à 95 ans; l'autre, depuis	85 . . . . . 95 . .	sera calculée par	10 $\frac{71}{100}$	. . . . . *Idem*	10,710
Idem, depuis 45 jusqu'à 55 ans; l'autre, depuis 85 jusqu'à 95 ans; l'autre, depuis 85 jusqu'à 95 ans; l'autre, depuis	85 . . . . . 95 . .	sera calculée par	10 $\frac{48}{100}$	. . . . . *Idem*	10,480
Idem, depuis 55 ans jusqu'à 65 ans; l'autre, depuis 55 jusqu'à 65 ans; l'autre, depuis 55 jusqu'à 65 ans; l'autre, depuis	55 . . . . . 65 . . 65 . . . . . 75 . . 75 . . . . . 85 . . 85 . . . . . 95 . .	sera calculée par	12 $\frac{72}{100}$ 12 $\frac{26}{100}$ 12 $\frac{9}{100}$ 12 $\frac{6}{100}$	. . . . . *Idem*	12,720 12,260 12,090 12,060
Idem, depuis 55 jusqu'à 65 ans; l'autre, depuis 65 jusqu'à 75 ans; l'autre, depuis 65 jusqu'à 75 ans; l'autre, depuis	65 . . . . . 75 . . 75 . . . . . 85 . . 85 . . . . . 95 . .	sera calculée par	11 $\frac{74}{100}$ 11 $\frac{42}{100}$ 11 $\frac{37}{100}$	. . . . . *Idem*	11,740 11,420 11,370
Idem, depuis 55 jusqu'à 65 ans; l'autre, depuis 55 jusqu'à 65 ans; l'autre, depuis 75 jusqu'à 85; l'autre, depuis	75 . . . . . 85 . . 85 . . . . . 95 . .	sera calculée par	11 $\frac{10}{100}$ 11 $\frac{3}{100}$	. . . . . *Idem*	11,100 11,030
Idem, depuis 55 jusqu'à 65 ans; l'autre, depuis 55 jusqu'à 65 ans; l'autre, depuis 85 jusqu'à 95 ans; l'autre, depuis	85 . . . . . 95 . .	sera calculée par	10 $\frac{93}{100}$	. . . . . *Idem*	10,930
Idem, depuis 55 jusqu'à 65 ans; l'autre, depuis 65 jusqu'à 75 ans; l'autre, depuis 65 jusqu'à 75 ans; l'autre, depuis	65 . . . . . 75 . . 75 . . . . . 85 . . 85 . . . . . 95 . .	sera calculée par	10 $\frac{88}{100}$ 10 $\frac{52}{100}$ 10 $\frac{44}{100}$	. . . . . *Idem*	10,880 10,520 10,440
Idem, depuis 55 jusqu'à 65 ans; l'autre, depuis 65 jusqu'à 75 ans; l'autre, depuis 75 jusqu'à 85 ans; l'autre, depuis	75 . . . . . 85 . . 85 . . . . . 95 . .	sera calculée par	10 $\frac{6}{100}$ 9 $\frac{94}{100}$	. . . . . *Idem*	10,060 9,940
Idem, depuis 55 jusqu'à 65 ans; l'autre, depuis 65 jusqu'à 75 ans; l'autre, depuis 85 jusqu'à 95 ans; l'autre, depuis	85 . . . . . 95 . .	sera calculée par	9 $\frac{82}{100}$	. . . . . *Idem*	9,820
Idem, depuis 55 jusqu'à 65 ans; l'autre, depuis 75 jusqu'à 85 ans; l'autre, depuis 75 jusqu'à 85 ans; l'autre, depuis	75 . . . . . 85 . . 85 . . . . . 95 . .	sera calculée par	9 $\frac{45}{100}$ 9 $\frac{25}{100}$	. . . . . *Idem*	9,450 9,250
Idem, depuis 55 jusqu'à 65 ans; l'autre, depuis 75 jusqu'à 85 ans; l'autre, depuis 85 jusqu'à 95 ans; l'autre, depuis	85 . . . . . 95 . .	sera calculée par	9 $\frac{1}{100}$	. . . . . *Idem*	9,010
Idem, depuis 55 jusqu'à 65 ans; l'autre, depuis 85 jusqu'à 95 ans; l'autre, depuis 85 jusqu'à 95 ans; l'autre, depuis	85 . . . . . 95 . .	sera calculée par	8 $\frac{68}{100}$	. . . . . *Idem*	8,680
Idem, depuis 65 jusqu'à 75 ans; l'autre, depuis 65 jusqu'à 75 ans; l'autre, depuis 65 jusqu'à 75 ans; l'autre, depuis	65 . . . . . 75 . . 75 . . . . . 85 . . 85 . . . . . 95 . .	sera calculée par	9 $\frac{84}{100}$ 9 $\frac{32}{100}$ 9 $\frac{19}{100}$	. . . . . *Idem*	9,840 9,320 9,190
Idem, depuis 65 jusqu'à 75 ans; l'autre, depuis 65 jusqu'à 75 ans; l'autre, depuis 75 jusqu'à 85 ans; l'autre, depuis	75 . . . . . 85 . . 85 . . . . . 95 . .	sera calculée par	8 $\frac{64}{100}$ 8 $\frac{44}{100}$	. . . . . *Idem*	8,640 8,440

Mais, dans aucun cas, le capital ne pourra excéder la somme qui aura été fournie dans l'emprunt.

Une rente viagère constituée pour s'éteindre après la mort de quatre personnes, dont une est actuellement âgée depuis 65 jusqu'à 75 ans; l'autre, depuis 65 jusqu'à 75 ans; l'autre, depuis 85 jusqu'à 95 ans; l'autre, depuis. .	85 ans jusqu'à 95 ans.	sera calculée par	8 $\frac{19}{100}$	fois son montant, ou pour 1,000 liv. de rente.	8,190 ₶
Idem, depuis 65 jusqu'à 75 ans; l'autre, depuis 75 jusqu'à 85 ans; l'autre, depuis 75 jusqu'à 85 ans; l'autre, depuis	75 . . . . . 85 . . 85 . . . . . 95 . .	sera calculée par	7 $\frac{72}{100}$ 7 $\frac{40}{100}$	. . . . . . *Idem*	7,720 7,400
Idem, depuis 65 jusqu'à 75 ans; l'autre, depuis 75 jusqu'à 85 ans; l'autre, depuis 85 jusqu'à 95 ans; l'autre, depuis	85 . . . . . 95 . .	sera calculée par	7 $\frac{1}{100}$	. . . . . . *Idem*	7,010
Idem, depuis 65 jusqu'à 75 ans; l'autre, depuis 85 jusqu'à 95 ans; l'autre, depuis 85 jusqu'à 95 ans; l'autre, depuis	85 . . . . . 95 . .	sera calculée par	6 $\frac{50}{100}$	. . . . . . *Idem*	6,500
Idem, depuis 75 jusqu'à 85 ans; l'autre, depuis 75 jusqu'à 85 ans; l'autre, depuis 75 jusqu'à 85 ans; l'autre, depuis	75 . . . . . 85 . . 85 . . . . . 95 . .	sera calculée par	6 $\frac{44}{100}$ 5 $\frac{94}{100}$	. . . . . . *Idem*	6,440 5,940
Idem, depuis 75 jusqu'à 85 ans; l'autre, depuis 75 jusqu'à 85 ans; l'autre, depuis 85 jusqu'à 95 ans; l'autre, depuis	85 . . . . . 95 . .	sera calculée par	5 $\frac{29}{100}$	. . . . . . *Idem*	5,290
Idem, depuis 75 jusqu'à 85 ans; l'autre, depuis 85 jusqu'à 95 ans; l'autre, depuis 85 jusqu'à 95 ans; l'autre, depuis	85 . . . . . 95 . .	sera calculée par	4 $\frac{44}{100}$	. . . . . . *Idem*	4,440
Idem, depuis 85 jusqu'à 95 ans; l'autre, depuis 85 jusqu'à 95 ans; l'autre, depuis 85 jusqu'à 95 ans; l'autre, depuis	85 . . . . . 95 . .	sera calculée par	3 $\frac{30}{100}$	. . . . . . *Idem*	3,300

Mais, dans aucun cas, le capital ne pourra excéder la somme qui aura été fournie dans l'emprunt.

N

N°. 5.

TABLE pour régler le taux de l'intérêt qui sera accordé sur le capital provenant de la liquidation, qu'on voudra conserver en rente viagère.

Une personne âgée de	pourra conserver une rente viagère calculée à raison de	Pour cent du capital liquidé, ou pour 10,000 liv.	
1 an,	$8\frac{6493}{10000}$	864^{tt} $\frac{93}{100}$	de rente viagère.
2 ans.	$7\frac{4576}{10000}$	745 $\frac{76}{100}$	
3	$7\frac{746}{10000}$	707 $\frac{46}{100}$	
4	$6\frac{8432}{10000}$	684 $\frac{32}{100}$	
5	$6\frac{7441}{10000}$	674 $\frac{41}{100}$	
6	$6\frac{6487}{10000}$	664 $\frac{87}{100}$	
7	$6\frac{5937}{10000}$	659 $\frac{37}{100}$	
8	$6\frac{5617}{10000}$	656 $\frac{17}{100}$	
9	$6\frac{5746}{10000}$	657 $\frac{46}{100}$	
10	$6\frac{6055}{10000}$	660 $\frac{55}{100}$	
11	$6\frac{6475}{10000}$	664 $\frac{75}{100}$	
12	$6\frac{6948}{10000}$	669 $\frac{48}{100}$	
13	$6\frac{7449}{10000}$	674 $\frac{49}{100}$	
14	$6\frac{7981}{10000}$	679 $\frac{81}{100}$	
15	$6\frac{8532}{10000}$	685 $\frac{32}{100}$	
16	$6\frac{9136}{10000}$	691 $\frac{36}{100}$	
17	$6\frac{9764}{10000}$	697 $\frac{64}{100}$	
18	$7\frac{318}{10000}$	703 $\frac{18}{100}$	
19	$7\frac{822}{10000}$	708 $\frac{22}{100}$	
20	$7\frac{1394}{10000}$	713 $\frac{94}{100}$	
21	$7\frac{1855}{10000}$	718 $\frac{55}{100}$	
22	$7\frac{2297}{10000}$	722 $\frac{97}{100}$	
23	$7\frac{2748}{10000}$	727 $\frac{48}{100}$	
24	$7\frac{3217}{10000}$	732 $\frac{17}{100}$	
25	$7\frac{3708}{10000}$	737 $\frac{8}{100}$	
26	$7\frac{4221}{10000}$	742 $\frac{21}{100}$	
27	$7\frac{4755}{10000}$	747 $\frac{55}{100}$	
28	$7\frac{5325}{10000}$	753 $\frac{25}{100}$	
29	$7\frac{5890}{10000}$	758 $\frac{90}{100}$	
30	$7\frac{6498}{10000}$	764 $\frac{98}{100}$	
31	$7\frac{7131}{10000}$	771 $\frac{31}{100}$	
32	$7\frac{7797}{10000}$	777 $\frac{97}{100}$	
33	$7\frac{8493}{10000}$	784 $\frac{93}{100}$	
34	$7\frac{9220}{10000}$	792 $\frac{20}{100}$	
35	$7\frac{9957}{10000}$	799 $\frac{57}{100}$	
36	$8\frac{795}{10000}$	807 $\frac{95}{100}$	
37	$8\frac{1639}{10000}$	816 $\frac{39}{100}$	
38	$8\frac{2555}{10000}$	825 $\frac{55}{100}$	
39	$8\frac{3479}{10000}$	834 $\frac{79}{100}$	
40	$8\frac{4481}{10000}$	844 $\frac{81}{100}$	
41	$8\frac{5507}{10000}$	855 $\frac{7}{100}$	
42	$8\frac{6573}{10000}$	865 $\frac{73}{100}$	
43	$8\frac{7666}{10000}$	876 $\frac{66}{100}$	
44	$8\frac{8826}{10000}$	888 $\frac{26}{100}$	
45	$9\frac{50}{10000}$	900 $\frac{50}{100}$	
46	$9\frac{1349}{10000}$	913 $\frac{49}{100}$	
47	$9\frac{2730}{10000}$	927 $\frac{30}{100}$	
48	$9\frac{4197}{10000}$	941 $\frac{97}{100}$	
49	$9\frac{5758}{10000}$	957 $\frac{58}{100}$	
50	$9\frac{7380}{10000}$	973 $\frac{80}{100}$	
51	$9\frac{9059}{10000}$	990 $\frac{59}{100}$	
52	$10\frac{716}{10000}$	1007 $\frac{16}{100}$	
53	$10\frac{2585}{10000}$	1025 $\frac{85}{100}$	
54	$10\frac{4526}{10000}$	1045 $\frac{26}{100}$	
55	$10\frac{6557}{10000}$	1065 $\frac{57}{100}$	
56	$10\frac{8778}{10000}$	1087 $\frac{78}{100}$	
57	$11\frac{1127}{10000}$	1,111 $\frac{27}{100}$	
58	$11\frac{3643}{10000}$	1,136 $\frac{43}{100}$	
59	$11\frac{6295}{10000}$	1,162 $\frac{95}{100}$	
60	$11\frac{9162}{10000}$	1,191 $\frac{62}{100}$	
61	$12\frac{2235}{10000}$	1,222 $\frac{35}{100}$	
62	$12\frac{5534}{10000}$	1,255 $\frac{54}{100}$	
63	$12\frac{9164}{10000}$	1,291 $\frac{64}{100}$	
64	$13\frac{3033}{10000}$	1,330 $\frac{33}{100}$	
65	$13\frac{7431}{10000}$	1,374 $\frac{31}{100}$	

Une personne âgée de 66 ans, pourra conserver une rente viagère calculée à raison de . . . . 14 $\frac{[illegible]}{10000}$ Pour cent du capital liquidé, ou pour 10,000 liv. . . . . 1,421 $\frac{47}{100}$ de rente viagère.

Âge	Pour cent	Pour 10,000 liv.
67	14 $\frac{[illegible]}{10000}$	1,473 $\frac{41}{100}$
68	15 $\frac{[illegible]}{10000}$	1,529 $\frac{93}{100}$
69	15 $\frac{[illegible]}{10000}$	1,592 $\frac{10}{100}$
70	16 $\frac{[illegible]}{10000}$	1,660 $\frac{10}{100}$
71	17 $\frac{[illegible]}{10000}$	1,734 $\frac{93}{100}$
72	18 $\frac{[illegible]}{10000}$	1,816 $\frac{14}{100}$
73	19 $\frac{[illegible]}{10000}$	1,906 $\frac{52}{100}$
74	20 $\frac{[illegible]}{10000}$	2,004 $\frac{1}{100}$
75	21 $\frac{[illegible]}{10000}$	2,107 $\frac{93}{100}$
76	22 $\frac{[illegible]}{10000}$	2,216 $\frac{80}{100}$
77	23 $\frac{[illegible]}{10000}$	2,338 $\frac{9}{100}$
78	24 $\frac{[illegible]}{10000}$	2,478 $\frac{32}{100}$
79	26 $\frac{[illegible]}{10000}$	2,648 $\frac{37}{100}$
80	28 $\frac{[illegible]}{10000}$	2,844 $\frac{93}{100}$
81	30 $\frac{[illegible]}{10000}$	3,064 $\frac{67}{100}$
82	33 $\frac{[illegible]}{10000}$	3,311 $\frac{26}{100}$
83	35 $\frac{[illegible]}{10000}$	3,575 $\frac{56}{100}$
84	38 $\frac{[illegible]}{10000}$	3,806 $\frac{63}{100}$
85	40 $\frac{[illegible]}{10000}$	4,046 $\frac{95}{100}$
86	42 $\frac{[illegible]}{10000}$	4,295 $\frac{55}{100}$
87	45 $\frac{[illegible]}{10000}$	4,559 $\frac{96}{100}$
88	48 $\frac{[illegible]}{10000}$	4,807 $\frac{69}{100}$
89	51 $\frac{[illegible]}{10000}$	5,197 $\frac{57}{100}$
90	58 $\frac{[illegible]}{10000}$	5,803 $\frac{83}{100}$

N°. 6.

TABLE pour régler la répartition, entre le propriétaire jouissant et le propriétaire expectant, du capital provenant des rentes viagères constituées sur une tête.

Si la rente viagère est constituée pour s'éteindre après la mort du propriétaire expectant, le jouissant qui est actuellement âgé

Depuis 2 ans 6 mois jusqu'à 7 ans 6 mois, aura droit à . . . (Pour cent du capital liquidé, si son co-associé expectant est âgé depuis . . . . . . lequel aura droit à — Pour cent du capital liquidé.)

Jouissant (pour cent du capital liquidé)	Expectant âgé depuis (ans mois jusqu'à ans mois)	Expectant (pour cent du capital liquidé)
80 $\frac{33}{100}$	2 6 jusqu'à 7 6	19 $\frac{[illegible]}{100}$
81 $\frac{35}{100}$	7 6 . . . . 12 6	18 $\frac{65}{100}$
81 $\frac{94}{100}$	12 6 . . . . 17 6	18 $\frac{6}{100}$
82 $\frac{56}{100}$	17 6 . . . . 22 6	17 $\frac{41}{10}$
83 $\frac{15}{100}$	22 6 . . . . 27 6	16 $\frac{85}{100}$
83 $\frac{84}{100}$	27 6 . . . . 32 6	16 $\frac{16}{100}$
84 $\frac{56}{100}$	32 6 . . . . 37 6	15 $\frac{44}{100}$
85 $\frac{36}{100}$	37 6 . . . . 41 6	14 $\frac{64}{100}$
86 $\frac{19}{100}$	42 6 . . . . 47 6	13 $\frac{81}{100}$
87 $\frac{7}{100}$	47 6 . . . . 52 6	12 $\frac{93}{100}$
88	52 6 . . . . 57 6	12
88 $\frac{97}{100}$	57 6 . . . . 62 6	11 $\frac{3}{100}$
89 $\frac{97}{100}$	62 6 . . . . 67 6	10 $\frac{3}{100}$
90 $\frac{85}{100}$	67 6 . . . . 72 6	9 $\frac{15}{100}$
91 $\frac{95}{100}$	72 6 . . . . 77 6	8 $\frac{5}{100}$
92 $\frac{94}{100}$	77 6 . . . . 82 6	7 $\frac{6}{100}$
93 $\frac{79}{100}$	82 6 . . . . 87 6	6 $\frac{75}{100}$
94 $\frac{95}{100}$	87 6 92	5 $\frac{5}{100}$

Idem, depuis 7 ans 6 mois jusqu'à 12 ans 6 mois, aura droit à . . . . . *Idem* . . . . . . *Idem* . . . . . *Idem* . . .

Jouissant	Expectant âgé depuis	Expectant
83 $\frac{6}{100}$	2 6 jusqu'à 7 6	16 $\frac{94}{100}$
83 $\frac{[illegible]}{100}$	7 6 . . . . 12 6	16 $\frac{14}{100}$
84 $\frac{32}{100}$	12 6 . . . . 17 6	15 $\frac{61}{100}$
85	17 6 . . . . 22 6	15
85 $\frac{73}{100}$	22 6 . . . . 27 6	14 $\frac{30}{100}$
86 $\frac{47}{100}$	27 6 . . . . 32 6	13 $\frac{53}{100}$
87 $\frac{11}{100}$	32 6 . . . . 37 6	12 $\frac{69}{100}$
88 $\frac{23}{100}$	37 6 . . . . 42 6	11 $\frac{79}{100}$
89 $\frac{15}{100}$	42 6 . . . . 47 6	10 $\frac{95}{100}$
90 $\frac{17}{100}$	47 6 . . . . 52 6	9 $\frac{13}{100}$
91 $\frac{24}{100}$	52 6 . . . . 57 6	8 $\frac{76}{100}$
92 $\frac{19}{100}$	57 6 . . . . 62 6	7 $\frac{63}{100}$
93 $\frac{18}{100}$	62 6 . . . . 67 6	6 $\frac{50}{100}$
94 $\frac{64}{100}$	67 6 . . . . 72 6	5 $\frac{46}{100}$
95 $\frac{32}{100}$	72 6 . . . . 77 6	4 $\frac{67}{100}$
96 $\frac{57}{100}$	77 6 . . . . 82 6	3 $\frac{41}{100}$
57 $\frac{29}{100}$	82 6 . . . . 87 6	2 $\frac{72}{100}$
98 $\frac{5}{100}$	87 6 . . . . 92 6	1 $\frac{81}{100}$

Idem, depuis 12 ans 6 mois jusqu'à 17 ans 6 mois, aura droit à . . . . . *Idem* . . . . . . *Idem* . . . . . *Idem* . . .

Jouissant	Expectant âgé depuis	Expectant
80 $\frac{63}{100}$	2 6 jusqu'à 7 6	19 $\frac{15}{100}$
81 $\frac{16}{100}$	7 6 . . . . 12 6	18 $\frac{74}{100}$
81 $\frac{96}{100}$	12 6 . . . . 17 6	18 $\frac{2}{100}$
82 $\frac{73}{100}$	17 6 . . . . 22 6	17 $\frac{29}{100}$
83 $\frac{47}{100}$	22 6 . . . . 27 6	16 $\frac{53}{100}$
84 $\frac{31}{100}$	27 6 . . . . 32 6	15 $\frac{69}{100}$
85 $\frac{23}{100}$	32 6 . . . . 37 6	14 $\frac{71}{100}$
86 $\frac{11}{100}$	37 6 . . . . 42 6	13 $\frac{19}{100}$
87 $\frac{16}{100}$	42 6 . . . . 47 6	12 $\frac{74}{100}$
88 $\frac{3}{100}$	47 6 . . . . 52 6	11 $\frac{61}{100}$
89 $\frac{46}{100}$	52 6 . . . . 57 6	10 $\frac{44}{100}$
90 $\frac{32}{100}$	57 6 . . . . 62 6	9 $\frac{29}{100}$
92 $\frac{15}{100}$	62 6 . . . . 67 6	7 $\frac{13}{100}$
93 $\frac{49}{100}$	67 6 . . . . 72 6	6 $\frac{52}{100}$
94 $\frac{73}{100}$	72 6 . . . . 77 6	5 $\frac{25}{100}$
95 $\frac{93}{100}$	77 6 . . . . 82 6	4 $\frac{7}{100}$
96 $\frac{54}{100}$	82 6 . . . . 87 6	3 $\frac{36}{100}$
97 $\frac{91}{100}$	87 6 . . . . 92 6	2 $\frac{9}{100}$

Si la rente viagère est constituée pour s'éteindre après la mort du propriétaire expectant, le jouissant actuellement âgé

			ans mois jusqu'à ans mois			
depuis 17 ans 6 mois jusqu'à 22 ans 6 mois, aura droit à	77 37/100	Pour cent du capital liquidé, si son co-associé expectant est actuellement âgé depuis	2 6 jusqu'à 7 6	lequel aura droit à	22 9/100	Pour cent du capital liquidé.
	78 64/100		7 6 . . . . 12 6		21 16/100	
	79 41/100		12 6 . . . . 17 6		20 48/100	
	80 19/100		17 6 . . . . 22 6		19 81/100	
	81		22 6 . . . . 27 6		19	
	81 92/100		27 6 . . . . 32 6		18 9/100	
	82 89/100		32 6 . . . . 37 6		17 11/100	
	83 93/100		37 6 . . . . 42 6		16 5/100	
	85 8/100		42 6 . . . . 47 6		14 82/100	
	86 27/100		47 6 . . . . 52 6		13 73/100	
	87 57/100		52 6 . . . . 57 6		12 43/100	
	88 93/100		57 6 . . . . 62 6		11 7/100	
	90 58/100		62 6 . . . . 67 6		9 62/100	
	91 85/100		67 6 . . . . 72 6		8 21/100	
	93 25/100		72 6 . . . . 77 6		6 73/100	
	94 59/100		77 6 . . . . 82 6		5 42/100	
	95 67/100		82 6 . . . . 87 6		4 33/100	
	96 92/100		87 6 . . . . 92 6		3 8/100	
Idem, depuis 22 ans 6 mois jusqu'à 27 ans 6 mois, aura droit à	76 8/100	*Idem*	2 6 jusqu'à 7 6	*Idem*	23 91/100	*Idem*
	76 80/100		7 6 . . . . 12 6		23 20/100	
	77 62/100		12 6 . . . . 17 6		22 38/100	
	78 45/100		17 6 . . . . 22 6		21 55/100	
	79 34/100		22 6 . . . . 27 6		20 66/100	
	80 17/100		27 6 . . . . 32 6		19 68/100	
	81 59/100		32 6 . . . . 37 6		18 62/100	
	82 55/100		37 6 . . . . 42 6		17 41/100	
	83 71/100		42 6 . . . . 47 6		16 87/100	
	85 90/100		47 6 . . . . 52 6		14 90/100	
	86 51/100		52 6 . . . . 57 6		13 49/100	
	87 93/100		57 6 . . . . 62 6		12 2/100	
	89 34/100		62 6 . . . . 67 6		10 46/100	
	91 21/100		67 6 . . . . 72 6		8 87/100	
	92 66/100		72 6 . . . . 77 6		7 34/100	
	94 28/100		77 6 . . . . 82 6		5 89/100	
	95 26/100		82 6 . . . . 87 6		4 74/100	
	96 63/100		87 6 . . . . 92 6		3 37/100	
Idem, depuis 27 ans 6 mois jusqu'à 32 ans 6 mois, aura droit à	73 91/100	*Idem*	2 6 jusqu'à 7 6	*Idem*	26 3/100	*Idem*
	74 68/100		7 6 . . . . 12 6		25 32/100	
	75 35/100		12 6 . . . . 17 6		24 45/100	
	76 44/100		17 6 . . . . 22 6		23 58/100	
	77 59/100		22 6 . . . . 27 6		22 61/100	
	78 43/100		27 6 . . . . 32 6		21 55/100	
	79 61/100		32 6 . . . . 37 6		20 38/100	
	80 90/100		37 6 . . . . 42 6		19 10/100	
	82 26/100		42 6 . . . . 47 6		17 74/100	
	83 71/100		47 6 . . . . 52 6		16 29/100	
	85 25/100		52 6 . . . . 57 6		14 75/100	
	86 89/100		57 6 . . . . 62 6		13 17/100	
	88 67/100		62 6 . . . . 67 6		11 39/100	
	90 35/100		67 6 . . . . 72 6		9 63/100	
	92 1/100		72 6 . . . . 77 6		7 59/100	
	93 63/100		77 6 . . . . 82 6		6 40/100	
	94 86/100		82 6 . . . . 87 6		5 24/100	
	96 34/100		87 6 . . . . 92 6		3 66/100	
Idem, depuis 32 ans 6 mois jusqu'à 37 ans 6 mois, aura droit à	71 30/100	*Idem*	2 6 jusqu'à 7 6	*Idem*	28 70/100	*Idem*
	72 20/100		7 6 . . . . 12 6		27 90/100	
	73 4/100		12 6 . . . . 17 6		26 95/100	
	73 91/100		17 6 . . . . 22 6		26 2/100	
	75		22 6 . . . . 27 6		25	
	76 13/100		27 6 . . . . 32 6		23 83/100	
	77 43/100		32 6 . . . . 37 6		22 57/100	
	78 53/100		37 6 . . . . 42 6		21 77/100	
	80 32/100		42 6 . . . . 47 6		19 68/100	
	81 95/100		47 6 . . . . 52 6		18 1/100	
	83 46/100		52 6 . . . . 57 6		16 34/100	
	85 49/100		57 6 . . . . 62 6		14 52/100	
	87 41/100		62 6 . . . . 67 6		12 59/100	
	89 36/100		67 6 . . . . 72 6		10 64/100	
	91 22/100		72 6 . . . . 77 6		8 29/100	
	92 57/100		77 6 . . . . 82 6		7 3/100	
	94 33/100		82 6 . . . . 87 6		5 67/100	
	95 59/100		87 6 . . . . 92 6		4 1/100	

Si la rente viagère est constituée pour s'éteindre après la mort du propriétaire expectant, le jouissant actuellement âgé

			ans mois — ans mois		
	68 23/100		2 6 jusqu'à 7 6		31 88/100
	68 97/100		7 6 . . . . 12 6		31 1/100
	69 16/100		12 6 . . . . 17 6		30 4/100
	70 44/100		17 6 . . . . 22 6		29 6/100
	72 3/100		22 6 . . . . 27 6		27 48/100
	73 16/100		27 6 . . . . 32 6		26 74/100
	74 44/100	Pour cent du capital liquidé,	32 6 . . . . 37 6		25 36/100
depuis 37 ans 6 mois jusqu'à 42	76 17/100	si son co-associé expectant	37 6 . . . . 42 6		23 83/100
ans 6 mois, aura droit à	77 83/100	est actuellement âgé depuis .	42 6 . . . . 47 6	lequel aura droit à	22 77/100
	79 85/100		47 6 . . . . 52 6		20 17/100
	81 35/100		52 6 . . . . 57 6		18 45/100
	83 39/100		57 6 . . . . 62 6		16 41/100
	85 74/100		62 6 . . . . 67 6		14 34/100
	87 96/100		67 6 . . . . 72 6		12 4/100
	90 5/100		72 6 . . . . 77 6		9 95/100
	92 6/100		77 6 . . . . 82 6		7 91/100
	93 62/100		82 6 . . . . 87 6		6 39/100
	95 33/100		87 6 . . . . 92 6		4 47/100

Pour cent du capital liquidé.

	64 31/100		2 6 jusqu'à 7 6		35 44/100
	65 40/100		7 6 . . . . 12 6		34 62/100
	66 4/100		12 6 . . . . 17 6		33 57/100
	67 45/100		17 6 . . . . 22 6		32 15/100
	68 53/100		22 6 . . . . 27 6		31 41/100
	69 18/100		27 6 . . . . 32 6		30 31/100
	71 58/100		32 6 . . . . 37 6		28 69/100
Idem, depuis 42 ans 6 mois jus-	73 7/100		37 6 . . . . 42 6		26 98/100
qu'à 47 ans 6 mois, aura droit à	74 85/100	. . . . *Idem*	42 6 . . . . 47 6	. . . *Idem* . . .	25 35/100 . . . *Idem* . . .
	76 84/100		47 6 . . . . 52 6		23 26/100
	78 93/100		52 6 . . . . 57 6		21 7/100
	81 19/100		57 6 . . . . 62 6		18 72/100
	83 55/100		62 6 . . . . 67 6		16 21/100
	86 23/100		67 6 . . . . 72 6		13 43/100
	88 66/100		72 6 . . . . 77 6		11 34/100
	90 95/100		77 6 . . . . 82 6		9 5/100
	92 72/100		82 6 . . . . 87 6		7 58/100
	94 89/100		87 6 . . . . 92 6		5 81/100

	60 30/100		2 6 jusqu'à 7 6		39 70/100
	61 87/100		7 6 . . . . 12 6		38 53/100
	62 22/100		12 6 . . . . 17 6		37 78/100
	63 36/100		17 6 . . . . 22 6		36 74/100
	64 47/100		22 6 . . . . 27 6		35 39/100
	65 76/100		27 6 . . . . 32 6		34 24/100
	67 38/100		32 6 . . . . 37 6		32 69/100
Idem, depuis 47 ans 6 mois jus-	69 8/100		37 6 . . . . 42 6		30 92/100
qu'à 52 ans 6 mois, aura droit à	71 6/100	. . . . *Idem*	42 6 . . . . 47 6	. . . *Idem* . . .	28 94/100 . . . *Idem* . . .
	73 35/100		47 6 . . . . 52 6		26 75/100
	75 66/100		52 6 . . . . 57 6		24 34/100
	78 17/100		57 6 . . . . 62 6		21 71/100
	81 5/100		62 6 . . . . 67 6		18 93/100
	83 92/100		67 6 . . . . 72 6		16 9/100
	86 48/100		72 6 . . . . 77 6		13 32/100
	89 11/100		77 6 . . . . 82 6		10 67/100
	91 32/100		82 6 . . . . 87 6		8 52/100
	93 96/100		87 6 . . . . 92 6		6 4/100

	55 67/100		2 6 jusqu'à 7 6		44 52/100
	56 54/100		7 6 . . . . 12 6		43 46/100
	57 60/100		12 6 . . . . 17 6		42 40/100
	58 66/100		17 6 . . . . 22 6		41 34/100
	59 81/100		22 6 . . . . 27 6		40 28/100
	61 19/100		27 6 . . . . 32 6		38 82/100
	62 79/100		32 6 . . . . 37 6		37 52/100
Idem, depuis 52 ans 6 mois jus-	64 14/100		37 6 . . . . 42 6		35 36/100
qu'à 57 ans 6 mois, aura droit à	66 74/100	. . . . *Idem*	42 6 . . . . 47 6	. . . *Idem* . . .	33 26/100 . . . *Idem* . . .
	69 21/100		47 6 . . . . 52 6		30 18/100
	71 79/100		52 6 . . . . 57 6		28 37/100
	74 74/100		57 6 . . . . 62 6		25 16/100
	77 99/100		62 6 . . . . 67 6		22 6/100
	81 14/100		67 6 . . . . 72 6		18 76/100
	84 44/100		72 6 . . . . 77 6		15 16/100
	87 57/100		77 6 . . . . 82 6		12 49/100
	89 92/100		82 6 . . . . 87 6		10 8/100
	92 91/100		87 6 . . . . 92 6		7 8/100

Si la rente viagère est constituée pour s'éteindre après la mort du propriétaire expectant, le jouissant actuellement âgé

			ans mois — ans mois			
	50 $\frac{35}{100}$		2 6 jusqu'à 7 6		49 $\frac{65}{100}$	
	51 $\frac{19}{100}$		7 6. . . . 12 6		48 $\frac{81}{100}$	
	52 $\frac{25}{100}$		12 6. . . . 17 6		47 $\frac{75}{100}$	
	53 $\frac{78}{100}$		17 6. . . . 22 6		46 $\frac{72}{100}$	
	54 $\frac{41}{100}$		22 6. . . . 27 6		45 $\frac{58}{100}$	
	55 $\frac{78}{100}$		27 6. . . . 32 6		44 $\frac{32}{100}$	
	57 $\frac{48}{100}$	Pour cent du capital liquidé,	32 6. . . . 37 6		42 $\frac{67}{100}$	
depuis 57 ans 6 mois jusqu'à 62	59 $\frac{25}{100}$	si son co-associé expectant	37 6. . . . 42 6		40 $\frac{75}{100}$	Pour cent du
ans 6 mois, aura droit à . .	61 $\frac{41}{100}$	est actuellement âgé depuis .	42 6. . . . 47 6	lequel aura droit à	38 $\frac{57}{100}$	capital liquidé.
	63 $\frac{96}{100}$		47 6. . . . 52 6		36 $\frac{4}{100}$	
	66 $\frac{25}{100}$		52 6. . . . 57 6		33 $\frac{25}{100}$	
	70 $\frac{26}{100}$		57 6. . . . 62 6		29 $\frac{84}{100}$	
	73 $\frac{83}{100}$		62 6. . . . 67 6		26 $\frac{25}{100}$	
	77 $\frac{70}{100}$		67 6. . . . 72 6		22 $\frac{50}{100}$	
	81 $\frac{49}{100}$		72 6. . . . 77 6		18 $\frac{52}{100}$	
	85 $\frac{21}{100}$		77 6. . . . 82 6		14 $\frac{58}{100}$	
	88 $\frac{18}{100}$		82 6. . . . 87 6		11 $\frac{82}{100}$	
	91 $\frac{53}{100}$		87 6. . . . 92 6		8 $\frac{47}{100}$	
	44 $\frac{15}{100}$		2 6 jusqu'à 7 6		55 $\frac{33}{100}$	
	44 $\frac{44}{100}$		7 6. . . . 12 6		55 $\frac{6}{100}$	
	45 $\frac{95}{100}$		12 6. . . . 17 6		54 $\frac{5}{100}$	
	46 $\frac{95}{100}$		17 6. . . . 22 6		53 $\frac{5}{100}$	
	48 $\frac{2}{100}$		22 6. . . . 27 6		51 $\frac{98}{100}$	
	49 $\frac{32}{100}$		27 6. . . . 32 6		50 $\frac{62}{100}$	
	50 $\frac{37}{100}$		32 6. . . . 37 6		49 $\frac{33}{100}$	
Idem, depuis 62 ans 6 mois jus-	52 $\frac{91}{100}$		37 6. . . . 42 6		47 $\frac{78}{100}$	
qu'à 67 ans 6 mois, aura droit à	54 $\frac{88}{100}$	. . . . *Idem*	42 6. . . . 47 6	. . . *Idem* . . .	45 $\frac{22}{100}$	. . *Idem* . .
	57 $\frac{43}{100}$		47 6. . . . 52 6		42 $\frac{57}{100}$	
	60 $\frac{45}{100}$		52 6. . . . 57 6		39 $\frac{55}{100}$	
	64 $\frac{2}{100}$		57 6. . . . 62 6		35 $\frac{99}{100}$	
	68 $\frac{27}{100}$		62 6. . . . 67 6		31 $\frac{85}{100}$	
	72 $\frac{69}{100}$		67 6. . . . 72 6		27 $\frac{32}{100}$	
	77 $\frac{25}{100}$		72 6. . . . 77 6		22 $\frac{75}{100}$	
	81 $\frac{74}{100}$		77 6. . . . 82 6		18 $\frac{36}{100}$	
	85 $\frac{27}{100}$		82 6. . . . 87 6		14 $\frac{75}{100}$	
	89 $\frac{62}{100}$		87 6. . . . 92 6		10 $\frac{39}{100}$	
	36 $\frac{92}{100}$		2 6 jusqu'à 7 6		63 $\frac{9}{100}$	
	37 $\frac{65}{100}$		7 6. . . . 12 6		62 $\frac{35}{100}$	
	38 $\frac{80}{100}$		12 6. . . . 17 6		61 $\frac{40}{100}$	
	39 $\frac{49}{100}$		17 6. . . . 22 6		60 $\frac{52}{100}$	
	40 $\frac{47}{100}$		22 6. . . . 27 6		59 $\frac{55}{100}$	
	41 $\frac{63}{100}$		27 6. . . . 32 6		58 $\frac{37}{100}$	
	43 $\frac{3}{100}$		32 6. . . . 37 6		56 $\frac{95}{100}$	
Idem, depuis 67 ans 6 mois jus-	44 $\frac{76}{100}$		37 6. . . . 42 6		55 $\frac{84}{100}$	
qu'à 72 ans 6 mois, aura droit à	46 $\frac{78}{100}$	. . . . *Idem*	42 6. . . . 47 6	. . . *Idem* . . .	53 $\frac{12}{100}$	. . *Idem* . .
	49 $\frac{21}{100}$		47 6. . . . 52 6		50 $\frac{78}{100}$	
	52 $\frac{75}{100}$		52 6. . . . 57 6		47 $\frac{83}{100}$	
	55 $\frac{77}{100}$		57 6. . . . 62 6		44 $\frac{23}{100}$	
	60 $\frac{27}{100}$		62 6. . . . 67 6		39 $\frac{83}{100}$	
	65 $\frac{29}{100}$		67 6. . . . 72 6		34 $\frac{75}{100}$	
	70 $\frac{55}{100}$		72 6. . . . 77 6		29 $\frac{45}{100}$	
	76 $\frac{20}{100}$		77 6. . . . 82 6		23 $\frac{90}{100}$	
	80 $\frac{57}{100}$		82 6. . . . 87 6		19 $\frac{43}{100}$	
	86 $\frac{14}{100}$		87 6. . . . 92 6		13 $\frac{76}{100}$	
	29 $\frac{42}{100}$		2 6 jusqu'à 7 6		70 $\frac{58}{100}$	
	29 $\frac{87}{100}$		7 6. . . . 12 6		70 $\frac{13}{100}$	
	30 $\frac{82}{100}$		12 6. . . . 17 6		69 $\frac{19}{100}$	
	31 $\frac{58}{100}$		17 6. . . . 22 6		68 $\frac{42}{100}$	
	32 $\frac{40}{100}$		22 6. . . . 27 6		67 $\frac{50}{100}$	
	33 $\frac{39}{100}$		27 6. . . . 32 6		66 $\frac{62}{100}$	
	34 $\frac{62}{100}$		32 6. . . . 37 6		65 $\frac{39}{100}$	
Idem, depuis 72 ans 6 mois jus-	36 $\frac{9}{100}$		37 6. . . . 42 6		63 $\frac{92}{100}$	
qu'à 77 ans 6 mois, aura droit à	37 $\frac{87}{100}$	. . . . *Idem*	42 6. . . . 47 6	. . . *Idem* . . .	62 $\frac{23}{100}$	. . *Idem* . .
	40 $\frac{4}{100}$		47 6. . . . 52 6		59 $\frac{46}{100}$	
	42 $\frac{70}{100}$		52 6. . . . 57 6		57 $\frac{30}{100}$	
	46 $\frac{7}{100}$		57 6. . . . 62 6		53 $\frac{93}{100}$	
	50 $\frac{37}{100}$		62 6. . . . 67 6		49 $\frac{63}{100}$	
	55 $\frac{57}{100}$		67 6. . . . 72 6		44 $\frac{43}{100}$	
	61 $\frac{49}{100}$		72 6. . . . 77 6		38 $\frac{52}{100}$	
	67 $\frac{74}{100}$		77 6. . . . 82 6		32 $\frac{26}{100}$	
	73 $\frac{19}{100}$		82 6. . . . 87 6		26 $\frac{78}{100}$	
	80 $\frac{30}{100}$		87 6. . . . 92 6		19 $\frac{50}{100}$	

Si la rente viagère est constituée pour s'éteindre après la mort du propriétaire expectant, le jouissant actuellement âgé

Le jouissant	Pour cent du capital liquide	Si son co-associé expectant est actuellement âgé depuis (ans mois … ans mois)	Lequel aura droit à (pour cent du capital liquide)
depuis 77 ans 6 mois jusqu'à 82 ans 6 mois, aura droit à	$22\frac{1}{100}$	2 6 jusqu'à 7 6	$77\frac{97}{100}$
	$22\frac{43}{100}$	7 6 . . . . 12 6	$77\frac{57}{100}$
	$23\frac{11}{100}$	12 6 . . . . 17 6	$76\frac{89}{100}$
	$23\frac{74}{100}$	17 6 . . . . 22 6	$76\frac{26}{100}$
	$24\frac{38}{100}$	22 6 . . . . 27 6	$75\frac{61}{100}$
	$25\frac{17}{100}$	27 6 . . . . 32 6	$74\frac{13}{100}$
	$26\frac{24}{100}$	32 6 . . . . 37 6	$73\frac{86}{100}$
	$27\frac{34}{100}$	37 6 . . . . 42 6	$72\frac{66}{100}$
	$28\frac{74}{100}$	42 6 . . . . 47 6	$71\frac{22}{100}$
	$30\frac{52}{100}$	47 6 . . . . 52 6	$69\frac{42}{100}$
	$32\frac{79}{100}$	52 6 . . . . 57 6	$67\frac{21}{100}$
	$35\frac{65}{100}$	57 6 . . . . 62 6	$64\frac{15}{100}$
	$39\frac{49}{100}$	62 6 . . . . 67 6	$60\frac{52}{100}$
	$44\frac{41}{100}$	67 6 . . . . 72 6	$55\frac{40}{100}$
	$50\frac{39}{100}$	72 6 . . . . 77 6	$49\frac{81}{100}$
	$57\frac{41}{100}$	77 6 . . . . 82 6	$42\frac{59}{100}$
	$63\frac{68}{100}$	82 6 . . . . 87 6	$36\frac{33}{100}$
	$72\frac{24}{100}$	87 6 . . . . 92 6	$27\frac{16}{100}$
Idem, depuis 82 ans 6 mois jusqu'à 87 ans 6 mois, aura droit à	$15\frac{43}{100}$	2 6 jusqu'à 7 6	$84\frac{57}{100}$
	$15\frac{58}{100}$	7 6 . . . . 12 6	$84\frac{22}{100}$
	$16\frac{40}{100}$	12 6 . . . . 17 6	$83\frac{60}{100}$
	$16\frac{88}{100}$	17 6 . . . . 22 6	$83\frac{22}{100}$
	$17\frac{35}{100}$	22 6 . . . . 27 6	$82\frac{65}{100}$
	$17\frac{93}{100}$	27 6 . . . . 32 6	$82\frac{7}{100}$
	$18\frac{64}{100}$	32 6 . . . . 37 6	$81\frac{56}{100}$
	$19\frac{54}{100}$	37 6 . . . . 42 6	$80\frac{46}{100}$
	$20\frac{61}{100}$	42 6 . . . . 47 6	$79\frac{35}{100}$
	$21\frac{99}{100}$	47 6 . . . . 52 6	$78\frac{1}{100}$
	$23\frac{69}{100}$	52 6 . . . . 57 6	$76\frac{52}{100}$
	$25\frac{92}{100}$	57 6 . . . . 62 6	$74\frac{9}{100}$
	$28\frac{56}{100}$	62 6 . . . . 67 6	$71\frac{4}{100}$
	$33\frac{6}{100}$	67 6 . . . . 72 6	$66\frac{94}{100}$
	$38\frac{27}{100}$	72 6 . . . . 77 6	$61\frac{81}{100}$
	$44\frac{75}{100}$	77 6 . . . . 82 6	$55\frac{25}{100}$
	$50\frac{91}{100}$	82 6 . . . . 87 6	$49\frac{17}{100}$
	$60\frac{24}{100}$	87 6 . . . . 92 6	$39\frac{76}{100}$
Idem, depuis 87 ans 6 mois jusqu'à 92 ans 6 mois, aura droit à	$11\frac{4}{100}$	2 6 jusqu'à 7 6	$88\frac{56}{100}$
	$11\frac{26}{100}$	7 6 . . . . 12 6	$88\frac{64}{100}$
	$11\frac{56}{100}$	12 6 . . . . 17 6	$88\frac{44}{100}$
	$11\frac{92}{100}$	17 6 . . . . 22 6	$88\frac{1}{100}$
	$12\frac{37}{100}$	22 6 . . . . 27 6	$87\frac{93}{100}$
	$12\frac{70}{100}$	27 6 . . . . 32 6	$87\frac{36}{100}$
	$13\frac{23}{100}$	32 6 . . . . 37 6	$86\frac{71}{100}$
	$13\frac{92}{100}$	37 6 . . . . 42 6	$86\frac{9}{100}$
	$14\frac{72}{100}$	42 6 . . . . 47 6	$85\frac{28}{100}$
	$15\frac{77}{100}$	47 6 . . . . 52 6	$84\frac{23}{100}$
	$17\frac{6}{100}$	52 6 . . . . 57 6	$82\frac{94}{100}$
	$18\frac{79}{100}$	57 6 . . . . 62 6	$81\frac{22}{100}$
	$21\frac{11}{100}$	62 6 . . . . 67 6	$78\frac{78}{100}$
	$24\frac{6}{100}$	67 6 . . . . 72 6	$75\frac{33}{100}$
	$29\frac{24}{100}$	72 6 . . . . 77 6	$70\frac{76}{100}$
	$35\frac{70}{100}$	77 6 . . . . 82 6	$64\frac{10}{100}$
	$42\frac{4}{100}$	82 6 . . . . 87 6	$57\frac{99}{100}$
	$52\frac{76}{100}$	87 6 . . . . 92 6	$47\frac{24}{100}$

N° 7.

TABLE pour régler la répartition du capital qui sera dû aux rentes viagères constituées sur une tête, entre le jouissant et deux expectans.

Si la rente viagère est constituée pour s'éteindre après la mort de la plus jeune des trois têtes propriétaires, et qu'elle appartienne d'abord entièrement à la plus âgée; qu'après sa mort elle appartienne toute entière à la plus âgée des deux survivantes, et enfin, après la mort de celle-ci, à la plus jeune, le second expectant actuellement âgé

depuis 5 ans jusqu'à 15, aura droit à . . .	5 $\frac{25}{100}$ 6 $\frac{10}{100}$ 7 $\frac{67}{100}$ 9 $\frac{13}{100}$ 10 $\frac{57}{100}$ 12 $\frac{68}{100}$ 14 $\frac{43}{100}$ 15 $\frac{10}{100}$ 16 $\frac{14}{100}$	pour cent du capital liquidé, si son co-associé, premier expectant, est actuellement âgé depuis 5 ans jusqu'à 15 ans, lequel aura droit à . . .	11 $\frac{8}{100}$ 14 $\frac{85}{100}$ 17 $\frac{66}{100}$ 21 $\frac{88}{100}$ 27 $\frac{96}{100}$ 36 $\frac{13}{100}$ 47 $\frac{94}{100}$ 61 $\frac{97}{100}$ 72 $\frac{70}{100}$	pour cent du capital liquidé, pourvu que le co-associé jouissant soit actuellement âgé depuis .	ans. ans. 5 jusqu'à 15 15 . . . . . 25 25 . . . . . 35 35 . . . . . 45 45 . . . . . 55 55 . . . . . 65 65 . . . . . 75 75 . . . . . 85 85 95	lequel aura droit à	83 $\frac{66}{100}$ 78 $\frac{65}{100}$ 74 $\frac{47}{100}$ 68 $\frac{97}{100}$ 61 $\frac{37}{100}$ 51 $\frac{29}{100}$ 37 $\frac{65}{100}$ 22 $\frac{43}{100}$ 11 $\frac{26}{100}$	Pour cent du capital liquidé.
Idem, depuis 5 ans jusqu'à 15 ans, aura droit à	8 $\frac{1}{100}$ 9 $\frac{54}{100}$ 11 $\frac{47}{100}$ 13 $\frac{65}{100}$ 16 18 $\frac{40}{100}$ 20 $\frac{17}{100}$ 21 $\frac{5}{100}$	*Idem*, depuis 15 ans jusqu'à 25 ans, aura droit à	13 $\frac{28}{100}$ 15 $\frac{79}{100}$ 19 $\frac{61}{100}$ 25 $\frac{10}{100}$ 32 $\frac{80}{100}$ 43 $\frac{95}{100}$ 57 $\frac{40}{100}$ 67 $\frac{81}{100}$	. . . . *Idem*	15 jusqu'à 25 25 . . . . . 35 35 . . . . . 45 45 . . . . . 55 55 . . . . . 65 65 . . . . . 75 75 . . . . . 85 85 95	. . . *Idem* . . .	78 $\frac{84}{100}$ 74 $\frac{67}{100}$ 68 $\frac{98}{100}$ 61 $\frac{37}{100}$ 51 $\frac{29}{100}$ 37 $\frac{65}{100}$ 22 $\frac{43}{100}$ 11 $\frac{26}{100}$	*Id.*
Idem, depuis 5 ans jusqu'à 15 ans, aura droit à	11 $\frac{10}{100}$ 13 $\frac{52}{100}$ 16 $\frac{14}{100}$ 19 21 $\frac{83}{100}$ 23 $\frac{93}{100}$ 24 $\frac{94}{100}$	*Idem*, depuis 25 ans jusqu'à 35 ans, aura droit à	14 $\frac{8}{100}$ 17 $\frac{51}{100}$ 22 $\frac{68}{100}$ 29 $\frac{81}{100}$ 40 $\frac{52}{100}$ 53 $\frac{64}{100}$ 63 $\frac{30}{100}$	. . . . *Idem*	25 jusqu'à 35 35 . . . . . 45 45 . . . . . 55 55 . . . . . 65 65 . . . . . 75 75 . . . . . 85 85 95	. . . *Idem* . . .	74 $\frac{67}{100}$ 68 $\frac{98}{100}$ 61 $\frac{36}{100}$ 51 $\frac{29}{100}$ 37 $\frac{65}{100}$ 22 $\frac{43}{100}$ 11 $\frac{26}{100}$	*Id.*
Idem, depuis 5 ans jusqu'à 15 ans, aura droit à	16 $\frac{16}{100}$ 19 $\frac{55}{100}$ 23 $\frac{21}{100}$ 26 $\frac{66}{100}$ 29 $\frac{29}{100}$ 30 $\frac{54}{100}$	*Idem*, depuis 35 ans jusqu'à 45 ans, aura droit à	14 $\frac{77}{100}$ 19 $\frac{13}{100}$ 25 $\frac{70}{100}$ 35 $\frac{69}{100}$ 48 $\frac{19}{100}$ 58 $\frac{10}{100}$	. . . . *Idem*	35 jusqu'à 45 45 . . . . . 55 55 . . . . . 65 65 . . . . . 75 75 . . . . . 85 85 95	. . . *Idem* . . .	68 $\frac{97}{100}$ 61 $\frac{37}{100}$ 51 $\frac{29}{100}$ 37 $\frac{65}{100}$ 22 $\frac{42}{100}$ 11 $\frac{26}{100}$	*Id.*
Idem, depuis 5 ans jusqu'à 15 ans, aura droit à	23 $\frac{21}{100}$ 28 $\frac{31}{100}$ 33 36 $\frac{49}{100}$ 38 $\frac{17}{100}$	*Idem*, depuis 45 ans jusqu'à 55 ans, aura droit à	15 $\frac{38}{100}$ 20 $\frac{49}{100}$ 29 $\frac{45}{100}$ 41 $\frac{1}{100}$ 50 $\frac{17}{100}$	. . . . *Idem*	45 jusqu'à 55 55 . . . . . 65 65 . . . . . 75 75 . . . . . 85 85 95	. . . *Idem* . . .	61 $\frac{37}{100}$ 51 $\frac{29}{100}$ 37 $\frac{65}{100}$ 22 $\frac{43}{100}$ 11 $\frac{26}{100}$	*Id.*
Idem, depuis 5 ans jusqu'à 15 ans, aura droit à	34 $\frac{55}{100}$ 40 $\frac{72}{100}$ 45 $\frac{34}{100}$ 47 $\frac{17}{100}$	*Idem*, depuis 55 ans, jusqu'à 65 ans, aura droit à	14 $\frac{46}{100}$ 21 $\frac{64}{100}$ 32 $\frac{3}{100}$ 40 $\frac{97}{100}$	. . . . *Idem*	55 jusqu'à 65 65 . . . . . 75 75 . . . . . 85 85 95	. . . *Idem* . . .	51 $\frac{29}{100}$ 37 $\frac{65}{100}$ 22 $\frac{43}{100}$ 11 $\frac{26}{100}$	*Id.*
Idem, depuis 5 ans jusqu'à 15 ans, aura droit à	49 $\frac{61}{100}$ 57 $\frac{20}{100}$ 60 $\frac{83}{100}$	*Idem*, depuis 65 ans jusqu'à 75 ans, aura droit à	12 $\frac{47}{100}$ 20 $\frac{47}{100}$ 28	. . . . *Idem*	65 jusqu'à 75 75 . . . . . 85 85 95	. . . *Idem* . . .	37 $\frac{65}{100}$ 22 $\frac{43}{100}$ 11 $\frac{27}{100}$	*Id.*
Idem, depuis 5 ans jusqu'à 15 ans, aura droit à	68 $\frac{17}{100}$ 74 $\frac{47}{100}$	*Idem*, depuis 75 ans jusqu'à 85 ans, aura droit à	9 $\frac{43}{100}$ 14 $\frac{17}{100}$	. . . . *Idem*	75 jusqu'à 85	. . . *Idem* . . .	22 $\frac{42}{100}$ 11 $\frac{26}{100}$	*Id.*
Idem, depuis 5 ans jusqu'à 15 ans, aura droit à	83 $\frac{59}{100}$	*Idem*, depuis 85 ans jusqu'à 95 ans, aura droit à	5 $\frac{13}{100}$	. . . . *Idem*	85 95	. . . *Idem* . . .	11 $\frac{26}{100}$	*Id.*
Idem, depuis 15 ans jusqu'à 25 ans, aura droit à	6 $\frac{86}{100}$ 8 $\frac{23}{100}$ 9 $\frac{90}{100}$ 12 $\frac{7}{100}$ 14 $\frac{36}{100}$ 16 $\frac{76}{100}$ 18 $\frac{51}{100}$ 19 $\frac{46}{100}$	*Idem*, depuis 15 ans jusqu'à 25 ans, aura droit à	12 $\frac{95}{100}$ 15 $\frac{21}{100}$ 19 $\frac{16}{100}$ 24 $\frac{72}{100}$ 32 $\frac{36}{100}$ 43 $\frac{75}{100}$ 57 $\frac{62}{100}$ 68 $\frac{62}{100}$	. . . . *Idem*	15 jusqu'à 25 25 . . . . . 35 35 . . . . . 45 45 . . . . . 55 55 . . . . . 65 65 . . . . . 75 75 . . . . . 85 85 95	. . . *Idem* . . .	80 $\frac{19}{100}$ 76 $\frac{44}{100}$ 70 $\frac{94}{100}$ 63 $\frac{26}{100}$ 53 $\frac{15}{100}$ 39 $\frac{44}{100}$ 23 $\frac{54}{100}$ 11 $\frac{91}{100}$	*Id.*

Si la rente viagère est constituée pour s'éteindre après la mort de la plus jeune des trois têtes propriétaires, et qu'elle appartienne d'abord entièrement à la plus âgée ; qu'après sa mort elle appartienne toute entiere à la plus âgée des deux survivantes ; et enfin, après la mort de celle-ci, à la plus jeune, le second expectant actuellement âgé

depuis 25 ans jusqu'à 35, aura droit à. . . .	9 70/100 11 72/100 14 31/100 17 20/100 19 95/100 22 30/100 23 14/100	Pour cent du capital liquidé, si son co-associé, premier expectant, est actuellement âgé depuis 25 ans jusqu'à 35 ans, lequel aura droit à	13 84/100 17 72/100 32 41/100 29 62/100 40 54/100 54 16/100 64 94/100	Pour cent du capital liquidé, pourvu que le co-associé jouissant soit actuellement âgé depuis .	ans. ans. 25 jusqu'à 35 35 . . . . . 45 45 . . . . . 55 55 . . . . . 65 65 . . . . . 75 75 . . . . . 85 85 95	lequel aura droit à	76 44/100 70 05/100 63 16/100 53 28/100 39 49/100 23 74/100 11 92/100	Pour cent du capital liquidé.
Idem, depuis 15 ans jusqu'à 25 ans, aura droit à	14 33/100 17 49/100 20 97/100 24 55/100 27 24/100 28 54/100	*Idem*, depuis 35 ans jusqu'à 45 ans, aura droit à	14 73/100 19 21/100 25 65/100 35 96/100 49 3/100 59 14/100	. . . . *Idem*	35 jusqu'à 45 45 . . . . . 55 55 . . . . . 65 65 . . . . . 75 75 . . . . . 85 85 95	. . . *Idem* . . .	70 44/100 63 16/100 53 28/100 39 49/100 23 74/100 11 92/100	*Id.*
Idem, depuis 15 ans jusqu'à 25 ans, aura droit à	21 41/100 26 30 71/100 34 29/100 36 5/100	*Idem*, depuis 45 ans jusqu'à 55 ans, aura droit à	15 76/100 20 72/100 29 50/100 41 97/100 52 5/100	. . . . *Idem*	45 jusqu'à 55 55 . . . . . 65 65 . . . . . 75 75 . . . . . 85 85 95	. . . *Idem* . . .	63 16/100 53 28/100 39 49/100 23 74/100 11 92/100	*Id.*
Idem, depuis 15 ans jusqu'à 25 ans, aura droit à	31 95/100 38 31/100 43 57/100 45 71/100	*Idem*, depuis 55 ans, jusqu'à 65 ans, aura droit à	14 77/100 22 19/100 32 95/100 42 35/100	. . . . *Idem*	55 jusqu'à 65 65 . . . . . 75 75 . . . . . 85 85 95	. . . *Idem* . . .	53 28/100 39 50/100 23 74/100 12 93/100	*Id.*
Idem, depuis 15 ans jusqu'à 25 ans, aura droit à	47 40/100 55 7/100 58 [illegible]	*Idem*, depuis 65 ans, jusqu'à 75 ans, aura droit à	13 33/100 21 25/100 29 19/100	. . . . *Idem*	65 jusqu'à 75 75 . . . . . 85 85 95	. . . *Idem* . . .	39 49/100 23 74/100 11 92/100	*Id.*
Idem, depuis 15 ans jusqu'à 25 ans, aura droit à	66 39/100 73 6/100	*Idem*, depuis 75 ans jusqu'à 85 ans, aura droit à	9 89/100 15 8/100	. . . . *Idem*	75 jusqu'à 85 85 95	. . . *Idem* . . .	23 74/100 11 92/100	*Id.*
Idem, depuis 15 ans jusqu'à 25 ans, aura droit à	82 43/100	*Idem*, depuis 85 ans jusqu'à 95 ans, aura droit à	5 33/100	. . . . *Idem*	85 jusqu'à 95	. . . *Idem* . . .	11 91/100	*Id.*
Idem, depuis 25 ans jusqu'à 35 ans, aura droit à	8 9 72/100 12 77/100 14 39/100 17 70/100 20 51/100 21 11/100	*Idem*, depuis 25 ans jusqu'à 35 ans, aura droit à	13 59/100 16 72/100 22 5/100 29 31/100 40 51/100 54 81/100 66 14/100	. . . . *Idem*	25 jusqu'à 35 35 . . . . . 45 45 . . . . . 55 55 . . . . . 65 65 . . . . . 75 75 . . . . . 85 85 95	. . . *Idem* . . .	78 43/100 73 26/100 65 76/100 55 78/100 41 63/100 25 27/100 12 70/100	*Id.*
Idem, depuis 25 ans jusqu'à 35 ans, aura droit à	12 9/100 15 8/100 18 43/100 22 4/100 24 43/100 26 39/100	*Idem*, depuis 35 ans jusqu'à 45 ans, aura droit à	14 86/100 19 25/100 25 99/100 36 33/100 50 61 13/100	. . . . *Idem*	35 jusqu'à 45 45 . . . . . 55 55 . . . . . 65 65 . . . . . 75 75 . . . . . 85 85 95	. . . *Idem* . . .	73 25/100 65 76/100 55 78/100 41 63/100 25 27/100 12 70/100	*Id.*
Idem, depuis 25 ans jusqu'à 35 ans, aura droit à	18 79/100 23 15/100 27 91/100 31 64/100 33 49/100	*Idem*, depuis 45 ans jusqu'à 55 ans, aura droit à	15 43/100 21 2/100 30 43/100 43 17/100 53 15/100	. . . . *Idem*	45 jusqu'à 55 55 . . . . . 65 65 . . . . . 75 75 . . . . . 85 85 95	. . . *Idem* . . .	65 76/100 55 78/100 41 63/100 25 27/100 12 70/100	*Id.*
Idem, depuis 25 ans jusqu'à 35 ans, aura droit à	29 9/100 35 49/100 40 67/100 43 26/100	*Idem*, depuis 55 ans jusqu'à 65 ans, aura droit à	15 21/100 22 58/100 34 29/100 44 34/100	. . . . *Idem*	55 jusqu'à 65 65 . . . . . 75 75 . . . . . 85 85 95	. . . *Idem* . . .	56 78/100 41 63/100 25 27/100 12 70/100	*Id.*
Idem, depuis 25 ans jusqu'à 35 ans, aura droit à	44 58/100 52 78/100 56 66/100	*Idem*, depuis 65 ans jusqu'à 75 ans, aura droit à	13 69/100 22 81/100 30 64/100	. . . . *Idem*	65 jusqu'à 75 75 . . . . . 85 85 95	. . . *Idem* . . .	41 63/100 25 27/100 12 70/100	*Id.*

Si la rente viagère est constituée pour s'éteindre après la mort de la plus jeune des trois têtes propriétaires, et qu'elle appartienne d'abord entièrement à la plus âgée; qu'après sa mort elle appartienne toute entière à la plus âgée des survivantes, et enfin, après la mort de celle-ci, à la plus jeune, le second expectant actuellement âgé

					ans. ans.			
depuis 25 ans jusqu'à 35, aura droit à . . .	64 $\frac{41}{100}$ 71 $\frac{45}{100}$	pour cent du capital liquidé, si son co-associé, premier expectant, est actuellement âgé depuis 75 ans jusqu'à 85, lequel aura droit à	10 $\frac{41}{100}$ 15 $\frac{87}{100}$	pour cent du capital liquidé, pourvu que le co-associé jouissant soit actuellement âgé depuis	75 jusqu'à 85 85 95	lequel aura droit à	25 $\frac{17}{100}$ 12 $\frac{70}{100}$	pour cent du capital liquidé.
Idem, depuis 25 ans jusqu'à 35 ans, aura droit à	81 $\frac{35}{100}$	*Idem*, depuis 85 ans jusqu'à 95 ans, aura droit à	5 $\frac{64}{100}$	. . . . *Idem* . . .	85 jusqu'à 95	. . . *Idem* . . .	12 $\frac{70}{100}$	*Id.*
Idem, depuis 35 ans jusqu'à 45 ans, aura droit à	9 $\frac{50}{100}$ 12 $\frac{[illegible]}{100}$ 15 $\frac{17}{100}$ 18 $\frac{86}{100}$ 21 $\frac{77}{100}$ 24 $\frac{12}{100}$	*Idem*, depuis 35 ans jusqu'à 45 ans, aura droit à	14 $\frac{53}{100}$ 18 $\frac{85}{100}$ 25 $\frac{47}{100}$ 36 $\frac{38}{100}$ 50 $\frac{99}{100}$ 62 $\frac{87}{100}$	. . . . *Idem*	35 jusqu'à 45 45 . . . . . 55 55 . . . . . 65 65 . . . . . 75 75 . . . . . 85 85 95	. . . *Idem* . . .	75 $\frac{17}{100}$ 69 $\frac{8}{100}$ 59 $\frac{26}{100}$ 44 $\frac{76}{100}$ 27 $\frac{34}{100}$ 13 $\frac{91}{100}$	*Id.*
Idem, depuis 35 ans, jusqu'à 45 ans, aura droit à	15 $\frac{57}{100}$ 19 $\frac{54}{100}$ 24 $\frac{18}{100}$ 28 $\frac{14}{100}$ 30 $\frac{30}{100}$	*Idem*, depuis 45 ans jusqu'à 55 ans, aura droit à	15 $\frac{54}{100}$ 21 $\frac{20}{100}$ 30 $\frac{96}{100}$ 44 $\frac{52}{100}$ 55 $\frac{95}{100}$	. . . . *Idem*	45 jusqu'à 55 55 . . . . . 65 65 . . . . . 75 75 . . . . . 85 85 95	. . . *Idem* . . .	69 $\frac{8}{100}$ 59 $\frac{26}{100}$ 44 $\frac{76}{100}$ 27 $\frac{34}{100}$ 13 $\frac{91}{100}$	*Id.*
Idem, depuis 35 ans jusqu'à 45 ans, aura droit à	25 $\frac{95}{100}$ 31 $\frac{55}{100}$ 36 $\frac{17}{100}$ 39 $\frac{18}{100}$	*Idem*, depuis 55 ans jusqu'à 65 ans, aura droit à	15 $\frac{69}{100}$ 23 $\frac{71}{100}$ 35 $\frac{79}{100}$ 46 $\frac{37}{100}$	. . . . *Idem*	55 jusqu'à 65 65 . . . . . 75 75 . . . . . 85 85 95	. . . *Idem* . . .	59 $\frac{26}{100}$ 44 $\frac{76}{100}$ 27 $\frac{34}{100}$ 13 $\frac{91}{100}$	*Id.*
Idem, depuis 35 ans jusqu'à 45 ans, aura droit à	40 $\frac{78}{100}$ 49 $\frac{7}{100}$ 53 $\frac{36}{100}$	*Idem*, depuis 65 ans jusqu'à 75 ans, aura droit à	14 $\frac{46}{100}$ 23 $\frac{63}{100}$ 32 $\frac{73}{100}$	. . . . *Idem*	65 jusqu'à 75 75 . . . . . 85 85 95	. . . *Idem* . . .	44 $\frac{76}{100}$ 27 $\frac{34}{100}$ 13 $\frac{91}{100}$	*Id.*
Idem, depuis 35 ans jusqu'à 45 ans, aura droit à	61 $\frac{44}{100}$ 68 $\frac{94}{100}$	*Idem*, depuis 75 ans jusqu'à 85 ans, aura droit à	11 $\frac{88}{100}$ 17 $\frac{13}{100}$	. . . . *Idem*	75 jusqu'à 85 85 95	. . . *Idem* . . .	27 $\frac{34}{100}$ 13 $\frac{91}{100}$	*Id.*
Idem, depuis 35 ans jusqu'à 45 ans, aura droit à	79 $\frac{48}{100}$	*Idem*, depuis 85 ans jusqu'à 95 ans, aura droit à	6 $\frac{44}{100}$	. . . . *Idem*	85 jusqu'à 95	. . . *Idem* . . .	13 $\frac{91}{100}$	*Id.*
Idem, depuis 45 ans jusqu'à 55 ans, aura droit à	11 $\frac{47}{100}$ 15 $\frac{5}{100}$ 19 $\frac{65}{100}$ 23 $\frac{70}{100}$ 25 $\frac{52}{100}$	*Idem*, depuis 45 ans jusqu'à 55 ans, aura droit à	15 $\frac{88}{100}$ 20 $\frac{96}{100}$ 31 $\frac{80}{100}$ 45 $\frac{74}{100}$ 58 $\frac{42}{100}$	. . . . *Idem*	45 jusqu'à 55 55 . . . . . 65 65 . . . . . 75 75 . . . . . 85 85 95	. . . *Idem* . . .	73 $\frac{21}{100}$ 63 $\frac{96}{100}$ 49 $\frac{22}{100}$ 30 $\frac{55}{100}$ 15 $\frac{77}{100}$	*Id.*
Idem, depuis 45 ans jusqu'à 55 ans, aura droit à	19 $\frac{93}{100}$ 26 $\frac{13}{100}$ 31 $\frac{74}{100}$ 34 $\frac{74}{100}$	*Idem*, depuis 55 ans jusqu'à 65 ans, aura droit à	16 $\frac{71}{100}$ 24 $\frac{15}{100}$ 37 $\frac{61}{100}$ 49 $\frac{10}{100}$	. . . . *Idem*	55 jusqu'à 65 65 . . . . . 75 75 . . . . . 85 85 95	. . . *Idem* . . .	63 $\frac{96}{100}$ 49 $\frac{22}{100}$ 30 $\frac{55}{100}$ 15 $\frac{77}{100}$	*Id.*
Idem, depuis 45 ans jusqu'à 55 ans, aura droit à	35 $\frac{34}{100}$ 43 $\frac{74}{100}$ 48 $\frac{6}{100}$	*Idem*, depuis 65 ans jusqu'à 75 ans, aura droit à	15 $\frac{44}{100}$ 25 $\frac{43}{100}$ 35 $\frac{14}{100}$	. . . . *Idem*	65 jusqu'à 75 75 . . . . . 85 85 95	. . . *Idem* . . .	49 $\frac{22}{100}$ 30 $\frac{55}{100}$ 15 $\frac{77}{100}$	*Id.*
Idem, depuis 45 ans jusqu'à 55 ans, aura droit à	57 $\frac{4}{100}$ 65 $\frac{21}{100}$	*Idem*, depuis 75 ans jusqu'à 85 ans, aura droit à	12 $\frac{55}{100}$ 19	. . . . *Idem*	75 jusqu'à 85 85 95	. . . *Idem* . . .	30 $\frac{55}{100}$ 15 $\frac{77}{100}$	*Id.*
Idem, depuis 45 ans jusqu'à 55 ans, aura droit à	76 $\frac{83}{100}$	*Idem*, depuis 85 ans jusqu'à 95 ans, aura droit à	7 $\frac{52}{100}$	. . . . *Idem*	85 jusqu'à 95	. . . *Idem* . . .	15 $\frac{77}{100}$	*Id.*
Idem, depuis 55 ans jusqu'à 65 ans, aura droit à	13 $\frac{96}{100}$ 19 $\frac{[illegible]}{100}$ 25 $\frac{4}{100}$ 28 $\frac{11}{100}$	*Idem*, depuis 55 ans jusqu'à 65 ans, aura droit à	16 $\frac{8}{100}$ 24 $\frac{88}{100}$ 39 $\frac{37}{100}$ 52 $\frac{91}{100}$	. . . . *Idem*	55 jusqu'à 65 65 . . . . . 75 75 . . . . . 85 85 95	. . . *Idem* . . .	70 $\frac{18}{100}$ 55 $\frac{77}{100}$ 35 $\frac{63}{100}$ 18 $\frac{79}{100}$	*Id.*

Si la rente viagère est constituée pour s'éteindre après la mort de la plus jeune des trois têtes propriétaires, qu'elle appartienne d'abord entièrement à la plus âgée; qu'après sa mort elle appartienne toute entière à la plus âgée des deux survivantes, et enfin, après la mort de celle-ci, à la plus jeune, le second expectant actuellement âgé

depuis 55 ans jusqu'à 65, aura droit à . . .	$27 \frac{43}{100}$ $36 \frac{45}{100}$ $41 \frac{74}{100}$	Pour cent du capital liquidé, si son coassocié, premier expectant, est actuellement âgé depuis 65 ans jusqu'à 75, lequel aura droit à	$16 \frac{60}{100}$ $27 \frac{16}{100}$ $39 \frac{47}{100}$	Pour cent du capital liquidé, pourvu que le coassocié jouissant soit actuellement âgé depuis . .	65 jusqu'à 75 75 . . . . . 85 85 95	lequel aura droit à	$55 \frac{27}{100}$ $35 \frac{65}{100}$ $18 \frac{79}{100}$	Pour cent du capital liquidé.
Idem, depuis 55 ans jusqu'à 65 ans, aura droit à	$50 \frac{85}{100}$ $59 \frac{40}{100}$	*Idem*, depuis 75 ans jusqu'à 85 ans, aura droit à	$14 \frac{70}{100}$ $21 \frac{51}{100}$	. . . . *Idem*	75 jusqu'à 85 85 95	. . . *Idem* . . .	$35 \frac{65}{100}$ $18 \frac{79}{100}$	*Id.*
Idem, depuis 55 ans jusqu'à 65 ans, aura droit à	$72 \frac{11}{100}$	*Idem*, depuis 85 ans jusqu'à 95 ans, aura droit à	$8 \frac{86}{100}$	. . . . *Idem*	85 jusqu'à 95	. . . *Idem* . . .	$18 \frac{79}{100}$	*Id.*
Idem, depuis 65 ans jusqu'à 75 ans, aura droit à	$17 \frac{66}{100}$ $25 \frac{52}{100}$ $31 \frac{33}{100}$	*Idem*, depuis 65 ans jusqu'à 75 ans, aura droit à	$17 \frac{9}{100}$ $29 \frac{77}{100}$ $43 \frac{28}{100}$	. . . . *Idem*	65 . . . . . 75 75 . . . . . 85 85 95	. . . *Idem* . . .	$65 \frac{21}{100}$ $44 \frac{43}{100}$ $24 \frac{67}{100}$	*Id.*
Idem, depuis 65 ans jusqu'à 75 ans, aura droit à	$39 \frac{7}{100}$ $49 \frac{25}{100}$	*Idem*, depuis 75 ans jusqu'à 85 ans, aura droit à	$16 \frac{18}{100}$ $26 \frac{70}{100}$	. . . . *Idem*	75 jusqu'à 85 85 95	. . . *Idem* . . .	$44 \frac{43}{100}$ $24 \frac{67}{100}$	*Id.*
Idem, depuis 65 ans jusqu'à 75 ans, aura droit à	$64 \frac{25}{100}$	*Idem*, depuis 85 ans jusqu'à 95 ans, aura droit à	$11 \frac{35}{100}$	. . . . *Idem*	85 95	. . . *Idem* . . .	$24 \frac{67}{100}$	*Id.*
Idem, depuis 75 ans jusqu'à 85 ans, aura droit à	$24 \frac{24}{100}$ $33 \frac{97}{100}$	*Idem*, depuis 75 ans jusqu'à 85 ans, aura droit à	$18 \frac{45}{100}$ $30 \frac{33}{100}$	. . . . *Idem*	75 jusqu'à 85 85 95	. . . *Idem* . . .	$57 \frac{41}{100}$ $35 \frac{70}{100}$	*Id.*
Idem, depuis 75 ans jusqu'à 85 ans, aura droit à	$48 \frac{91}{100}$	*Idem*, depuis 85 ans jusqu'à 95 ans, aura droit à	$15 \frac{56}{100}$	. . . . *Idem*	85 jusqu'à 95	. . . *Idem* . . .	$35 \frac{71}{100}$	*Id.*
Idem, depuis 85 ans jusqu'à 95 ans, aura droit à	$26 \frac{75}{100}$	*Idem*, depuis 85 ans jusqu'à 95 ans, aura droit à	$20 \frac{49}{100}$	. . . . *Idem*	85 jusqu'à 95	. . . *Idem* . . .	$52 \frac{76}{100}$	*Id.*

N°. 8.

TABLE pour régler la répartition du capital qui sera dû aux rentes viagères constituées sur une tête ; entre deux jouissans & un expectant.

Si la rente viagère est constituée pour s'éteindre après la mort de la plus jeune des trois têtes, qu'elle apartienne d'abord entièrement aux deux plus âgées, qui en jouissent par moitié avec réversibilite ; et qu'après la mort de ces deux têtes elle appartienne toute entière à la plus jeune ; l'expectant actuellement âgé

					Ans.		Ans.			
depuis 5 ans jusqu'à 15, aura droit à	$5\frac{26}{100}$	pour cent du capital liquidé. Si l'un des co-associés jouissans est actuellement âgé depuis 5 ans jusqu'à 15 ans, lequel aura droit à	$47\frac{57}{100}$	pour cent du capital liquidé ; pourvu que l'autre co-associé jouissant soit actuellement âgé depuis	5	jusqu'à	15	lequel aura droit à	$47\frac{37}{100}$	pour cent du capital liquidé.
	$6\frac{50}{100}$		$49\frac{26}{100}$		15	. . . .	25		$44\frac{24}{100}$	
	$7\frac{67}{100}$		$50\frac{66}{100}$		25	. . . .	35		$41\frac{67}{100}$	
	$9\frac{25}{100}$		$52\frac{77}{100}$		35	. . . .	45		$38\frac{8}{100}$	
	$10\frac{27}{100}$		$55\frac{31}{100}$		45	. . . .	55		$33\frac{32}{100}$	
	$12\frac{65}{100}$		$59\frac{19}{100}$		55	. . . .	65		$27\frac{43}{100}$	
	$14\frac{41}{100}$		$65\frac{80}{100}$		65	. . . .	75		$19\frac{79}{100}$	
	$15\frac{60}{100}$		$72\frac{82}{100}$		75	. . . .	85		$11\frac{18}{100}$	
	$16\frac{74}{100}$		$78\frac{18}{100}$		85	. . . .	95		$5\frac{68}{100}$	
Idem, depuis 5 ans jusqu'à 15 ans, aura droit à . . .	$8\frac{5}{100}$	*Idem*, depuis 15 ans jusq. 25, aura droit à	$45\frac{96}{100}$	. . . *Idem*	15	. . . .	25	*Idem.*	$45\frac{56}{100}$	*Idem.*
	$9\frac{54}{100}$		$47\frac{32}{100}$		25	. . . .	35		$43\frac{24}{100}$	
	$11\frac{41}{100}$		$49\frac{15}{100}$		35	. . . .	45		$39\frac{55}{100}$	
	$13\frac{63}{100}$		$51\frac{93}{100}$		45	. . . .	55		$34\frac{44}{100}$	
	$16\frac{2}{100}$		$55\frac{77}{100}$		55	. . . .	65		$28\frac{27}{100}$	
	$18\frac{40}{100}$		$61\frac{30}{100}$		65	. . . .	75		$20\frac{30}{100}$	
	$20\frac{37}{100}$		$68\frac{2}{100}$		75	. . . .	85		$11\frac{12}{100}$	
	$21\frac{5}{100}$		$73\frac{73}{100}$		85	. . . .	95		$5\frac{74}{100}$	
Idem, depuis 5 ans jusqu'à 15 ans, aura droit à . . .	$11\frac{27}{100}$	*Idem*, depuis 25 ans jusq. 35, aura droit à	$44\frac{37}{100}$	. . . *Idem*	25	. . . .	35	*Idem.*	$44\frac{36}{100}$	*Idem.*
	$13\frac{58}{100}$		$46\frac{9}{100}$		35	. . . .	45		$40\frac{40}{100}$	
	$16\frac{16}{100}$		$48\frac{67}{100}$		45	. . . .	55		$35\frac{27}{100}$	
	19		$52\frac{24}{100}$		55	. . . .	65		$28\frac{76}{100}$	
	$21\frac{83}{100}$		$57\frac{59}{100}$		65	. . . .	75		$20\frac{58}{100}$	
	$23\frac{93}{100}$		$64\frac{26}{100}$		75	. . . .	85		$11\frac{98}{100}$	
	$24\frac{54}{100}$		$69\frac{28}{100}$		85	. . . .	95		$5\frac{78}{100}$	
Idem, depuis 5 ans jusqu'à 15 ans, aura droit à . . .	$16\frac{26}{100}$	*Idem*, depuis 35 ans jusq. 45, aura droit à	$41\frac{57}{100}$	. . . *Idem*	35	. . . .	45	*Idem.*	$41\frac{57}{100}$	*Idem.*
	$19\frac{55}{100}$		$44\frac{23}{100}$		45	. . . .	55		$36\frac{32}{100}$	
	$23\frac{22}{100}$		$47\frac{34}{100}$		55	. . . .	65		$29\frac{55}{100}$	
	$26\frac{66}{100}$		$52\frac{53}{100}$		65	. . . .	75		$21\frac{2}{100}$	
	$29\frac{19}{100}$		$58\frac{63}{100}$		75	. . . .	85		$12\frac{8}{100}$	
	$30\frac{34}{100}$		$63\frac{44}{100}$		85	. . . .	95		$5\frac{82}{100}$	
Idem, depuis 5 ans jusqu'à 15 ans, aura droit à . . .	$23\frac{71}{100}$	*Idem*, depuis 45 ans jusq. 55, aura droit à	$38\frac{24}{100}$	. . . *Idem*	45	. . . .	55	*Idem.*	$38\frac{24}{100}$	*Idem.*
	$28\frac{33}{100}$		$40\frac{65}{100}$		55	. . . .	65		$30\frac{55}{100}$	
	$32\frac{99}{100}$		$45\frac{26}{100}$		65	. . . .	75		$21\frac{75}{100}$	
	$36\frac{53}{100}$		$51\frac{12}{100}$		75	. . . .	85		$12\frac{18}{100}$	
	$38\frac{37}{100}$		$55\frac{42}{100}$		85	. . . .	95		$5\frac{92}{100}$	
Idem, depuis 5 ans jusqu'à 15 ans, aura droit à . . .	$34\frac{15}{100}$	*Idem* depuis 55 ans jusq. 65, aura droit à	$32\frac{515}{1000}$	. . . *Idem*	55	. . . .	65	*Idem.*	$32\frac{515}{1000}$	*Idem.*
	$40\frac{78}{100}$		$36\frac{42}{100}$		65	. . . .	75		$22\frac{57}{100}$	
	$45\frac{55}{100}$		$41\frac{67}{100}$		75	. . . .	85		$12\frac{54}{100}$	
	$47\frac{47}{100}$		$46\frac{5}{100}$		85	. . . .	95		$6\frac{5}{100}$	
Idem, depuis 5 ans jusqu'à 15 ans, aura droit à . . .	$49\frac{68}{100}$	*Idem*, depuis 65 ans jusq. 75, aura droit à	$25\frac{76}{100}$	. . . *Idem*	65	. . . .	75	*Idem.*	$25\frac{76}{100}$	*Idem.*
	$57\frac{20}{100}$		$29\frac{6}{100}$		75	. . . .	85		$13\frac{84}{100}$	
	$60\frac{81}{100}$		$32\frac{53}{100}$		85	. . . .	95		$6\frac{34}{100}$	
Idem, depuis 5 ans jusqu'à 15 ans, aura droit à . . .	68 [illegible]/100	*Idem*, depuis 75 ans jusq. 85, aura droit à	$15\frac{915}{1000}$	. . . *Idem*	75	. . . .	85	*Idem.*	$15\frac{915}{1000}$	*Idem.*
	$74\frac{57}{100}$		$18\frac{15}{100}$		85	. . . .	95		$7\frac{3}{100}$	
Idem, depuis 5 ans jusqu'à 15 ans, aura droit à . . .	$83\frac{19}{100}$	*Idem*, depuis 85 ans jusq. 95, aura droit à	$8\frac{305}{1000}$	. . . *Idem*	85	. . . .	95	*Idem.*	$8\frac{305}{1000}$	*Idem.*
Idem, depuis 5 ans jusqu'à 15 ans, aura droit à . . .	$6\frac{26}{100}$	*Idem*, depuis 15 ans jusq. 25, aura droit à	$46\frac{54}{100}$	. . . *Idem*	15	. . . .	25	*Idem.*	$46\frac{57}{100}$	*Idem.*
	$8\frac{35}{100}$		$47\frac{10}{100}$		25	. . . .	35		$44\frac{1}{100}$	
	$9\frac{79}{100}$		$49\frac{63}{100}$		35	. . . .	45		$40\frac{41}{100}$	
	$12\frac{3}{100}$		$52\frac{44}{100}$		45	. . . .	55		$35\frac{15}{100}$	
	$14\frac{54}{100}$		$56\frac{17}{100}$		55	. . . .	65		$29\frac{17}{100}$	
	$16\frac{76}{100}$		$61\frac{47}{100}$		65	. . . .	75		$21\frac{27}{100}$	
	$18\frac{15}{100}$		$68\frac{94}{100}$		75	. . . .	85		$12\frac{41}{100}$	
	$19\frac{46}{100}$		$74\frac{40}{100}$		85	. . . .	95		$6\frac{38}{100}$	

Si la rente est constituée pour s'éteindre après la mort de la plus jeune des trois têtes ; qu'elle appartienne d'abord entièrement aux deux plus âgées qui en jouissent par moitié avec réversibilité ; et qu'après la mort de ces deux têtes, elle appartienne toute entière à la plus jeune, l'expectant actuellement âgé

					Ans.	Ans.			
depuis 15 ans jusqu'à 25, aura droit à	$9\frac{70}{100}$	pour cent du capital liquidé. Si l'un des co-associés jouissans est actuellement âgé depuis 25 ans jusqu'à 35 ans, lequel aura droit à	$45\frac{21}{100}$	pour cent du capital liquidé ; pourvu que l'autre co-associé jouissant soit actuellement âgé depuis	25 jusqu'à	35	lequel aura droit à	$45\frac{75}{100}$	pour cent du capital liquidé.
	$11\frac{77}{100}$		$46\frac{56}{100}$		35	45		$41\frac{17}{100}$	
	$14\frac{32}{100}$		$49\frac{44}{100}$		45	55		$36\frac{21}{100}$	
	$17\frac{25}{100}$		$53\frac{5}{100}$		55	65		$29\frac{87}{100}$	
	$19\frac{95}{100}$		$58\frac{15}{100}$		65	75		$21\frac{53}{100}$	
	$22\frac{10}{100}$		$65\frac{50}{100}$		75	85		$12\frac{60}{100}$	
	$23\frac{14}{100}$		$79\frac{69}{100}$		85	95		$6\frac{27}{100}$	
Idem, depuis 15 ans jusq. 25, aura droit à	$14\frac{31}{100}$	*Idem*, depuis 35 ans jusq. 45, aura droit à	$42\frac{816}{1000}$	. . . *Idem*	35	45	*Idem.*	$42\frac{835}{1000}$	*Idem.*
	$17\frac{45}{100}$		$45\frac{20}{100}$		45	55		$37\frac{42}{100}$	
	$20\frac{97}{100}$		$48\frac{31}{100}$		55	65		$30\frac{65}{100}$	
	$24\frac{15}{100}$		$53\frac{45}{100}$		65	75		22	
	$27\frac{84}{100}$		$59\frac{58}{100}$		75	85		$12\frac{75}{100}$	
	$28\frac{44}{100}$		$65\frac{24}{100}$		85	95		$6\frac{22}{100}$	
Idem, depuis 15 ans jusq. 25, aura droit à	$21\frac{43}{100}$	*Idem*, depuis 45 ans jusq. 55, aura droit à	$39\frac{26}{100}$	. . . *Idem*	45	55	*Idem.*	$39\frac{26}{100}$	*Idem.*
	26		$41\frac{95}{100}$		55	65		$32\frac{5}{100}$	
	$30\frac{75}{100}$		$46\frac{54}{100}$		65	75		$22\frac{76}{100}$	
	$34\frac{29}{100}$		$52\frac{42}{100}$		75	85		$13\frac{9}{100}$	
	$36\frac{5}{100}$		$57\frac{65}{100}$		85	95		$6\frac{52}{100}$	
Idem, depuis 15 ans jusq. 25, aura droit à	$31\frac{94}{100}$	*Idem*, depuis 55 ans jusq. 65, aura droit à	$34\frac{3}{100}$	. . . *Idem*	55	65	*Idem.*	$34\frac{3}{100}$	*Idem.*
	$38\frac{45}{100}$		$37\frac{72}{100}$		65	75		$23\frac{83}{100}$	
	$43\frac{11}{100}$		$43\frac{19}{100}$		75	85		$13\frac{57}{100}$	
	$45\frac{73}{100}$		$47\frac{83}{100}$		85	95		$6\frac{46}{100}$	
Idem, depuis 15 ans jusq. 25, aura droit à	$47\frac{40}{100}$	*Idem*, depuis 65 ans jusq. 75, aura droit à	$26\frac{30}{100}$	. . . . *Idem* . . .	65	75	*Idem.*	$26\frac{30}{100}$	*Idem.*
	$55\frac{7}{100}$		$30\frac{17}{100}$		75	85		$14\frac{62}{100}$	
	$58\frac{99}{100}$		$34\frac{54}{100}$		85	95		$6\frac{77}{100}$	
Idem, depuis 15 ans jusq. 25, aura droit à	$66\frac{40}{100}$	*Idem*, depuis 75 ans jusq. 85, aura droit à	$16\frac{80}{100}$	. . . *Idem*	75	85	*Idem.*	$16\frac{80}{100}$	*Idem.*
	$73\frac{6}{100}$		$19\frac{38}{100}$		85	95		$7\frac{58}{100}$	
Idem, depuis 15 ans jusq. 26, aura droit à	$82\frac{49}{100}$	*Idem*, depuis 85 ans jusq. 95, aura droit à	$8\frac{755}{1000}$	. . . *Idem*	85	95	*Idem.*	$8\frac{715}{1000}$	*Idem.*
Idem, depuis 25 ans jusq. 35, aura droit à	$7\frac{99}{100}$	*Idem*, depuis 25 ans jusq. 35, aura droit à	$46\frac{5}{1000}$	. . . *Idem*	25	35	*Idem.*	$46\frac{5}{1000}$	*Idem.*
	$9\frac{52}{100}$		$47\frac{69}{100}$		35	45		$42\frac{49}{100}$	
	$12\frac{19}{100}$		$50\frac{25}{100}$		45	55		$37\frac{16}{100}$	
	$14\frac{90}{100}$		$53\frac{58}{100}$		55	65		$31\frac{23}{100}$	
	$17\frac{79}{100}$		$59\frac{51}{100}$		65	75		$22\frac{70}{100}$	
	$20\frac{2}{100}$		$66\frac{64}{100}$		75	85		$13\frac{15}{100}$	
	$21\frac{11}{100}$		$72\frac{32}{100}$		85	95		$6\frac{57}{100}$	
Idem, depuis 25 ans jusq. 35, aura droit à	$12\frac{9}{100}$	*Idem*, depuis 35 ans jusq. 45, aura droit à	$43\frac{955}{1000}$	. . . *Idem*	35	45	*Idem.*	$43\frac{955}{1000}$	*Idem.*
	$15\frac{3}{100}$		$46\frac{23}{100}$		45	55		$38\frac{74}{100}$	
	$18\frac{43}{100}$		$49\frac{52}{100}$		55	65		$32\frac{5}{100}$	
	$22\frac{4}{100}$		$54\frac{79}{100}$		65	75		$23\frac{17}{100}$	
	$24\frac{83}{100}$		$61\frac{63}{100}$		75	85		$13\frac{54}{100}$	
	$26\frac{19}{100}$		$67\frac{25}{100}$		85	95		$6\frac{63}{100}$	
Idem, depuis 25 ans jusq. 35, aura droit à	$18\frac{79}{100}$	*Idem*, depuis 45 ans jusq. 55, aura droit à	$40\frac{625}{1000}$	. . . *Idem*	45	55	*Idem.*	$40\frac{605}{1000}$	*Idem.*
	$23\frac{19}{100}$		$43\frac{59}{100}$		55	65		$33\frac{41}{100}$	
	$27\frac{93}{100}$		$48\frac{9}{100}$		65	75		$23\frac{56}{100}$	
	$31\frac{66}{100}$		$54\frac{465}{1000}$		75	85		$13\frac{575}{1000}$	
	$33\frac{49}{100}$		$59\frac{955}{1000}$		85	95		$6\frac{735}{1000}$	
Idem, depuis 25 ans jusq. 35, aura droit à	$29\frac{2}{100}$	*Idem*, depuis 55 ans jusq. 65, aura droit à	$35\frac{495}{1000}$	. . . *Idem*	55	65	*Idem.*	$35\frac{635}{1000}$	*Idem.*
	$35\frac{44}{100}$		$39\frac{33}{100}$		65	75		$25\frac{38}{100}$	
	$40\frac{41}{100}$		45		75	85		$14\frac{33}{100}$	
	$43\frac{16}{100}$		$49\frac{96}{100}$		85	95		$6\frac{98}{100}$	
Idem, depuis 25 ans jusq. 35, aura droit à	$44\frac{88}{100}$	*Idem*, depuis 65 ans jusq. 75, aura droit à	$27\frac{66}{100}$	. . . *Idem*	65	75	*Idem.*	$27\frac{68}{100}$	*Idem.*
	$52\frac{15}{100}$		$31\frac{94}{100}$		75	85		$15\frac{49}{100}$	
	$56\frac{66}{100}$		$36\frac{235}{1000}$		85	95		$7\frac{201}{1000}$	
Idem, depuis 25 ans jusq. 35, aura droit à	$64\frac{42}{100}$	*Idem*, depuis 75 ans jusq. 85, aura droit à	$17\frac{79}{100}$	. . . *Idem*	75	85	*Idem.*	$17\frac{79}{100}$	*Idem.*
	$71\frac{44}{100}$		$20\frac{325}{1000}$		85	95		$8\frac{451}{1000}$	
Idem, depuis 25 ans jusq. 35, aura droit à	$81\frac{30}{100}$	*Idem*, depuis 85 ans jusq. 95, aura droit à	$9\frac{325}{1000}$	. . . *Idem*	85	95	*Idem.*	$9\frac{325}{1000}$	*Idem.*

Si la rente viagère est constituée pour s'éteindre après la mort de la plus jeune des trois têtes ; qu'elle appartienno d'abord entièrement aux deux plus âgées ; qui en jouissent par moitié avec réversibilité, qu'après la mort de ces deux têtes elle appartienne toute entière à la plus jeune, l'expectant actuellement âgé

					Ans. . . . Ans.			
depuis 35 ans jusqu'à 45, aura droit à	$9\frac{50}{100}$ $12\frac{7}{100}$ $15\frac{17}{100}$ $18\frac{67}{100}$ $21\frac{77}{100}$ $23\frac{22}{100}$	pour cent du capital liquidé. Si l'un des co-associés jouissans est actuellement âgé depuis 35 ans jusqu'à 45, lequel aura droit à	$45\frac{25}{100}$ $47\frac{12}{100}$ $50\frac{52}{100}$ $56\frac{27}{100}$ $63\frac{55}{100}$ $69\frac{12}{100}$	pour cent du capital liquidé ; pourvu que l'autre co-associé jouissant soit actuellement âgé depuis	35 jusqu'à 45 45 . . . . 55 55 . . . . 65 65 . . . . 75 75 . . . . 85 85 95	lequel aura droit à	$45\frac{25}{100}$ $40\frac{42}{100}$ $33\frac{91}{100}$ $24\frac{86}{100}$ $14\frac{70}{100}$ $7\frac{28}{100}$	pour cent du capital liquidé.
Idem, depuis 35 ans jusq. 45, aura droit à	$15\frac{18}{100}$ $19\frac{54}{100}$ $24\frac{28}{100}$ $28\frac{24}{100}$ $30\frac{10}{100}$	*Idem*, depuis 45 ans jusq. 55, aura droit à	$42\frac{33}{100}$ $45\frac{24}{100}$ $50\frac{27}{100}$ $56\frac{80}{100}$ $62\frac{64}{100}$	. . . *Idem*	45 . . . . 55 55 . . . . 65 65 . . . . 75 75 . . . . 85 85 95	*Idem.*	$42\frac{38}{100}$ $35\frac{31}{100}$ $25\frac{70}{100}$ $15\frac{6}{100}$ $7\frac{36}{100}$	*Idem.*
Idem, depuis 35 ans jusq. 45, aura droit à	$25\frac{5}{100}$ $31\frac{55}{100}$ $36\frac{67}{100}$ $39\frac{58}{100}$	*Idem*, depuis 55 ans jusq. 65, aura droit à	$37\frac{475}{1000}$ $41\frac{49}{100}$ $47\frac{55}{100}$ $52\frac{89}{100}$	. . . *Idem*	55 . . . . 65 65 . . . . 75 75 . . . . 85 85 95	*Idem.*	$37\frac{475}{1000}$ $26\frac{91}{100}$ $15\frac{40}{100}$ $7\frac{55}{100}$	*Idem.*
Idem, depuis 35 ans jusq. 45, aura droit à	$40\frac{78}{100}$ $49\frac{3}{100}$ $53\frac{57}{100}$	*Idem*, depuis 65 ans jusq. 75, aura droit à	$29\frac{67}{100}$ $34\frac{755}{1000}$ $38\frac{74}{100}$	. . . *Idem*	65 . . . . 75 75 . . . . 85 85 95	*Idem.*	$29\frac{67}{100}$ $16\frac{755}{1000}$ $7\frac{89}{100}$	*Idem.*
Idem, depuis 35 ans jusq. 45, aura droit à	$61\frac{44}{100}$ $68\frac{95}{100}$	*Idem*, depuis 75 ans jusq. 85, aura droit à	$19\frac{29}{100}$ $22\frac{24}{100}$	. . . *Idem*	75 . . . . 85 85 95	*Idem.*	$19\frac{28}{100}$ $8\frac{82}{100}$	*Idem.*
Idem, depuis 35 ans jusq. 45, aura droit à	$79\frac{67}{100}$	*Idem*, depuis 85 ans jusq. 95, aura droit à	$10\frac{395}{1000}$	. . . *Idem*	85 95	*Idem.*	$10\frac{395}{1000}$	*Idem.*
Idem, depuis 45 ans jusq. 55, aura droit à	$11\frac{47}{100}$ $15\frac{8}{100}$ $19\frac{61}{100}$ $23\frac{74}{100}$ $25\frac{53}{100}$	*Idem*, depuis 45 ans jusq. 55, aura droit à	$44\frac{265}{1000}$ $47\frac{255}{1000}$ $52\frac{28}{100}$ $59\frac{49}{100}$ $65\frac{515}{1000}$	. . . *Idem*	45 . . . . 55 55 . . . . 65 65 . . . . 75 75 . . . . 85 85 95	*Idem.*	$44\frac{265}{1000}$ $37\frac{575}{1000}$ $28\frac{74}{100}$ $16\frac{81}{100}$ $8\frac{342}{1000}$	*Idem.*
Idem, depuis 45 ans jusq. 55, aura droit à	$19\frac{94}{100}$ $26\frac{13}{100}$ $43\frac{50}{100}$ $34\frac{74}{100}$	*Idem*, depuis 55 ans jusq. 65, aura droit à	$40\frac{3}{100}$ $44\frac{26}{100}$ $50\frac{79}{100}$ $56\frac{735}{1000}$	. . . *Idem*	55 . . . . 65 65 . . . . 75 75 . . . . 85 75 95	*Idem.*	$40\frac{3}{100}$ $29\frac{57}{100}$ $17\frac{41}{100}$ $8\frac{555}{1000}$	*Idem.*
Idem, depuis 45 ans jusq. 55, aura droit à	$35\frac{34}{100}$ $43\frac{94}{100}$ $48\frac{67}{100}$	*Idem*, depuis 65 ans jusq. 75, aura droit à	$32\frac{33}{100}$ $37\frac{35}{100}$ $42\frac{59}{100}$	. . . *Idem*	65 . . . . 75 75 . . . . 85 85 95	*Idem.*	$32\frac{33}{100}$ $18\frac{71}{100}$ $8\frac{94}{100}$	*Idem.*
Idem, depuis 45 ans jusq. 55, aura droit à	$57\frac{5}{100}$ $65\frac{24}{100}$	*Idem*, depuis 75 ans jusq. 85, aura droit à	$21\frac{425}{1000}$ $24\frac{755}{1000}$	. . . *Idem*	75 . . . . 85 85 95	*Idem.*	$21\frac{475}{1000}$ $9\frac{975}{1000}$	*Idem.*
Idem, depuis 45 ans jusq. 55, aura droit à	$76\frac{93}{100}$	*Idem*, depuis 85 ans jusq. 95, aura droit à	$11\frac{545}{1000}$	. . . *Idem*	85 95	*Idem.*	$11\frac{545}{1000}$	*Idem.*
Idem, depuis 55 ans jusq. 65, aura droit à	$13\frac{76}{100}$ $19\frac{35}{100}$ $25\frac{4}{100}$ $28\frac{30}{100}$	*Idem*, depuis 55 ans jusq. 65, aura droit à	$43\frac{22}{100}$ $47\frac{57}{100}$ $54\frac{735}{1000}$ $61\frac{54}{100}$	. . . *Idem*	55 . . . . 65 65 . . . . 75 75 . . . . 85 85 95	*Idem.*	$43\frac{72}{100}$ $33\frac{35}{100}$ $20\frac{225}{1000}$ $10\frac{28}{100}$	*Idem.*
Idem, depuis 55 ans jusq. 65, aura droit à	$27\frac{64}{100}$ $36\frac{49}{100}$ $41\frac{74}{100}$	*Idem*, depuis 65 ans jusq. 75, aura droit à	$36\frac{29}{100}$ $41\frac{22}{100}$ $47\frac{62}{100}$	. . . *Idem*	65 . . . . 75 75 . . . . 85 85 95	*Idem.*	$36\frac{18}{100}$ $21\frac{70}{100}$ $10\frac{84}{100}$	*Idem.*
Idem, depuis 55 ans jusq. 65, aura droit à	$50\frac{25}{100}$ $59\frac{40}{100}$	*Idem*, depuis 75 ans jusq. 75, aura droit à	$24\frac{375}{1000}$ $28\frac{73}{100}$	. . . *Idem*	75 . . . . 85 85 95	*Idem.*	$24\frac{375}{1000}$ $11\frac{37}{200}$	*Idem.*
Idem, depuis 55 ans jusq. 65, aura droit à	$72\frac{55}{100}$	*Idem*, depuis 85 ans jusq. 95, aura droit à	$13\frac{715}{1000}$	. . . *Idem*	85 75	*Idem.*	$13\frac{715}{1000}$	*Idem.*

Si la rente viagère est constituée pour s'éteindre après la mort de la plus jeune des trois têtes ; qu'elle appartienne d'abord entièrement aux deux plus âgées qui en jouissent par moitié avec réversibilité ; et qu'après la mort de ces deux têtes elle appartienne toute entière à la plus jeune ; l'expectant actuellement âgé

depuis 65 ans jusqu'à 75, aura droit à	17 $\frac{67}{100}$ 25 $\frac{84}{100}$ 31 $\frac{55}{100}$	pour cent du capital liquidé, si un des co-associés jouissans est actuellement âgé dep. 65 ans jusqu'à 75, lequel aura droit à. . .	41 $\frac{745}{1000}$ 47 $\frac{53}{100}$ 54 $\frac{517}{1000}$	pour cent du capital liquidé, pourvu que l'autre co-associé jouissant soit actuellement âgé depuis	Ans. Ans. 65 . . . . . 75 75 . . . . . 85 85 95	lequel aura droit à	41 $\frac{745}{1000}$ 26 $\frac{67}{100}$ 13 $\frac{935}{1000}$	*Idem.*
Idem, depuis 65 ans jusq. 75, aura droit à	39 $\frac{7}{100}$ 49 $\frac{73}{100}$	*Idem*, depuis 75 ans jusq. 85, aura droit à	30 $\frac{465}{1000}$ 35 $\frac{855}{1000}$	. . . *Idem*	75 . . . . . 85 85 95	*Idem.*	30 $\frac{465}{1000}$ 15 $\frac{575}{1000}$	*Idem.*
Idem, depuis 65 ans jusq. 75, aura droit à	64 $\frac{15}{100}$	*Idem*, depuis 85 ans jusq. 95, aura droit à	17 $\frac{915}{1000}$	. . . *Idem*	85 95	*Idem.*	17 $\frac{915}{1000}$	*Idem.*
Idem, depuis 75 ans jusq. 85, aura droit à	24 $\frac{24}{100}$ 33 $\frac{97}{100}$	*Idem*, depuis 75 ans jusq. 85, aura droit à	37 $\frac{88}{100}$ 43 $\frac{87}{100}$	. . . *Idem*	75 . . . . . 85 85 95	*Idem.*	37 $\frac{88}{100}$ 22 $\frac{76}{100}$	*Idem.*
Idem, depuis 75 ans jusq. 85, aura droit à	48 $\frac{93}{100}$	*Idem*, depuis 85 ans jusq. 95, aura droit à	25 $\frac{335}{1000}$	. . . *Idem*	85 95	*Idem.*	25 $\frac{335}{1000}$	*Idem.*
Idem, depuis 85 ans jusq. 95, aura droit à	26 $\frac{75}{100}$	*Idem*, depuis 85 ans jusq. 95, aura droit à	36 $\frac{62}{100}$	. . . *Idem*	85 95	*Idem.*	36 $\frac{62}{100}$	*Idem.*

N°. 9.

TABLE pour régler la répartition du capital provenant des rentes viagères constituées sur deux têtes, entre deux jouissans.

Si la rente viagère est constituée sur la tête même des deux propriétaires, qu'elle soit partagée entre eux également pendant leurs vies unies, et qu'elle appartienne ensuite entièrement au survivant;

Celui qui est actuellement âgé depuis 2 ans 6 mois jusqu'à 7 ans 6 mois, aura droit à . . . [colonne 1] Pour cent du capital liquidé, tandis que celui qui est actuellement âgé depuis . . . [colonne 2] aura droit à [colonne 3] Pour cent du capital liquidé.

Pour cent	Ans	Mois		Ans	Mois	Pour cent
50	2	6	jusqu'à	7	6	50
49 $\frac{72}{100}$	7	6	. . . .	12	6	50 $\frac{18}{100}$
50 $\frac{69}{100}$	12	6	. . . .	17	6	49 $\frac{52}{100}$
52 $\frac{37}{100}$	17	6	. . . .	22	6	47 $\frac{64}{100}$
53 $\frac{65}{100}$	22	6	. . . .	27	6	46 $\frac{17}{100}$
55 $\frac{78}{100}$	27	6	. . . .	32	6	44 $\frac{98}{100}$
56 $\frac{94}{100}$	32	6	. . . .	37	6	43 $\frac{4}{100}$
59 $\frac{5}{100}$	37	6	. . . .	42	6	40 [illegible]
61 $\frac{17}{100}$	42	6	. . . .	47	6	38 $\frac{65}{100}$
64 $\frac{22}{100}$	47	6	. . . .	52	6	35 $\frac{59}{100}$
67 $\frac{7}{100}$	52	6	. . . .	57	6	32 $\frac{61}{100}$
70 $\frac{42}{100}$	57	6	. . . .	62	6	29 $\frac{5}{100}$
74 $\frac{27}{100}$	62	6	. . . .	67	6	25 $\frac{73}{100}$
78 $\frac{52}{100}$	67	6	. . . .	72	6	21 $\frac{38}{100}$
83 $\frac{33}{100}$	72	6	. . . .	77	6	16 $\frac{84}{100}$
87 $\frac{52}{100}$	77	6	. . . .	82	6	12 $\frac{48}{100}$
91 $\frac{34}{100}$	82	6	. . . .	87	6	8 $\frac{76}{100}$
93 $\frac{91}{100}$	87	6	. . . .	92	6	6 $\frac{7}{100}$

Idem, depuis 7 ans 6 mois, jusqu'à 12 ans 6 mois, aura droit à . . . . *Idem* . . . . . . *Idem* . . . . . . *Idem* . . .

Pour cent	Ans	Mois		Ans	Mois	Pour cent
50	7	6	jusqu'à	12	6	50
51 $\frac{59}{100}$	12	6	. . . .	17	6	48 $\frac{42}{100}$
53 $\frac{25}{100}$	17	6	. . . .	22	6	46 $\frac{71}{100}$
54 $\frac{60}{100}$	22	6	. . . .	27	6	45 $\frac{49}{100}$
56 $\frac{71}{100}$	27	6	. . . .	32	6	43 $\frac{15}{100}$
57 $\frac{86}{100}$	32	6	. . . .	37	6	42 $\frac{72}{100}$
59 $\frac{99}{100}$	37	6	. . . .	42	6	40 $\frac{7}{100}$
62 $\frac{34}{100}$	42	6	. . . .	47	6	37 $\frac{66}{100}$
65 $\frac{9}{100}$	47	6	. . . .	52	6	34 $\frac{9}{100}$
67 $\frac{4}{100}$	52	6	. . . .	57	6	32 $\frac{56}{100}$
71 $\frac{1}{100}$	57	6	. . . .	62	6	28 $\frac{67}{100}$
75 $\frac{18}{100}$	62	6	. . . .	67	6	24 $\frac{3}{100}$
79 $\frac{43}{100}$	67	6	. . . .	72	6	20 $\frac{53}{100}$
83 $\frac{94}{100}$	72	6	. . . .	77	6	16 $\frac{26}{100}$
88 $\frac{3}{100}$	77	6	. . . .	82	6	11 $\frac{91}{100}$
91 $\frac{46}{100}$	82	6	. . . .	87	6	8 $\frac{34}{100}$
94 $\frac{25}{100}$	87	6	. . . .	92	6	5 $\frac{79}{100}$

Idem, depuis 12 ans 6 mois jusqu'à 17 ans 6 mois, aura droit à . . . . *Idem* . . . . . . *Idem* . . . . . . *Idem* . . .

Pour cent	Ans	Mois		Ans	Mois	Pour cent
50	12	6	jusqu'à	17	6	50
51 $\frac{71}{100}$	17	6	. . . .	22	6	48 $\frac{19}{100}$
53 $\frac{1}{100}$	22	6	. . . .	27	6	46 $\frac{97}{100}$
54 $\frac{55}{100}$	27	6	. . . .	32	6	45 $\frac{44}{100}$
56 $\frac{53}{100}$	32	6	. . . .	37	6	43 $\frac{63}{100}$
58 $\frac{48}{100}$	37	6	. . . .	42	6	41 $\frac{52}{100}$
60 $\frac{85}{100}$	42	6	. . . .	47	6	39 $\frac{22}{100}$
63 $\frac{61}{100}$	47	6	. . . .	52	6	36 $\frac{18}{100}$
66 $\frac{72}{100}$	52	6	. . . .	57	6	33 $\frac{18}{100}$
70 $\frac{77}{100}$	57	6	. . . .	62	6	29 $\frac{84}{100}$
74 $\frac{15}{100}$	62	6	. . . .	67	6	25 $\frac{51}{100}$
78 $\frac{50}{100}$	67	6	. . . .	72	6	21 $\frac{42}{100}$
83 $\frac{26}{100}$	71	6	. . . .	77	6	16 $\frac{14}{100}$
87 $\frac{51}{100}$	77	6	. . . .	82	6	12 $\frac{41}{100}$
91 $\frac{51}{100}$	82	6	. . . .	87	6	8 $\frac{69}{100}$
93 $\frac{99}{100}$	87	6	. . . .	92	6	6 $\frac{7}{100}$

Idem, depuis 17 ans 6 mois jusqu'à 22 ans 6 mois, aura droit à . . . . *Idem* . . . . . . *Idem* . . . . . . *Idem* . . .

Pour cent	Ans	Mois		Ans	Mois	Pour cent
50	17	6	jusqu'à	22	6	50
51 $\frac{53}{100}$	22	6	. . . .	27	6	48 $\frac{67}{100}$
52 $\frac{97}{100}$	27	6	. . . .	32	6	47 $\frac{11}{100}$
54 $\frac{67}{100}$	32	6	. . . .	37	6	45 $\frac{55}{100}$
56 $\frac{22}{100}$	37	6	. . . .	42	6	43 $\frac{71}{100}$
59 $\frac{76}{100}$	42	6	. . . .	47	6	40 [illegible]
62 $\frac{35}{100}$	47	6	. . . .	52	6	37 [illegible]
65 $\frac{14}{100}$	52	6	. . . .	57	6	34 [illegible]
68 $\frac{50}{100}$	57	6	. . . .	62	6	31 $\frac{10}{100}$
72 $\frac{10}{100}$	62	6	. . . .	67	6	27 $\frac{3}{100}$
77 $\frac{56}{100}$	67	6	. . . .	72	6	22 $\frac{46}{100}$
82 $\frac{41}{100}$	72	6	. . . .	77	6	17 $\frac{62}{100}$
86 $\frac{95}{100}$	77	6	. . . .	82	6	13 $\frac{3}{100}$
90 $\frac{50}{100}$	82	6	. . . .	87	6	9 [illegible]
93 $\frac{68}{100}$	87	6	. . . .	92	6	6 $\frac{51}{100}$

Si la rente viagère est constituée sur la tête même des deux propriétaires, qu'elle soit partagée entre eux également pendant leurs vies unies, et qu'elle appartienne ensuite entièrement au survivant;

			Ans.	Mois.		Ans.	Mois.			
Celui qui est actuellement âgé depuis 22 ans 6 mois jusqu'à 27 ans 6 mois, aura droit à.	50	Pour cent du capital liquidé, tandis que celui qui est actuellement âgé depuis. . .	22	6	jusqu'à	27	6	aura droit à	50	Pour cent du capital liquidé.
	51 $\frac{11}{100}$		27	6	. . . . .	32	6		48 $\frac{47}{100}$	
	53 $\frac{35}{100}$		32	6	. . . . .	37	6		46 $\frac{63}{100}$	
	55 $\frac{43}{100}$		37	6	. . . . .	42	6		44 $\frac{47}{100}$	
	58 $\frac{78}{100}$		42	6	. . . . .	47	6		41 $\frac{99}{100}$	
	60 $\frac{97}{100}$		47	6	. . . . .	52	6		39 $\frac{1}{100}$	
	64 $\frac{21}{100}$		52	6	. . . . .	57	6		35 $\frac{79}{100}$	
	67 $\frac{73}{100}$		57	6	. . . . .	62	6		32 $\frac{24}{100}$	
	71 $\frac{95}{100}$		62	6	. . . . .	67	6		28 $\frac{5}{100}$	
	76 $\frac{73}{100}$		67	6	. . . . .	72	6		23 $\frac{73}{100}$	
	81 $\frac{70}{100}$		72	6	. . . . .	77	6		18 $\frac{30}{100}$	
	86 $\frac{91}{100}$		77	6	. . . . .	82	6		13 $\frac{43}{100}$	
	90 $\frac{55}{100}$		82	6	. . . . .	87	6		9 $\frac{41}{100}$	
	93 $\frac{46}{100}$		87	6	. . . . .	92	6		6 $\frac{34}{100}$	
Idem, depuis 27 ans 6 mois jusqu'à 32 ans 6 mois, aura droit à.	50	. . . . *Idem*.	27	6	jusqu'à	32	6	. . *Idem*. .	50	. . . *Idem*. . .
	51 $\frac{82}{100}$		32	6	. . . . .	37	6		48 $\frac{16}{100}$	
	54 $\frac{3}{100}$		37	6	. . . . .	42	6		45 $\frac{97}{100}$	
	56 $\frac{54}{100}$		42	6	. . . . .	47	6		43 $\frac{46}{100}$	
	59 $\frac{30}{100}$		47	6	. . . . .	52	6		40 $\frac{10}{100}$	
	62 $\frac{75}{100}$		52	6	. . . . .	57	6		37 $\frac{14}{100}$	
	66 $\frac{17}{100}$		57	6	. . . . .	62	6		33 $\frac{48}{100}$	
	70 $\frac{84}{100}$		62	6	. . . . .	67	6		29 $\frac{26}{100}$	
	75 $\frac{82}{100}$		67	6	. . . . .	72	6		24 $\frac{19}{100}$	
	80 $\frac{95}{100}$		72	6	. . . . .	77	6		19 $\frac{5}{100}$	
	85 $\frac{94}{100}$		77	6	. . . . .	82	6		14 $\frac{6}{100}$	
	90 $\frac{28}{100}$		82	6	. . . . .	87	6		9 $\frac{54}{100}$	
	93 $\frac{20}{100}$		87	6	. . . . .	92	6		6 $\frac{20}{100}$	
Idem, depuis 32 ans 6 mois jusquà 37 ans 6 mois, aura droit à.	50	. . . . *Idem*.	32	6	jusqu'à	37	6	. . *Idem*. .	50	. . . *Idem*. . .
	52 $\frac{31}{100}$		37	6	. . . . .	42	6		47 $\frac{79}{100}$	
	54 $\frac{76}{100}$		42	6	. . . . .	47	6		45 $\frac{94}{100}$	
	57 $\frac{79}{100}$		47	6	. . . . .	52	6		42 $\frac{21}{100}$	
	61 $\frac{71}{100}$		52	6	. . . . .	57	6		38 $\frac{53}{100}$	
	64 $\frac{98}{100}$		57	6	. . . . .	62	6		35 $\frac{2}{100}$	
	69 $\frac{47}{100}$		62	6	. . . . .	67	6		30 $\frac{13}{100}$	
	74 $\frac{66}{100}$		67	6	. . . . .	72	6		25 $\frac{34}{100}$	
	80 $\frac{3}{100}$		72	6	. . . . .	77	6		19 $\frac{98}{100}$	
	85 $\frac{13}{100}$		77	6	. . . . .	82	6		14 $\frac{75}{100}$	
	89 $\frac{67}{100}$		82	6	. . . . .	87	6		10 $\frac{33}{100}$	
	92 $\frac{57}{100}$		87	6	. . . . .	92	6		7 $\frac{13}{100}$	
Idem, depuis 37 ans 6 mois jusqu'à 42 ans 6 mois, aura droit à.	50	. . . . *Idem*.	37	6	jusqu'à	42	6	. . *Idem*. .	50	. . . *Idem*. . .
	52 $\frac{36}{100}$		42	6	. . . . .	47	6		47 $\frac{22}{100}$	
	55 $\frac{63}{100}$		47	6	. . . . .	52	6		44 $\frac{37}{100}$	
	59 $\frac{5}{100}$		52	6	. . . . .	57	6		40 $\frac{93}{100}$	
	63 $\frac{1}{100}$		57	6	. . . . .	62	6		36 $\frac{97}{100}$	
	67 $\frac{77}{100}$		62	6	. . . . .	67	6		32 $\frac{29}{100}$	
	73 $\frac{74}{100}$		67	6	. . . . .	72	6		26 $\frac{86}{100}$	
	78 $\frac{87}{100}$		72	6	. . . . .	77	6		21 $\frac{79}{100}$	
	84 $\frac{34}{100}$		77	6	. . . . .	82	6		15 $\frac{65}{100}$	
	89 $\frac{4}{100}$		82	6	. . . . .	87	6		10 $\frac{96}{100}$	
	92 $\frac{45}{100}$		87	6	. . . . .	92	6		7 $\frac{35}{100}$	
Idem, depuis 42 ans 6 mois, jusqu'à 47 ans 6 mois, aura droit à.	50	. . . . *Idem*.	42	6	jusqu'à	47	6	. . *Idem*. .	50	. . . *Idem*. . .
	53 $\frac{20}{100}$		47	6	. . . . .	52	6		46 $\frac{90}{100}$	
	56 $\frac{39}{100}$		52	6	. . . . .	57	6		43 $\frac{21}{100}$	
	60 $\frac{70}{100}$		57	6	. . . . .	62	6		39 $\frac{36}{100}$	
	65 $\frac{18}{100}$		62	6	. . . . .	67	6		34 $\frac{41}{100}$	
	71 $\frac{89}{100}$		67	6	. . . . .	72	6		28 $\frac{71}{100}$	
	77 $\frac{31}{100}$		72	6	. . . . .	77	6		22 $\frac{68}{100}$	
	83 $\frac{22}{100}$		77	6	. . . . .	82	6		16 $\frac{78}{100}$	
	88 $\frac{63}{100}$		82	6	. . . . .	87	6		11 $\frac{[illegible]}{100}$	
	91 $\frac{93}{100}$		87	6	. . . . .	92	6		8 $\frac{9}{100}$	
Idem, depuis 47 ans 6 mois, jusqu'à 52 ans 6 mois, aura droit à.	50	. . . . *Idem*.	47	6	jusqu'à	52	6	. . *Idem*. .	50	. . . *Idem*. . .
	53 $\frac{53}{100}$		52	6	. . . . .	57	6		46 $\frac{47}{100}$	
	57 $\frac{78}{100}$		57	6	. . . . .	62	6		42 $\frac{24}{100}$	
	62 $\frac{85}{100}$		62	6	. . . . .	67	6		37 $\frac{73}{100}$	
	68 $\frac{83}{100}$		67	6	. . . . .	72	6		31 $\frac{21}{100}$	
	75 $\frac{35}{100}$		72	6	. . . . .	77	6		24 $\frac{65}{100}$	
	81 $\frac{73}{100}$		77	6	. . . . .	82	6		18 $\frac{37}{100}$	
	87 $\frac{30}{100}$		82	6	. . . . .	87	6		12 $\frac{50}{100}$	
	91 $\frac{89}{100}$		87	6	. . . . .	92	6		8 $\frac{87}{100}$	

Si la rente viagère est constituée sur la tête même des deux propriétaires, qu'elle soit partagée entre eux également pendant leurs vies unies, et appartienne ensuite entièrement au survivant;

			Ans. Mois.		Ans. Mois.			
Celui qui est actuellement âgé depuis 52 ans 6 mois jusqu'à 57 ans 6 mois, aura droit à . . .	50	Pour cent du capital liquidé, tandis que celui qui est actuellement âgé depuis	52 6	jusqu'à	57 6	aura droit à	50	Pour cent du capital liquidé.
	54 $\frac{30}{100}$		57 6	. . . .	62 6		45 $\frac{90}{100}$	
	59 $\frac{8}{100}$		62 6	. . . .	67 6		40 $\frac{43}{100}$	
	65 $\frac{9}{100}$		67 6	. . . .	72 6		34 $\frac{1}{100}$	
	72 $\frac{91}{100}$		72 6	. . . .	77 6		27 $\frac{9}{100}$	
	79 $\frac{10}{100}$		77 6	. . . .	82 6		20 $\frac{31}{100}$	
	85 [illegible]		82 6	. . . .	87 6		14 $\frac{12}{100}$	
	90 $\frac{29}{100}$		87 6	. . . .	92 6		9 [illegible]	
Idem, depuis 57 ans 6 mois jusqu'à 62 ans 6 mois, aura droit à	50	. . . . *Idem*	57 6	jusqu'à	62 6	. . *Idem* . .	50	. . . *Idem* . . .
	54 $\frac{59}{100}$		62 6	. . . .	67 6		45 $\frac{32}{100}$	
	62 $\frac{17}{100}$		67 6	. . . .	72 6		37 $\frac{13}{100}$	
	69 $\frac{16}{100}$		72 6	. . . .	77 6		30 $\frac{31}{100}$	
	77 $\frac{11}{100}$		77 6	. . . .	82 6		22 $\frac{63}{100}$	
	84 $\frac{9}{100}$		82 6	. . . .	87 6		15 $\frac{93}{100}$	
	89 $\frac{9}{100}$		87 6	. . . .	92 6		10 $\frac{93}{100}$	
Idem, depuis 62 ans 6 mois jusqu'à 67 ans 6 mois, aura droit à	50	. . . . *Idem*	62 6	jusqu'à	67 6	. . *Idem* . .	50	. . . *Idem* . . .
	57 $\frac{8}{100}$		67 6	. . . .	72 6		42 $\frac{98}{100}$	
	65 $\frac{31}{100}$		72 6	. . . .	77 6		34 $\frac{58}{100}$	
	73 $\frac{14}{100}$		77 6	. . . .	82 6		25 $\frac{16}{100}$	
	81 $\frac{4}{100}$		82 6	. . . .	87 6		18 $\frac{33}{100}$	
	87 $\frac{34}{100}$		87 6	. . . .	92 6		12 $\frac{76}{100}$	
Idem, depuis 67 ans 6 mois jusqu'à 72 ans 6 mois, aura droit à	50	. . . . *Idem*	67 6	jusqu'à	72 6	. . *Idem* . .	50	. . . *Idem* . . .
	58 $\frac{42}{100}$		72 6	. . . .	77 6		41 $\frac{32}{100}$	
	68 [illegible]		77 6	. . . .	82 6		31 $\frac{13}{100}$	
	77 $\frac{10}{100}$		82 6	. . . .	87 6		22 $\frac{70}{100}$	
	84 $\frac{34}{100}$		87 6	. . . .	92 6		15 $\frac{66}{100}$	
Idem, depuis 72 ans 6 mois, jusqu'à 77 ans 6 mois, aura droit à	50	. . . . *Idem*	72 6	jusqu'à	77 6	. . *Idem* . .	50	. . . *Idem* . . .
	60 $\frac{44}{100}$		77 6	. . . .	82 6		39 $\frac{36}{100}$	
	71 $\frac{1}{100}$		82 6	. . . .	87 6		28 $\frac{97}{100}$	
	79 $\frac{92}{100}$		87 6	. . . .	92 6		20 $\frac{1}{100}$	
Idem, depuis 77 ans 6 mois, jusqu'à 82 ans 6 mois, aura droit à	50	. . . . *Idem*	77 6	jusqu'à	82 6	. . *Idem* . .	50	. . . *Idem* . . .
	61 $\frac{77}{100}$		82 6	. . . .	87 6		38 $\frac{28}{100}$	
	72 $\frac{50}{100}$		87 6	. . . .	92 6		27 $\frac{80}{100}$	
Idem, depuis 82 ans 6 mois, jusqu'à 87 ans 6 mois, aura droit à	50	. . . . *Idem*	82 6	jusqu'à	87 6	. . *Idem* . .	50	. . . *Idem* . . .
	61 $\frac{83}{100}$		87 6	. . . .	92 6		38 $\frac{73}{100}$	
Idem, depuis 87 ans 6 mois, jusqu'à 92 ans 6 mois, aura droit à	50	. . . . *Idem*	87 6	jusqu'à	92 6	. . *Idem* . .	50	. . . *Idem* . . .

N°. 10.

TABLE pour régler entre deux Propriétaires, l'un jouissant et l'autre expectant, la répartition du capital provenant des rentes viagères constituées sur leurs deux têtes.

Si la rente viagère est constituée sur la tête même des deux propriétaires, qu'elle appartienne toute entière à l'un des deux pendant sa vie, tandis que l'autre n'en doit jouir qu'après la mort du jouissant actuel ;

Celui qui, étant jouissant, est actuellement âgé depuis 2 ans 6 mois jusqu'à 7 ans 6 mois, a droit à . . . (Pour cent du capital liquidé, si son co-associé expectant est actuellement âgé depuis . . . Lequel aura droit à . . . Pour cent du capital liquidé.)

Jouissant : pour cent du capital liquidé	Ans	Mois		Ans	Mois	Expectant : pour cent du capital liquidé
83 $\frac{91}{100}$	2	6	jusqu'à	7	6	16 $\frac{90}{100}$
84	7	6	. . . .	12	6	16
84 $\frac{92}{100}$	12	6	. . . .	17	6	15 $\frac{9}{100}$
85 $\frac{84}{100}$	17	6	. . . .	22	6	14 $\frac{24}{100}$
86 $\frac{64}{100}$	22	6	. . . .	27	6	13 $\frac{71}{100}$
87 $\frac{53}{100}$	27	6	. . . .	32	6	12 $\frac{30}{100}$
88 $\frac{48}{100}$	32	6	. . . .	37	6	11 $\frac{92}{100}$
89 $\frac{52}{100}$	37	6	. . . .	42	6	10 $\frac{48}{100}$
90 $\frac{76}{100}$	42	6	. . . .	47	6	9 $\frac{38}{100}$
91 $\frac{78}{100}$	47	6	. . . .	52	6	8 $\frac{22}{100}$
92 $\frac{94}{100}$	52	6	. . . .	57	6	7 $\frac{6}{100}$
94 $\frac{12}{100}$	57	6	. . . .	62	6	5 $\frac{88}{100}$
95 $\frac{32}{100}$	62	6	. . . .	67	6	4 $\frac{69}{100}$
96 $\frac{42}{100}$	67	6	. . . .	72	6	3 $\frac{51}{100}$
97 $\frac{49}{100}$	72	6	. . . .	77	6	2 $\frac{57}{100}$
98 $\frac{35}{100}$	77	6	. . . .	82	6	1 $\frac{65}{100}$
98 $\frac{97}{100}$	82	6	. . . .	87	6	1 $\frac{3}{100}$
99 $\frac{82}{100}$	87	6	. . . .	92	6	$\frac{18}{100}$

Idem, depuis 7 ans 6 mois jusqu'à 12 ans 6 mois, a droit à . . . *Idem* . . . *Idem* . . . *Idem*.

Jouissant	Ans	Mois		Ans	Mois	Expectant
85 $\frac{77}{100}$	2	6	jusqu'à	7	6	14 $\frac{74}{100}$
85 $\frac{95}{100}$	7	6	. . . .	12	6	14 $\frac{5}{100}$
86 $\frac{98}{100}$	12	6	. . . .	17	6	13 $\frac{37}{100}$
87 $\frac{81}{100}$	17	6	. . . .	22	6	12 $\frac{79}{100}$
88 $\frac{64}{100}$	22	6	. . . .	27	6	11 $\frac{76}{100}$
89 $\frac{14}{100}$	27	6	. . . .	32	6	10 $\frac{46}{100}$
90 $\frac{52}{100}$	32	6	. . . .	37	6	9 $\frac{48}{100}$
91 $\frac{56}{100}$	37	6	. . . .	42	6	8 $\frac{44}{100}$
92 $\frac{81}{100}$	42	6	. . . .	47	6	7 $\frac{37}{100}$
93 $\frac{73}{100}$	47	6	. . . .	52	6	6 $\frac{35}{100}$
94 $\frac{85}{100}$	52	6	. . . .	57	6	5 $\frac{85}{100}$
95 $\frac{93}{100}$	57	6	. . . .	62	6	4 $\frac{7}{100}$
96 $\frac{97}{100}$	62	6	. . . .	67	6	3 $\frac{5}{100}$
97 $\frac{92}{100}$	67	6	. . . .	72	6	2 $\frac{9}{100}$
98 $\frac{35}{100}$	72	6	. . . .	77	6	1 $\frac{45}{100}$
99 $\frac{21}{100}$	77	6	. . . .	82	6	$\frac{79}{100}$
99 $\frac{36}{100}$	82	6	. . . .	87	6	$\frac{44}{100}$
99 $\frac{75}{100}$	87	6	. . . .	92	6	$\frac{22}{100}$

Idem, depuis 12 ans 6 mois jusqu'à 17 ans 6 mois, a droit à . . . *Idem* . . . *Idem* . . . *Idem*.

Jouissant	Ans	Mois		Ans	Mois	Expectant
83 $\frac{41}{100}$	2	6	jusqu'à	7	6	16 $\frac{45}{100}$
83 $\frac{72}{100}$	7	6	. . . .	12	6	16 $\frac{28}{100}$
84 $\frac{73}{100}$	12	6	. . . .	17	6	15 $\frac{87}{100}$
85 $\frac{76}{100}$	17	6	. . . .	22	6	14 $\frac{24}{100}$
86 $\frac{47}{100}$	22	6	. . . .	27	6	13 $\frac{3}{100}$
87 $\frac{67}{100}$	27	6	. . . .	32	6	12 $\frac{35}{100}$
88 $\frac{76}{100}$	32	6	. . . .	37	6	11 $\frac{24}{100}$
89 $\frac{54}{100}$	37	6	. . . .	42	6	10 $\frac{6}{100}$
91 $\frac{15}{100}$	42	6	. . . .	47	6	8 $\frac{54}{100}$
92 $\frac{24}{100}$	47	6	. . . .	52	6	7 $\frac{56}{100}$
93 $\frac{73}{100}$	52	6	. . . .	57	6	6 $\frac{20}{100}$
94 $\frac{59}{100}$	57	6	. . . .	62	6	5 $\frac{7}{100}$
96 $\frac{13}{100}$	62	6	. . . .	67	6	3 $\frac{3}{100}$
97 $\frac{18}{100}$	67	6	. . . .	72	6	2 $\frac{61}{100}$
98 $\frac{12}{100}$	72	6	. . . .	77	6	1 $\frac{68}{100}$
99 $\frac{1}{100}$	77	6	. . . .	82	6	$\frac{97}{100}$
99 $\frac{47}{100}$	82	6	. . . .	87	6	$\frac{53}{100}$
99 $\frac{75}{100}$	87	6	. . . .	92	6	$\frac{35}{100}$

Si la rente viagère est constituée sur la tête même des deux propriétaires ; qu'elle appartienne toute entière à un des deux pendant sa vie, tandis que l'autre ne doit jouir qu'après la mort du jouissant actuel ; celui qui, étant jouissant, est actuellement âgé

			Ans Mois		Ans Mois			
depuis 17 ans 6 mois jusqu'à 22 ans 6 mois, a droit à . . .	81 $\frac{9}{100}$	Pour cent du capital liquidé, si son co-associé expectant est actuellement âgé depuis. . .	2 6	jusqu'à	7 6	Lequel aura droit à . .	18 $\frac{91}{100}$	Pour cent du capital liquidé.
	81 $\frac{23}{100}$		7 6	. . . .	12 6		18 [illegible]	
	82 $\frac{35}{100}$		12 6	. . . .	17 6		17 $\frac{63}{100}$	
	83 $\frac{44}{100}$		17 6	. . . .	22 6		16 $\frac{34}{100}$	
	84 $\frac{46}{100}$		22 6	. . . .	27 6		15 $\frac{52}{100}$	
	85 $\frac{5}{100}$		27 6	. . . .	32 6		14 [illegible]	
	86 $\frac{15}{100}$		32 6	. . . .	37 6		13 $\frac{23}{100}$	
	88 [illegible]		37 6	. . . .	42 6		11 [illegible]	
	89 $\frac{22}{100}$		42 6	. . . .	47 6		10 $\frac{58}{100}$	
	90 $\frac{17}{100}$		47 6	. . . .	52 6		9 [illegible]	
	92 $\frac{51}{100}$		52 6	. . . .	57 6		7 $\frac{69}{100}$	
	93 $\frac{5}{100}$		57 6	. . . .	62 6		6 $\frac{22}{100}$	
	95 $\frac{14}{100}$		62 6	. . . .	67 6		4 $\frac{75}{100}$	
	96 $\frac{41}{100}$		67 6	. . . .	72 6		3 $\frac{39}{100}$	
	97 $\frac{7}{100}$		72 6	. . . .	77 6		2 $\frac{23}{100}$	
	98 $\frac{6}{100}$		77 6	. . . .	82 6		1 $\frac{34}{100}$	
	99 $\frac{24}{100}$		82 6	. . . .	87 6		[illegible]	
	99 $\frac{2}{100}$		87 6	. . . .	92 6		$\frac{37}{100}$	
Idem, depuis 22 ans 6 mois jusqu'à 27 ans 6 mois, a droit à	79 [illegible]	. . . . . *Idem*	2 6	jusqu'à	7 6	. . *Idem* . .	20 [illegible]	. . . *Idem* . . .
	79 [illegible]		7 6	. . . .	12 6		20 [illegible]	
	80 [illegible]		12 6	. . . .	17 6		19 [illegible]	
	81 [illegible]		17 6	. . . .	22 6		18 [illegible]	
	82 [illegible]		22 6	. . . .	27 6		17 [illegible]	
	84 [illegible]		27 6	. . . .	32 6		15 [illegible]	
	85 [illegible]		32 6	. . . .	37 6		14 [illegible]	
	86 [illegible]		37 6	. . . .	42 6		13 [illegible]	
	88 [illegible]		42 6	. . . .	47 6		11 [illegible]	
	89 [illegible]		47 6	. . . .	52 6		10 [illegible]	
	91 [illegible]		52 6	. . . .	57 6		8 [illegible]	
	93 [illegible]		57 6	. . . .	62 6		6 [illegible]	
	94 [illegible]		62 6	. . . .	67 6		5 [illegible]	
	96 [illegible]		67 6	. . . .	72 6		3 [illegible]	
	97 [illegible]		72 6	. . . .	77 6		2 [illegible]	
	98 [illegible]		77 6	. . . .	82 6		1 [illegible]	
	99 [illegible]		82 6	. . . .	87 6		[illegible]	
	97 [illegible]		87 6	. . . .	92 6		[illegible]	
Idem, depuis 27 ans 6 mois jusqu'à 32 ans 6 mois, a droit à	77 [illegible]	. . . . . *Idem*	2 6	jusqu'à	7 6	. . *Idem* . .	22 [illegible]	. . . *Idem* . . .
	77 [illegible]		7 6	. . . .	12 6		22 [illegible]	
	78 [illegible]		12 6	. . . .	17 6		21 [illegible]	
	79 [illegible]		17 6	. . . .	22 6		20 [illegible]	
	80 [illegible]		22 6	. . . .	27 6		19 [illegible]	
	82 [illegible]		27 6	. . . .	32 6		17 [illegible]	
	83 [illegible]		32 6	. . . .	37 6		16 [illegible]	
	85 [illegible]		37 6	. . . .	42 6		14 [illegible]	
	86 [illegible]		42 6	. . . .	47 6		13 [illegible]	
	88 [illegible]		47 6	. . . .	52 6		11 [illegible]	
	90 [illegible]		52 6	. . . .	57 6		9 [illegible]	
	92 [illegible]		57 6	. . . .	62 6		7 [illegible]	
	94 [illegible]		62 6	. . . .	67 6		5 [illegible]	
	95 [illegible]		67 6	. . . .	72 6		4 [illegible]	
	97 [illegible]		72 6	. . . .	77 6		2 [illegible]	
	98 [illegible]		77 6	. . . .	82 6		1 [illegible]	
	99 [illegible]		82 6	. . . .	87 6		[illegible]	
	99 [illegible]		87 6	. . . .	92 6		[illegible]	
Idem, depuis 32 ans 6 mois jusqu'à 37 ans 6 mois, a droit à	74 [illegible]	. . . . . *Idem*	2 6	jusqu'à	7 6	. . *Idem* . .	25 [illegible]	. . . *Idem* . . .
	74 [illegible]		7 6	. . . .	12 6		25 [illegible]	
	76 [illegible]		12 6	. . . .	17 6		23 [illegible]	
	77 [illegible]		17 6	. . . .	22 6		22 [illegible]	
	78 [illegible]		22 6	. . . .	27 6		21 [illegible]	
	80 [illegible]		27 6	. . . .	32 6		19 [illegible]	
	81 [illegible]		32 6	. . . .	37 6		18 [illegible]	
	83 [illegible]		37 6	. . . .	42 6		16 [illegible]	
	85 [illegible]		42 6	. . . .	47 6		14 [illegible]	
	87 [illegible]		47 6	. . . .	52 6		12 [illegible]	
	89 [illegible]		52 6	. . . .	57 6		10 [illegible]	
	91 [illegible]		57 6	. . . .	62 6		8 [illegible]	
	93 [illegible]		62 6	. . . .	67 6		6 [illegible]	
	95 [illegible]		67 6	. . . .	72 6		4 [illegible]	
	96 [illegible]		72 6	. . . .	77 6		3 [illegible]	
	98 [illegible]		77 6	. . . .	82 6		1 [illegible]	
	98 [illegible]		82 6	. . . .	87 6		1 [illegible]	
	99 [illegible]		87 6	. . . .	92 6		[illegible]	

Si la rente viagère est constituée sur la tête même des deux propriétaires; qu'elle appartienne toute entière à l'un des deux pendant sa vie, tandis que l'autre n'en doit jouir qu'après la mort du jouissant actuel; celui qui, étant jouissant, est actuellement âgé

			ans.	mois.		ans.	mois.			
	71 $\frac{47}{100}$		2	6	jusqu'à	7	6		28 $\frac{31}{100}$	
	71 $\frac{51}{100}$		7	6	....	12	6		28 $\frac{41}{100}$	
	72 $\frac{98}{100}$		12	6	....	17	6		27 $\frac{2}{100}$	
	74 $\frac{43}{100}$		17	6	....	22	6		25 $\frac{59}{100}$	
	75 [illegible]		22	6	....	27	6		24 $\frac{29}{100}$	
	77 $\frac{21}{100}$		27	6	....	32	6		22 $\frac{57}{100}$	
	78 $\frac{17}{100}$		32	6	....	37	6		21 $\frac{13}{100}$	
depuis 37 ans 6 mois jusqu'à 42 ans 6 mois, a droit à . . .	80 $\frac{73}{100}$	Pour cent du capital liquidé, si son co-associé expectant est actuellement âgé depuis . . .	37	6	....	42	6	Lequel aura droit à . .	19 $\frac{16}{100}$	Pour cent du capital liquidé.
	82 $\frac{78}{100}$		42	6	....	47	6		17 $\frac{83}{100}$	
	84 $\frac{81}{100}$		47	6	....	52	6		15 $\frac{4}{100}$	
	87 $\frac{22}{100}$		52	6	....	57	6		12 $\frac{76}{100}$	
	89 $\frac{58}{100}$		57	6	....	62	6		10 $\frac{43}{100}$	
	91 $\frac{73}{100}$		62	6	....	67	6		8 $\frac{3}{100}$	
	94 $\frac{25}{100}$		67	6	....	72	6		5 $\frac{72}{100}$	
	96 $\frac{18}{100}$		72	6	....	77	6		3 $\frac{84}{100}$	
	97 $\frac{70}{100}$		77	6	....	82	6		2 $\frac{36}{100}$	
	98 $\frac{68}{100}$		82	6	....	87	6		1 $\frac{32}{100}$	
	99 $\frac{44}{100}$		87	6	....	92	6		$\frac{65}{100}$	
	67 $\frac{17}{100}$		2	6	jusqu'à	7	6		32 $\frac{73}{100}$	
	67 $\frac{94}{100}$		7	6	....	12	6		32 $\frac{6}{100}$	
	69 $\frac{18}{100}$		12	6	....	17	6		30 $\frac{62}{100}$	
	70 $\frac{59}{100}$		17	6	....	22	6		29 $\frac{37}{100}$	
	72 $\frac{26}{100}$		22	6	....	27	6		27 $\frac{72}{100}$	
	73 $\frac{41}{100}$		27	6	....	32	6		26 $\frac{77}{100}$	
	75 $\frac{62}{100}$		32	6	....	37	6		24 $\frac{38}{100}$	
Idem, depuis 42 ans 6 mois, jusqu'à 47 ans 6 mois, a droit à	77 $\frac{46}{100}$	. . . . . *Idem*	37	6	....	42	6	. . *Idem* . .	22 $\frac{32}{100}$	. . . . *Idem* . . . .
	79 $\frac{90}{100}$		42	6	....	47	6		20 $\frac{32}{100}$	
	82 $\frac{36}{100}$		47	6	....	52	6		17 $\frac{64}{100}$	
	84 $\frac{91}{100}$		52	6	....	57	6		15 $\frac{7}{100}$	
	87 $\frac{17}{100}$		57	6	....	62	6		12 $\frac{19}{100}$	
	90 $\frac{11}{100}$		62	6	....	67	6		9 $\frac{62}{100}$	
	93 $\frac{6}{100}$		67	6	....	72	6		6 $\frac{94}{100}$	
	95 $\frac{58}{100}$		72	6	....	77	6		4 $\frac{64}{100}$	
	97 $\frac{23}{100}$		77	6	....	82	6		2 $\frac{78}{100}$	
	98 $\frac{40}{100}$		82	6	....	87	6		1 $\frac{60}{100}$	
	99 $\frac{32}{100}$		87	6	....	92	6		$\frac{79}{100}$	
	63 $\frac{56}{100}$		2	6	jusqu'à	7	6		36 $\frac{44}{100}$	
	63 $\frac{59}{100}$		7	6	....	12	6		36 $\frac{41}{100}$	
	65 $\frac{7}{100}$		12	6	....	17	6		34 $\frac{43}{100}$	
	65 $\frac{61}{100}$		17	6	....	22	6		33 $\frac{38}{100}$	
	68 $\frac{2}{100}$		22	6	....	27	6		31 $\frac{93}{100}$	
	69 $\frac{44}{100}$		27	6	....	32	6		30 $\frac{56}{100}$	
	71 $\frac{54}{100}$		32	6	....	37	6		28 $\frac{47}{100}$	
Idem, depuis 47 ans 6 mois jusqu'à 52 ans 6 mois, a droit à	73 $\frac{72}{100}$	. . . . . *Idem*	37	6	....	42	6	. . *Idem* . .	26 $\frac{18}{100}$	. . . *Idem* . . .
	76 $\frac{46}{100}$		42	6	....	47	6		23 $\frac{74}{100}$	
	78 $\frac{49}{100}$		47	6	....	52	6		21 $\frac{27}{100}$	
	81 $\frac{10}{100}$		52	6	....	57	6		18 $\frac{20}{100}$	
	84 $\frac{47}{100}$		57	6	....	62	6		15 $\frac{8}{100}$	
	85 $\frac{76}{100}$		62	6	....	67	6		11 $\frac{84}{100}$	
	91 $\frac{35}{100}$		67	6	....	72	6		8 $\frac{67}{100}$	
	94 $\frac{20}{100}$		72	6	....	77	6		5 $\frac{59}{100}$	
	96 $\frac{49}{100}$		77	6	....	81	6		3 $\frac{52}{100}$	
	97 $\frac{97}{100}$		81	6	....	87	6		2 $\frac{3}{100}$	
	59		87	6	....	92	6		1	
	58 $\frac{51}{100}$		2	6	jusqu'à	7	6		41 $\frac{29}{100}$	
	58 $\frac{75}{100}$		7	6	....	12	6		41 $\frac{23}{100}$	
	60 $\frac{17}{100}$		12	6	....	17	6		39 $\frac{73}{100}$	
	16 $\frac{25}{100}$		17	6	....	22	6		38 $\frac{17}{100}$	
	63 $\frac{73}{100}$		22	6	....	27	6		36 $\frac{74}{100}$	
	64 $\frac{90}{100}$		27	6	....	32	6		35 $\frac{10}{100}$	
	66 [illegible]		32	6	....	37	6		33 $\frac{17}{100}$	
Idem, depuis 52 ans 6 mois jusqu'à 57 ans 6 mois, a droit à	69 $\frac{94}{100}$		37	6	....	42	6		30 $\frac{84}{100}$	
	71 $\frac{73}{100}$	. . . . *Idem*	42	6	....	47	6	. . *Idem* . .	28 $\frac{25}{100}$	. . . *Idem* . . .
	74 $\frac{74}{100}$		49 7		....	52	6		25 $\frac{27}{100}$	
	77 $\frac{84}{100}$		52	6	....	57	6		22 $\frac{2}{100}$	
	81 $\frac{17}{100}$		57	6	....	62	6		18 $\frac{41}{100}$	
	85 $\frac{19}{100}$		62	6	....	67	6		14 [illegible]	
	89 $\frac{2}{100}$		67	6	....	72	6		10 [illegible]	
	92 $\frac{72}{100}$		72	6	....	77	6		7 [illegible]	
	95 $\frac{53}{100}$		77	6	....	82	6		4 [illegible]	
	97 $\frac{42}{100}$		82	6	....	87	6		2 $\frac{50}{100}$	
	98 $\frac{74}{100}$		87	6	....	92	6		1 $\frac{11}{100}$	

Si la rente viagère est constituée sur la tête même des deux propriétaires ; qu'elle appartienne toute entière à l'un des deux pendant sa vie, tandis que l'autre n'en doit jouir qu'après la mort du jouissant actuel ; celui qui, étant jouissant, est actuellement âgé

Celui qui, étant jouissant, est actuellement âgé	Pour cent du capital liquidé, si son co-associé expectant est actuellement âgé depuis	Ans	Mois		Ans	Mois	Lequel aura droit à	Pour cent du capital liquidé.
depuis 57 ans 6 mois, jusqu'à 62 ans 6 mois, a droit à . . .	53 17/100	2	6	jusqu'à	7	6	45 71/100	
	53 18/100	7	6	. . . .	12	6	45 10/100	
	54 44/100	12	6	. . . .	17	6	45 36/100	
	56 28/100	17	6	. . . .	22	6	43 51/100	
	57 15/100	22	6	. . . .	27	6	42 41/100	
	59 11/100	27	6	. . . .	32	6	40 70/100	
	61 77/100	32	6	. . . .	37	6	38 83/100	
	63 31/100	37	6	. . . .	42	6	36 49/100	
	66 71/100	42	6	. . . .	47	6	33 71/100	
	69 47/100	47	6	. . . .	52	6	30 42/100	
	72 9/100	52	6	. . . .	57	6	27 6/100	
	77 3/100	57	6	. . . .	62	6	22 69/100	
	81 51/100	62	6	. . . .	67	6	18 49/100	
	86 23/100	67	6	. . . .	72	6	15 53/100	
	90 11/100	72	6	. . . .	77	6	9 47/100	
	94 11/100	77	6	. . . .	82	6	5 57/100	
	96 58/100	82	6	. . . .	87	6	3 42/100	
	98 19/100	87	6	. . . .	92	6	1 71/100	
Idem, depuis 62 ans 6 mois jusqu'à 67 ans 6 mois, a droit à	46 77/100	2	6	jusqu'à	7	6	53 11/100	. . . *Idem* . . .
	46 60/100	7	6	. . . .	12	6	53 47/100	
	48	12	6	. . . .	17	6	52	
	49 42/100	17	6	. . . .	22	6	50 33/100	
	50 1/100	22	6	. . . .	27	6	49 1/100	
	52 14/100	27	6	. . . .	32	6	47 64/100	
	54 1/100	32	6	. . . .	37	6	45 71/100	
	56 54/100	37	6	. . . .	42	6	43 49/100	
	59 11/100	42	6	. . . .	47	6	40 71/100	
	62 47/100	47	6	. . . .	52	6	37 11/100	
	66 3/100	52	6	. . . .	57	6	33 41/100	
	70 41/100	57	6	. . . .	62	6	29 13/100	
	75 95/100	62	6	. . . .	67	6	24 13/100	
	81 54/100	67	6	. . . .	72	6	18 44/100	
	87 8/100	72	6	. . . .	77	6	12 62/100	
	91 19/100	77	6	. . . .	82	6	8 12/100	
	95 41/100	82	6	. . . .	87	6	4 10/100	
	97 60/100	87	6	. . . .	92	6	2 40/100	
Idem, depuis 67 ans 6 mois jusqu'à 72 ans 6 mois, a droit à	39 77/100	2	6	jusqu'à	7	6	60 11/100	. . . *Idem* . . .
	38 83/100	7	6	. . . .	12	6	61 [illegible]/100	
	40 11/100	12	6	. . . .	17	6	59 79/100	
	41 54/100	17	6	. . . .	22	6	58 45/100	
	42 71/100	22	6	. . . .	27	6	57 31/100	
	44 12/100	27	6	. . . .	32	6	55 65/100	
	45 71/100	32	6	. . . .	37	6	54 27/100	
	47 71/100	37	6	. . . .	42	6	52 5/100	
	50 47/100	42	6	. . . .	47	6	49 74/100	
	53 19/100	47	6	. . . .	52	6	46 17/100	
	57 12/100	52	6	. . . .	57	6	42 53/100	
	61 17/100	57	6	. . . .	62	6	38 13/100	
	67 51/100	62	6	. . . .	67	6	32 48/100	
	74 71/100	67	6	. . . .	72	6	25 78/100	
	81 77/100	72	6	. . . .	77	6	18 81/100	
	87 76/100	77	6	. . . .	82	6	12 4/100	
	92 67/100	82	6	. . . .	87	6	7 3/100	
	96 71/100	87	6	. . . .	92	6	3 79/100	
Idem, depuis 72 ans 6 mois jusqu'à 77 ans 6 mois, a droit à	31 18/100	2	6	jusqu'à	7	6	68 53/100	. . . *Idem* . . .
	30 5/100	7	6	. . . .	12	6	69 14/100	
	31 52/100	12	6	. . . .	17	6	68 1/100	
	33 11/100	17	6	. . . .	22	6	66 69/100	
	34 17/100	22	6	. . . .	27	6	65 91/100	
	35 71/100	27	6	. . . .	32	6	64 71/100	
	36 71/100	32	6	. . . .	37	6	63 71/100	
	38 12/100	37	6	. . . .	42	6	61 44/100	
	40 71/100	42	6	. . . .	47	6	59 18/100	
	43 1/100	47	6	. . . .	52	6	56 49/100	
	46 11/100	52	6	. . . .	57	6	53 72/100	
	51 7/100	57	6	. . . .	62	6	48 14/100	
	56 71/100	62	6	. . . .	67	6	43 78/100	
	61 95/100	67	6	. . . .	72	6	36 71/100	
	72 71/100	72	6	. . . .	77	6	27 71/100	
	80 71/100	77	6	. . . .	82	6	19 18/100	
	87 71/100	82	6	. . . .	87	6	12 71/100	
	93 58/100	87	6	. . . .	92	6	6 61/100	

Si la rente viagère est constituée sur la tête même des deux propriétaires ; qu'elle appartienne toute entière à un des deux pendant sa vie, tandis que l'autre ne doit jouir qu'après la mort du jouissant actuel ; celui qui, étant jouissant, est actuellement âgé

		Pour cent du capital liquidé, si son co-associé expectant est actuellement âgé depuis . .	Ans. Mois.		Ans. Mois.		Lequel aura droit à . .	Pour cent du capital liquidé.
depuis 77 ans 6 mois jusqu'à 82 ans 6 mois, a droit à . . .	23 $\frac{54}{100}$		2	6 jusqu'à	7	6	76 $\frac{68}{100}$	
	23 $\frac{8}{100}$		7	6	12	6	76 $\frac{46}{100}$	
	23 $\frac{56}{100}$		12	6	17	6	76 $\frac{12}{100}$	
	24 $\frac{14}{100}$		17	6	22	6	75 $\frac{24}{100}$	
	25 $\frac{51}{100}$		22	6	27	6	74 $\frac{48}{100}$	
	25 $\frac{44}{100}$		27	6	32	6	73 $\frac{57}{100}$	
	27 $\frac{57}{100}$		32	6	37	6	72 $\frac{43}{100}$	
	29 $\frac{3}{100}$		37	6	42	6	70 $\frac{99}{100}$	
	30 $\frac{77}{100}$		42	6	47	6	69 $\frac{21}{100}$	
	33 $\frac{8}{100}$		47	6	52	6	66 $\frac{98}{100}$	
	35 $\frac{22}{100}$		52	6	57	6	64 $\frac{21}{100}$	
	39 $\frac{43}{100}$		57	6	62	6	60 $\frac{37}{100}$	
	44 $\frac{59}{100}$		62	6	67	6	55 $\frac{67}{100}$	
	51 $\frac{24}{100}$		67	6	72	6	48 $\frac{78}{100}$	
	59 $\frac{80}{100}$		72	6	77	6	40 $\frac{20}{100}$	
	70 $\frac{25}{100}$		77	6	82	6	29 $\frac{17}{100}$	
	79 $\frac{63}{100}$		82	6	87	6	20 $\frac{33}{100}$	
	88 $\frac{35}{100}$		87	6	92	6	11 $\frac{75}{100}$	
Idem, depuis 82 ans 6 mois jusqu'à 87 ans 6 mois, a droit à	16 $\frac{49}{100}$	. . . . . *Idem*	2	6 jusqu'à	7	6	83 $\frac{52}{100}$	. . . *Idem* . . .
	16 $\frac{21}{100}$		7	6	12	6	83 $\frac{75}{100}$	
	16 $\frac{83}{100}$		12	6	17	6	83 $\frac{23}{100}$	
	17 $\frac{51}{100}$		17	6	22	6	82 $\frac{49}{100}$	
	18 $\frac{69}{100}$		22	6	27	6	81 $\frac{94}{100}$	
	18 $\frac{71}{100}$		27	6	32	6	81 $\frac{29}{100}$	
	19 $\frac{53}{100}$		32	6	37	6	80 $\frac{45}{100}$	
	20 $\frac{60}{100}$		37	6	42	6	79 $\frac{40}{100}$	
	21 $\frac{90}{100}$		42	6	47	6	78 $\frac{20}{100}$	
	23 $\frac{57}{100}$		47	6	52	6	76 $\frac{41}{100}$	
	25 $\frac{66}{100}$		52	6	57	6	74 $\frac{34}{100}$	
	28 $\frac{44}{100}$		57	6	62	6	71 $\frac{56}{100}$	
	32 $\frac{34}{100}$		62	6	67	6	67 $\frac{66}{100}$	
	38		67	6	72	6	62	
	45 $\frac{72}{100}$		72	6	77	6	54 $\frac{18}{100}$	
	55 $\frac{99}{100}$		77	6	82	6	44 $\frac{1}{100}$	
	67 $\frac{4}{100}$		82	6	87	6	32 $\frac{96}{100}$	
	78 $\frac{19}{100}$		87	6	92	6	21 $\frac{72}{100}$	
Idem, depuis 87 ans 6 mois jusqu'à 92 ans 6 mois, a droit à	11 $\frac{57}{100}$	. . . . . *Idem*	2	6 jusqu'à	7	6	88 $\frac{45}{100}$	. . . *Idem* . . .
	11 $\frac{36}{100}$		7	6	12	6	88 $\frac{64}{100}$	
	11 $\frac{78}{100}$		12	6	17	6	88 $\frac{42}{100}$	
	12 $\frac{25}{100}$		17	6	22	6	87 $\frac{75}{100}$	
	12 $\frac{63}{100}$		22	6	27	6	87 $\frac{35}{100}$	
	13 $\frac{72}{100}$		27	6	32	6	86 $\frac{18}{100}$	
	13 $\frac{72}{100}$		32	6	37	6	86 $\frac{29}{100}$	
	14 $\frac{45}{100}$		37	6	42	6	85 $\frac{54}{100}$	
	15 $\frac{59}{100}$		42	6	47	6	84 $\frac{62}{100}$	
	16 $\frac{61}{100}$		47	6	52	6	83 $\frac{39}{100}$	
	18 $\frac{13}{100}$		52	6	57	6	81 $\frac{67}{100}$	
	20 $\frac{18}{100}$		57	6	62	6	79 $\frac{81}{100}$	
	23 $\frac{11}{100}$		62	6	67	6	76 $\frac{89}{100}$	
	27 $\frac{52}{100}$		67	6	72	6	72 $\frac{48}{100}$	
	33 $\frac{92}{100}$		72	6	77	6	66 $\frac{8}{100}$	
	43 $\frac{26}{100}$		77	6	82	6	56 $\frac{74}{100}$	
	54 $\frac{59}{100}$		82	6	87	6	45 $\frac{41}{100}$	
	67 $\frac{92}{100}$		87	6	92	6	32 $\frac{9}{100}$	

N°. 11.

TABLE Pour régler la répartition du capital qui sera dû aux rentes viagères constituées sur deux têtes, entre un jouissant et deux expectans.

Si la rente viagère est constituée pour s'éteindre après la mort des deux plus jeunes des trois têtes, qu'elle appartienne d'abord toute entière à la plus âgée, et que les deux plus jeunes lui succèdent pour en jouir par moitié, avec réversibilité, l'Expectant actuellement âgé depuis *

* 5 ans jusqu'à 15 aura droit à.	$9\frac{26}{100}$	Pour cent du capital liquidé, si son co-associé, aussi expectant, est actuellement âgé depuis 5 ans jusqu'à 15 ans, lequel aura droit à	$9\frac{26}{100}$	Pour cent du capital liquidé, pourvu que le co-associé jouissant soit actuellement âgé depuis.	5 ans jusq. 15	Lequel aura droit à. . .	$81\frac{44}{100}$	Pour cent du capital liquidé.
	$11\frac{97}{100}$		$11\frac{97}{100}$		15 25		$76\frac{6}{100}$	
	$14\frac{33}{100}$		$14\frac{33}{100}$		25 35		$71\frac{56}{100}$	
	$17\frac{26}{100}$		$17\frac{26}{100}$		35 45		$65\frac{48}{100}$	
	$21\frac{36}{100}$		$21\frac{36}{100}$		45 55		$57\frac{21}{100}$	
	$26\frac{42}{100}$		$26\frac{42}{100}$		55 65		$47\frac{24}{100}$	
	$32\frac{99}{100}$		$32\frac{99}{100}$		65 75		$34\frac{2}{100}$	
	$40\frac{4}{100}$		$40\frac{4}{100}$		75 85		$19\frac{91}{100}$	
	$45\frac{21}{100}$		$45\frac{21}{100}$		85 95		$9\frac{78}{100}$	
Idem, depuis 5 ans jusqu'à 15 ans	$12\frac{93}{100}$	*Idem*, depuis 15 ans jusqu'à 25.	$10\frac{27}{100}$	. . . Idem.	15 25	. . Idem .	$76\frac{12}{100}$	. Idem. .
	$15\frac{32}{100}$		$12\frac{42}{100}$		25 35		$72\frac{48}{100}$	
	$18\frac{43}{100}$		15		35 45		$66\frac{57}{100}$	
	$23\frac{3}{100}$		$18\frac{72}{100}$		45 55		$58\frac{19}{100}$	
	$28\frac{48}{100}$		$23\frac{56}{100}$		55 65		$47\frac{92}{100}$	
	$35\frac{45}{100}$		$29\frac{86}{100}$		65 75		$34\frac{59}{100}$	
	$42\frac{92}{100}$		$36\frac{76}{100}$		75 85		$20\frac{32}{100}$	
	$48\frac{23}{100}$		$41\frac{79}{100}$		85 95		$9\frac{98}{100}$	
Idem, depuis 5 ans jusqu'à 15 ans	$16\frac{39}{100}$	*Idem*, depuis 25 ans jusqu'à 35.	$10\frac{46}{100}$	. . . Idem.	25 35	. . Id . .	$73\frac{23}{100}$	. . Id . .
	$19\frac{94}{100}$		$12\frac{83}{100}$		35 45		$67\frac{24}{100}$	
	$24\frac{63}{100}$		$16\frac{52}{100}$		45 55		$59\frac{6}{100}$	
	$30\frac{36}{100}$		$20\frac{64}{100}$		55 65		$48\frac{30}{100}$	
	$37\frac{69}{100}$		$26\frac{99}{100}$		65 75		$35\frac{32}{100}$	
	$45\frac{43}{100}$		$33\frac{59}{100}$		75 85		$20\frac{66}{100}$	
	$50\frac{94}{100}$		$38\frac{89}{100}$		85 95		$10\frac{17}{100}$	
Idem, depuis 5 ans jusqu'à 15 ans	$21\frac{64}{100}$	*Idem*, depuis 35 ans jusqu'à 45.	$10\frac{30}{100}$	. . . Idem.	35 45	. . Id . .	$68\frac{6}{100}$	. . Id . .
	$26\frac{33}{100}$		$13\frac{32}{100}$		45 55		$59\frac{96}{100}$	
	$32\frac{92}{100}$		$17\frac{40}{100}$		55 65		$49\frac{63}{100}$	
	$40\frac{75}{100}$		$23\frac{22}{100}$		65 75		$36\frac{4}{100}$	
	$48\frac{93}{100}$		$29\frac{93}{100}$		75 85		$21\frac{37}{100}$	
	$54\frac{65}{100}$		$34\frac{95}{100}$		85 95		$10\frac{40}{100}$	
Idem, depuis 5 ans jusqu'à 15 ans	$29\frac{37}{100}$	*Idem*, depuis 45 ans jusqu'à 55.	$9\frac{45}{100}$	. . . Idem.	45 55	. . Id . .	$60\frac{95}{100}$	. . Id . .
	$36\frac{85}{100}$		$13\frac{33}{100}$		55 65		$50\frac{54}{100}$	
	$44\frac{69}{100}$		$18\frac{56}{100}$		65 75		$36\frac{77}{100}$	
	$53\frac{47}{100}$		$24\frac{59}{100}$		75 85		$21\frac{64}{100}$	
	$59\frac{53}{100}$		$29\frac{83}{100}$		85 95		$10\frac{65}{100}$	
Idem, depuis 5 ans jusqu'à 15 ans	$39\frac{39}{100}$	*Idem*, depuis 55 ans jusqu'à 65.	$8\frac{93}{100}$	. . . Idem.	55 65	. . Id . .	$51\frac{18}{100}$	. . Id . .
	$49\frac{47}{100}$		$13\frac{24}{100}$		65 75		$37\frac{43}{100}$	
	$59\frac{5}{100}$		$18\frac{86}{100}$		75 85		$32\frac{9}{100}$	
	$65\frac{57}{100}$		$23\frac{54}{100}$		85 95		$10\frac{19}{100}$	
Idem, depuis 5 ans jusqu'à 15 ans	$54\frac{24}{100}$	*Idem*, depuis 65 ans jusqu'à 75.	$7\frac{54}{100}$	. . . Idem.	65 75	. . Id . .	$37\frac{12}{100}$	. . Id . .
	$65\frac{95}{100}$		$11\frac{63}{100}$		75 85		$22\frac{44}{100}$	
	$73\frac{27}{100}$		$15\frac{63}{100}$		85 95		$11\frac{10}{100}$	
Idem, depuis 5 ans jusqu'à 15 ans	$72\frac{40}{100}$	*Idem*, depuis 75 ans jusqu'à 85.	$5\frac{74}{100}$	. . . Idem.	75 85	. . Id . .	$22\frac{56}{100}$	. . Id . .
	$81\frac{6}{100}$		$7\frac{73}{100}$		85 95		$11\frac{21}{100}$	
Idem, depuis 5 ans jusqu'à 15 ans	$86\frac{3}{100}$	*Idem*, depuis 85 ans jusqu'à 95.	$2\frac{73}{100}$	. . . Idem.	85 95	. . Id . .	$11\frac{22}{100}$	. . Id . .
Idem, depuis 15 ans jusqu'à 25 ans	$11\frac{23}{100}$	*Idem*, depuis 15 ans jusqu'à 25, ...	$11\frac{23}{100}$	. . . Idem.	15 25	. . Id . .	$77\frac{94}{100}$	. . Id . .
	$13\frac{24}{100}$		$13\frac{24}{100}$		25 35		$73\frac{52}{100}$	
	$16\frac{25}{100}$		$16\frac{25}{100}$		35 45		$67\frac{50}{100}$	
	$20\frac{34}{100}$		$20\frac{34}{100}$		45 55		$59\frac{32}{100}$	
	$25\frac{48}{100}$		$25\frac{48}{100}$		55 65		$49\frac{14}{100}$	
	$32\frac{24}{100}$		$32\frac{24}{100}$		65 75		$35\frac{12}{100}$	
	$39\frac{58}{100}$		$39\frac{58}{100}$		75 85		$20\frac{84}{100}$	
	$44\frac{58}{100}$		$44\frac{58}{100}$		85 95		$10\frac{34}{100}$	

Si la rente viagère est constituée pour s'éteindre après la mort des deux plus jeunes des trois têtes, qu'elle appartienne d'abord toute entière à la plus âgée, et que les deux plus jeunes lui succèdent pour en jouir par moitié avec réversibilité, l'Expectant actuellement âgé depuis *

* 15 ans jusqu'à 25 ans, aura droit à. . .	$14\frac{22}{100}$	Pour cent du capital liquide, si son co-associé, aussi expectant, est actuellement âgé depuis 25 ans jusqu'à 35, lequel aura droit à	$11\frac{22}{100}$	Pour cent du capital liquide, pourvu que le co-associé jouissant soit actuellement âgé depuis	25 ans jusq. 35	lequel aura droit à . .	$74\frac{40}{100}$	pour cent du capital liquide.
	$17\frac{43}{100}$		$13\frac{96}{100}$		35 45		$68\frac{17}{100}$	
	$21\frac{14}{100}$		$17\frac{74}{100}$		45 55		$60\frac{42}{100}$	
	$27\frac{50}{100}$		$22\frac{61}{100}$		55 65		$50\frac{7}{100}$	
	$34\frac{41}{100}$		$29\frac{26}{100}$		65 75		$36\frac{33}{100}$	
	$42\frac{7}{100}$		$36\frac{58}{100}$		75 85		$21\frac{33}{100}$	
	$47\frac{57}{100}$		$41\frac{33}{100}$		85 95		$10\frac{50}{100}$	
Idem, depuis 15 ans jusqu'à 25 ans. . . .	$19\frac{35}{100}$	*Idem*, depuis 35 ans jusqu'à 45. . . .	$11\frac{23}{100}$	. . . . Idem. . . .	35 45	. Id . .	$69\frac{61}{100}$	. . Id . .
	$23\frac{87}{100}$		$14\frac{13}{100}$		45 55		$61\frac{60}{100}$	
	$29\frac{70}{100}$		$18\frac{97}{100}$		55 65		$51\frac{11}{100}$	
	$37\frac{61}{100}$		$25\frac{37}{100}$		65 75		$37\frac{28}{100}$	
	$45\frac{56}{100}$		$32\frac{47}{100}$		75 85		$21\frac{95}{100}$	
	$51\frac{54}{100}$		$37\frac{15}{100}$		85 95		$10\frac{51}{100}$	
Idem, depuis 15 ans jusqu'à 25 ans. . . .	$26\frac{41}{100}$	*Idem*, depuis 45 ans jusqu'à 55.	$10\frac{98}{100}$	. . . . Id	45 55	. . Id . .	$62\frac{68}{100}$	. . Id . .
	$33\frac{4}{100}$		$14\frac{60}{100}$		55 65		$52\frac{36}{100}$	
	$41\frac{44}{100}$		$20\frac{29}{100}$		65 75		$38\frac{27}{100}$	
	$50\frac{71}{100}$		$27\frac{7}{100}$		75 85		$22\frac{61}{100}$	
	$56\frac{18}{100}$		$32\frac{46}{100}$		85 95		$11\frac{16}{100}$	
Idem, depuis 15 ans jusqu'à 25 ans. . . .	$36\frac{89}{100}$	*Idem*, depuis 55 ans jusqu'à 65.	$9\frac{24}{100}$	. . . . Id	55 65	. Id . .	$53\frac{27}{100}$	. . Id . .
	$46\frac{55}{100}$		$14\frac{47}{100}$		65 75		$39\frac{18}{100}$	
	$56\frac{7}{100}$		$20\frac{70}{100}$		75 85		$23\frac{23}{100}$	
	$62\frac{74}{100}$		$25\frac{47}{100}$		85 95		$11\frac{49}{100}$	
Idem, depuis 15 ans jusqu'à 25 ans. . . .	$52\frac{73}{100}$	*Idem*, depuis 65 ans jusqu'à 75.	$8\frac{20}{100}$	. . . . Id	65 75	. Id . .	$39\frac{77}{100}$	. . Id . .
	$63\frac{41}{100}$		$12\frac{18}{100}$		75 85		$23\frac{76}{100}$	
	71		$17\frac{19}{100}$		85 95		$11\frac{82}{100}$	
Idem, depuis 15 ans jusqu'à 25 ans	$70\frac{37}{100}$	*Idem*, depuis 75 ans jusqu'à 85.	$5\frac{45}{100}$	. . . . Id	75 85	. Id . .	$23\frac{95}{100}$	. . Id . .
	$79\frac{49}{100}$		$8\frac{57}{100}$		85 95		12 ″	
Idem, depuis 15 ans jusqu'à 25 ans. . . .	$84\frac{94}{100}$	*Idem*, depuis 85 ans jusqu'à 95.	$3\frac{7}{100}$	. . . . Id	85 95	. Id . .	$12\frac{5}{100}$	. . Id . .
Idem, depuis 25 ans jusqu'à 35 ans	$12\frac{23}{100}$	*Idem*, depuis 25 ans jusqu'à 35.	$12\frac{25}{100}$	. . . . Id	25 35	. Id . .	$75\frac{70}{100}$	. . Id . .
	$15\frac{4}{100}$		$15\frac{4}{100}$		35 45		$69\frac{92}{100}$	
	$19\frac{94}{1000}$		$19\frac{95}{1000}$		45 55		$61\frac{82}{100}$	
	$24\frac{373}{1000}$		$24\frac{315}{1000}$		55 65		$51\frac{57}{100}$	
	$31\frac{32}{100}$		$31\frac{32}{100}$		65 75		$37\frac{36}{100}$	
	$39\frac{2}{100}$		$39\frac{2}{100}$		75 85		$21\frac{96}{100}$	
	$44\frac{59}{100}$		$44\frac{59}{100}$		85 95		$10\frac{72}{100}$	
Idem, depuis 25 ans jusqu'à 35 ans	$16\frac{55}{100}$	*Idem*, depuis 35 ans jusqu'à 45.	$12\frac{75}{100}$	. . . . Id	35 45	. Id . .	$71\frac{30}{100}$	. . Id . .
	21 ″		$15\frac{48}{100}$		45 55		$63\frac{51}{100}$	
	$26\frac{70}{100}$		$20\frac{46}{100}$		55 65		$52\frac{14}{100}$	
	$34\frac{27}{100}$		$27\frac{16}{100}$		65 75		$38\frac{57}{100}$	
	$42\frac{43}{100}$		$34\frac{78}{100}$		75 85		$22\frac{74}{100}$	
	$48\frac{38}{100}$		$40\frac{42}{100}$		85 95		$11\frac{21}{100}$	
Idem, depuis 25 ans jusqu'à 35 ans	$23\frac{33}{100}$	*Idem*, depuis 45 ans jusqu'à 55.	$11\frac{73}{100}$	. . . . Id	45 55	. Id . .	$64\frac{72}{100}$	. . Id . .
	$29\frac{88}{100}$		$15\frac{78}{100}$		55 65		$54\frac{14}{100}$	
	$38\frac{16}{100}$		$21\frac{69}{100}$		65 75		$39\frac{15}{100}$	
	$47\frac{21}{100}$		$29\frac{22}{100}$		75 85		$23\frac{58}{100}$	
	$53\frac{54}{100}$		$34\frac{12}{100}$		85 95		$11\frac{65}{100}$	
Idem, depuis 25 ans jusqu'à 35 ans	$33\frac{77}{100}$	*Idem*, depuis 55 ans jusqu'à 65.	$10\frac{65}{100}$	. . . . Id	55 65	. Id . .	$55\frac{58}{100}$	. . Id . .
	$43\frac{18}{100}$		$15\frac{64}{100}$		65 75		$41\frac{3}{100}$	
	$53\frac{24}{100}$		$22\frac{11}{100}$		75 85		$24\frac{45}{100}$	
	$60\frac{17}{100}$		$27\frac{71}{100}$		85 95		$12\frac{20}{100}$	
Idem, depuis 25 ans jusqu'à 35 ans	$49\frac{33}{100}$	*Idem*, depuis 65 ans jusqu'à 75.	$8\frac{73}{100}$	. . . . Id	65 75	. Id . .	$41\frac{89}{100}$	. . Id . .
	$60\frac{96}{100}$		$13\frac{87}{100}$		75 85		$25\frac{24}{100}$	
	$68\frac{91}{100}$		$18\frac{56}{100}$		85 95		$12\frac{33}{100}$	
Idem, depuis 25 ans jusqu'à 35 ans	$68\frac{45}{100}$	*Idem*, depuis 75 ans jusqu'à 85.	$6\frac{34}{100}$	. . . . Id	75 85	. Id . .	$25\frac{41}{100}$	. . Id . .
	$78\frac{43}{100}$		$9\frac{29}{100}$		85 95		$12\frac{78}{100}$	
Idem, depuis 25 ans jusqu'à 35 ans	$83\frac{33}{100}$	*Idem*, depuis 85 ans jusqu'à 95.	$3\frac{34}{100}$	. . . . Id	85 95	. Id . .	$12\frac{71}{100}$	. . Id . .

Si la rente viagère est constituée pour s'étendre, après la mort des deux plus jeunes des trois têtes, qu'elle appartienne d'abord toute entière à la plus âgée, et que les deux plus jeunes lui succèdent pour en jouir par moitié avec réversibilité, l'Expectant actuellement âgé depuis *

L'Expectant		Co-associé expectant		Co-associé jouissant				
* 35 ans jusqu'à 45, aura droit à	13 46/100 17 36/100 22 63/100 29 93/100 38 13/100 44 14/100	Pour cent du capital liquidé, si le co-associé, aussi expectant, est actuellement âgé depuis 35 ans jusqu'à 45, lequel aura droit à	13 46/100 17 36/100 22 63/100 29 93/100 38 23/100 44 14/100	Pour cent du capital liquidé, pourvu que le co-associé jouissant soit actuellement âgé depuis	35 ans jusq. 45 45 . . . . 55 55 . . . . 65 65 . . . . 75 75 . . . . 85 85 95	lequel aura droit à . .	73 8/100 65 28/100 54 [illegible]/100 40 36/100 23 74/100 11 77/100	Pour cent du capital liquidé.
Idem, depuis 35 ans jusqu'à 45.	19 67/100 25 65/100 33 79/100 42 83/100 49 87/100	*Idem*, depuis 45 ans jusqu'à 55.	13 11/100 17 56/100 24 73/100 32 14/100 38 31/100	. . . . Id	45 . . . . 55 55 . . . . 65 65 . . . . 75 75 . . . . 85 85 95	. . Id . .	67 [illegible]/100 56 53/100 41 93/100 24 93/100 12 52/100	. . Id . .
Idem, depuis 35 ans jusqu'à 45.	29 46/100 38 56/100 49 6/100 56 29/100	*Idem*, depuis 55 ans jusqu'à 65.	11 91/100 17 47/100 24 63/100 30 74/100	. . . . Id	55 . . . . 65 65 . . . . 75 75 . . . . 85 85 95	. . Id . .	58 62/100 43 8/100 26 41/100 12 97/100	. . Id . .
Idem, depuis 35 ans jusqu'à 45.	45 34/100 57 82/100 65 70/100	*Idem*, depuis 65 ans jusqu'à 75.	9 83/100 15 57/100 20 70/100	. . . . Id	95 . . . . 75 75 . . . . 85 85 75	. . Id . .	44 91/100 27 17/100 13 60/100	. . Id . .
Idem, depuis 35 ans jusqu'à 45.	65 11/100 75 13/100	*Idem*, depuis 75 ans jusqu'à 85.	6 87/100 10 27/100	. . . . Id	75 . . . . 85 85 95	. . Id . .	27 62/100 14	. . Id . .
Idem, depuis 35 ans jusqu'à 45.	82 11/100	*Idem*, depuis 85 ans jusqu'à 95.	3 61/100	. . . . Id	85 95	. . Id . .	14 7/100	. . Id . .
Idem, depuis 45 ans jusqu'à 55.	15 8/100 20 17/100 27 80/100 36 74/100 43 416/1000	*Idem*, depuis 45 ans jusqu'à 55.	15 8/100 20 37/100 27 10/100 36 74/100 43 416/1000	. . . . Id	45 . . . . 55 55 . . . . 65 65 . . . . 75 75 . . . . 85 85 95	. . Id . .	69 34/100 59 16/100 44 40/100 26 51/100 13 267/1000	. . Id . .
Idem, depuis 45 ans jusqu'à 55.	23 76/100 32 70/100 42 57/100 50 57/100	*Idem*, depuis 55 ans jusqu'à 65.	13 87/100 20 37/100 28 65/100 35 34/100	. . . . Id	55 . . . . 65 65 . . . . 75 75 . . . . 85 85 95	. . Id . .	62 37/100 47 3/100 28 35/100 14 21/100	. . Id . .
Idem, depuis 45 ans jusqu'à 55.	39 35/100 51 79/100 60 72/100	*Idem*, depuis 65 ans jusqu'à 75.	11 57/100 18 15/100 24 34/100	. . . . Id	65 . . . . 75 75 . . . . 85 85 95	. . Id . .	49 8/100 30 6/100 15 26/100	. . Id . .
Idem, depuis 45 ans jusqu'à 55.	61 7/100 72 72/100	*Idem*, depuis 75 ans jusqu'à 85.	8 9/100 12 7/100	. . . . Id	75 . . . . 85 85 95	. . Id . .	30 90/100 15 23/100	. . Id . .
Idem, depuis 45 ans jusqu'à 55.	79 74/100	*Idem*, depuis 85 ans jusqu'à 95.	4 22/100	. . . . Id	85 95	. . Id . .	16 1/100	. . Id . .
Idem, depuis 55 ans jusqu'à 65.	16 79/100 24 486/1000 34 47/100 42 17/100	*Idem*, depuis 55 ans jusqu'à 65.	16 79/100 24 486/1000 34 47/100 42 17/100	. . . . Id	55 . . . . 65 65 . . . . 75 75 . . . . 85 85 95	. . Id . .	66 42/100 51 28/1000 31 14/100 15 66/100	. . Id . .
Idem, depuis 55 ans jusqu'à 65.	30 87/100 43 46/100 52 99/100	*Idem*, depuis 65 ans jusqu'à 75.	14 54/100 22 15/100 29 63/100	. . . . Id	65 . . . . 75 75 . . . . 85 85 95	. . Id . .	54 68/1000 34 76/100 17 41/100	. . Id . .
Idem, depuis 55 ans jusqu'à 65.	53 94/100 66 18/100	*Idem*, depuis 75 ans jusqu'à 85.	10 76/100 15 9/100	. . . . Id	75 . . . . 85 85 95	. . Id . .	35 97/100 18 73/100	. . Id . .
Idem, depuis 55 ans jusqu'à 65.	75 14/100	*Idem*, depuis 85 ans jusqu'à 95.	5 24/100	. . . . Id	85 95	. . Id . .	19 26/100	. . Id . .
Idem, depuis 65 ans jusqu'à 75.	19 45/100 30 206/1000 39 66/100	*Idem*, depuis 65 ans jusqu'à 75.	19 45/100 30 206/1000 39 46/100	. . . . Id	65 . . . . 75 75 . . . . 85 85 95	. . Id . .	61 10/100 39 182/1000 20 68/100	. . Id . .
Idem, depuis 65 ans jusqu'à 75.	41 33/100 54 63/100	*Idem*, depuis 75 ans jusqu'à 85.	14 57/100 21 48/100	. . . . Id	75 . . . . 85 85 95	. . Id . .	43 90/100 23 57/100	. . Id . .

Si la rente viagère est constituée pour s'éteindre après la mort des deux plus jeunes des trois têtes, qu'elle appartienne d'abord toute entière à la plus âgée, et que les deux plus jeunes lui succèdent pour en jouir par moitié avec réversibilité, l'Expectant actuellement âgé depuis *

* 65 ans jusqu'à 75, aura droit à	67 $\frac{10}{100}$	Pour cent du capital liquidé, si le co-associé, aussi expectant, est actuellement âgé depuis 85 ans jusqu'à 95, lequel aura droit à	7 $\frac{63}{100}$	Pour cent du capital liquidé, pourvu que le co-associé jouissant soit actuellement âgé depuis	85 ans jusq. 95	lequel aura droit à. . .	25 $\frac{17}{100}$	Pour cent du capital liquidé.
Idem, depuis 75 ans jusqu'à 85.	23 $\frac{43}{100}$ 34 $\frac{46}{100}$	*Idem*, depuis 75 ans jusqu'à 85.	23 $\frac{43}{100}$ 34 $\frac{46}{100}$	. . . . Id	75 . . . . 85 85 95	. . Id . .	53 $\frac{24}{100}$ 31 $\frac{8}{100}$	. . Id . .
Idem, depuis 75 ans jusqu'à 85.	49 $\frac{96}{100}$	*Idem*, depuis 85 ans jusqu'à 75.	13 $\frac{46}{100}$	. . . . Id	85 95	. . Id . .	36 $\frac{31}{100}$	. . Id . .
Idem, depuis 85 ans jusqu'à 95.	25 $\frac{23}{100}$	*Idem*, depuis 85 ans jusqu'à 95.	25 $\frac{23}{100}$	. . . . Id	85 95	. . Id . .	49 $\frac{74}{100}$	. . Id . .

N°. 12.

TABLE pour régler la répartition du capital qui sera dû aux rentes viagères constituées sur trois têtes, dans le cas où elles sont partagées annuellement par les trois propriétaires.

Si la rente viagère est constituée sur la tête même des trois propriétaires, qu'elle soit partagée également pendant leurs vies unies, et qu'elle appartienne ensuite entièrement au dernier survivant ; *

					Ans. — Ans.			
* Celui qui est actuellement âgé depuis *5 ans* jusqu'à 15, aura droit à . .	33 $\frac{1}{3}$	pour cent du capital liquidé, si l'un de ses co-associés est actuellement âgé depuis 5 ans jusqu'à 15 ; lequel aura droit à . . .	33 $\frac{1}{3}$	pour cent du capital liquidé, pourvu que le troisième co-associé soit actuellement âgé depuis	5 jusqu'à 15	lequel aura droit à	33 $\frac{1}{3}$	pour cent du capital liquidé.
	34 $\frac{71}{100}$		34 $\frac{71}{100}$		15 25		30 $\frac{48}{100}$	
	35 $\frac{69}{100}$		35 $\frac{19}{100}$		25 35		28 $\frac{11}{100}$	
	37 $\frac{41}{100}$		37 $\frac{47}{100}$		35 45		25 $\frac{31}{100}$	
	39 $\frac{17}{100}$		39 $\frac{27}{100}$		45 55		21 $\frac{46}{100}$	
	41 $\frac{41}{100}$		41 $\frac{42}{100}$		55 65		17 $\frac{18}{100}$	
	43 $\frac{65}{100}$		43 $\frac{98}{100}$		65 75		12 $\frac{6}{100}$	
	46 $\frac{55}{100}$		46 $\frac{55}{100}$		75 85		6 $\frac{90}{100}$	
	48 $\frac{44}{100}$		48 $\frac{14}{100}$		85 95		3 $\frac{12}{100}$	
Idem, depuis 5 ans jusq. 15, aura droit à	36 $\frac{29}{100}$	Idem, depuis 15 ans jusq. 25, aura droit à	31 $\frac{86}{100}$	. . . . Idem. . . .	15 25	Idem.	31 $\frac{66}{100}$	Id.
	37 $\frac{64}{100}$		32 $\frac{96}{100}$		25 35		29 $\frac{40}{100}$	
	39 $\frac{38}{100}$		34 $\frac{19}{100}$		35 45		26 $\frac{13}{100}$	
	41 $\frac{50}{100}$		36 $\frac{76}{100}$		45 55		22 $\frac{14}{100}$	
	43 $\frac{92}{100}$		38 $\frac{25}{100}$		55 65		17 $\frac{21}{100}$	
	46 $\frac{79}{100}$		40 $\frac{71}{100}$		65 75		12 $\frac{48}{100}$	
	49 $\frac{62}{100}$		43 $\frac{27}{100}$		75 85		7 $\frac{11}{100}$	
	51 $\frac{14}{100}$		45 $\frac{4}{100}$		85 95		3 $\frac{41}{100}$	
Idem, depuis 5 ans jusq. 15, aura droit à	39 $\frac{18}{100}$	Idem, depuis 25 ans jusq. 35, aura droit à	30 $\frac{47}{100}$	. . . . Idem . . .	25 35	Idem.	30 $\frac{67}{100}$	Id.
	41 $\frac{24}{100}$		31 $\frac{76}{100}$		35 45		27 $\frac{12}{100}$	
	43 $\frac{52}{100}$		33 $\frac{41}{100}$		45 55		23 $\frac{6}{100}$	
	46 $\frac{20}{100}$		35 $\frac{41}{100}$		55 65		18 $\frac{19}{100}$	
	49 $\frac{50}{100}$		37 $\frac{57}{100}$		65 75		12 $\frac{65}{100}$	
	52 $\frac{31}{100}$		40 $\frac{40}{100}$		75 85		7 $\frac{19}{100}$	
	54 $\frac{31}{100}$		42 $\frac{28}{100}$		85 95		3 $\frac{50}{100}$	
Idem, depuis 5 ans jusq. 15, aura droit à	43 $\frac{42}{100}$	Idem, depuis 35 ans jusq. 45, aura droit à	28 $\frac{27}{100}$	. . . . Idem . . .	35 45	Idem.	28 $\frac{29}{100}$	Id.
	46 $\frac{14}{100}$		29 $\frac{61}{100}$		45 55		24 $\frac{5}{100}$	
	49 $\frac{77}{100}$		31 $\frac{67}{100}$		55 65		19 $\frac{82}{100}$	
	52 $\frac{70}{100}$		34 $\frac{7}{100}$		65 75		13 $\frac{78}{100}$	
	55 $\frac{91}{100}$		36 $\frac{51}{100}$		75 85		7 $\frac{51}{100}$	
	58 $\frac{22}{100}$		38 $\frac{19}{100}$		85 95		3 $\frac{59}{100}$	
Idem, depuis 5 ans jusq. 15, aura droit à	49 $\frac{40}{100}$	Idem, depuis 45 ans jusq. 55, aura droit à	25 $\frac{30}{100}$	. . . . Idem . . .	45 55	Idem.	25 $\frac{30}{100}$	Id.
	53 $\frac{1}{100}$		26 $\frac{53}{100}$		55 65		20 $\frac{6}{100}$	
	57 $\frac{7}{100}$		29 $\frac{6}{100}$		65 75		13 $\frac{87}{100}$	
	60 $\frac{57}{100}$		31 $\frac{43}{100}$		75 85		7 $\frac{76}{100}$	
	63 $\frac{27}{100}$		33 $\frac{25}{100}$		85 95		3 $\frac{71}{100}$	
Idem, depuis 5 ans jusq. 15, aura droit à	57 $\frac{42}{100}$	Idem, depuis 55 ans jusq. 65, aura droit à	21 $\frac{29}{100}$	. . . . Idem . . .	55 65	Idem.	21 $\frac{24}{100}$	Id.
	62 $\frac{31}{100}$		23 $\frac{4}{100}$		65 75		14 $\frac{47}{100}$	
	66 $\frac{61}{100}$		25 $\frac{23}{100}$		75 85		8 $\frac{75}{100}$	
	69 $\frac{27}{100}$		26 $\frac{59}{100}$		85 95		3 $\frac{24}{100}$	
Idem, depuis 5 ans jusq 15, aura droit à	67 $\frac{71}{100}$	Idem, depuis 65 ans jusq. 75, aura droit à	15 $\frac{79}{100}$	. . . . Idem . . .	65 75	Idem.	16 $\frac{43}{100}$	Id.
	73 $\frac{16}{100}$		17 $\frac{41}{100}$		75 85		8 $\frac{55}{100}$	
	77 $\frac{13}{100}$		18 $\frac{94}{100}$		85 95		4 $\frac{3}{100}$	
Idem, depuis 5 ans jusq. 15, aura droit à	80 $\frac{55}{100}$	Idem, depuis 75 ans jusq. 85, aura droit à	9 $\frac{54}{100}$	. . . . Idem . . .	75 85	Idem.	9 $\frac{56}{100}$	Id.
	85 $\frac{71}{100}$		10 $\frac{44}{100}$		85 95		4 $\frac{14}{100}$	
Idem, depuis 5 ans jusq. 15, aura droit à	90 $\frac{50}{100}$	Idem, depuis 85 ans jusq. 95, aura droit à	4 $\frac{71}{100}$	. . . . Idem . . .	85 95	Idem.	4 $\frac{71}{100}$	Id.

Si la rente viagère est constituée sur la tête même des trois propriétaires, qu'elle soit partagée entre eux également pendant leurs vies unies, et qu'elle appartienne ensuite entièrement au dernier survivant ; *

					Ans.	Ans.			
* Celui qui est actuellement âgé depuis 15 ans jusqu'à 25, aura droit à . .	33 $\frac{1}{3}$	pour cent du capital liquidé, si un de ses co-associés est actuellement âgé depuis 15 ans jusqu'à 25, lequel aura droit à	33 $\frac{1}{3}$	pour cent du capital liquidé; pourvu que le troisième co-associé soit actuellement âgé depuis	15	25	lequel aura droit à	33 $\frac{1}{3}$	pour cent du capital liquidé.
	34 $\frac{67}{100}$		34 $\frac{61}{100}$		25	35		30 $\frac{43}{100}$	
	36 $\frac{27}{100}$		36 $\frac{77}{100}$		35	45		27 $\frac{46}{100}$	
	38 $\frac{37}{100}$		38 $\frac{31}{100}$		45	55		23 $\frac{58}{100}$	
	40 $\frac{67}{100}$		40 $\frac{17}{100}$		55	65		18 $\frac{66}{100}$	
	43 $\frac{49}{100}$		43 $\frac{49}{100}$		65	75		13 $\frac{7}{100}$	
	46 $\frac{37}{100}$		46 $\frac{31}{100}$		75	85		7 $\frac{16}{100}$	
	48 $\frac{23}{100}$		48 $\frac{11}{100}$		85	95		3 $\frac{54}{100}$	
Idem, depuis 15 ans jusq. 25, aura droit à	36 $\frac{5}{100}$	Idem, depuis 25 ans jusq. 35, aura droit à	31 $\frac{96}{100}$	. . . . Idem . . .	25 jusqu'à	35	Idem.	31 $\frac{96}{100}$	Id.
	37 $\frac{96}{100}$		33 $\frac{12}{100}$		35	45		28 $\frac{13}{100}$	
	40 $\frac{17}{100}$		35 $\frac{42}{100}$		45	55		24 $\frac{25}{100}$	
	42 $\frac{90}{100}$		37 $\frac{78}{100}$		55	65		19 $\frac{12}{100}$	
	45 $\frac{98}{100}$		40 $\frac{57}{100}$		65	75		13 $\frac{45}{100}$	
	48 $\frac{49}{100}$		43 $\frac{40}{100}$		75	85		7 $\frac{67}{100}$	
	51 $\frac{3}{100}$		45 $\frac{14}{100}$		85	95		3 $\frac{61}{100}$	
Idem, depuis 15 ans jusq. 25, aura droit à	40 $\frac{13}{100}$	Idem, depuis 35 ans jusq. 45, aura droit à	21 $\frac{93}{100}$	. . . . Idem . . .	35	45	Idem.	29 $\frac{91}{100}$	Id.
	42 $\frac{57}{100}$		31 $\frac{71}{100}$		45	55		25 $\frac{42}{100}$	
	45 $\frac{32}{100}$		33 $\frac{88}{100}$		55	65		20 $\frac{20}{100}$	
	49 $\frac{43}{100}$		36 $\frac{68}{100}$		65	75		13 $\frac{2}{100}$	
	52 $\frac{73}{100}$		39 $\frac{7}{100}$		75	85		7 $\frac{92}{100}$	
	54 $\frac{63}{100}$		41 $\frac{34}{100}$		85	95		3 $\frac{75}{100}$	
Idem, depuis 15 ans jusq. 25, aura droit à	46 $\frac{10}{100}$	Idem, depuis 45 ans jusq. 55, aura droit à	26 $\frac{95}{100}$	. . . . Idem . . .	45	55	Idem.	26 $\frac{95}{100}$	Id.
	49 $\frac{77}{100}$		28 $\frac{86}{100}$		55	65		21 $\frac{37}{100}$	
	53 $\frac{59}{100}$		31 $\frac{35}{100}$		65	75		14 $\frac{91}{100}$	
	57 $\frac{47}{100}$		34 $\frac{7}{100}$		75	85		8 $\frac{36}{100}$	
	60 $\frac{9}{100}$		36 $\frac{1}{100}$		85	95		3 $\frac{90}{100}$	
Idem, depuis 15 ans jusq. 25, aura droit à	54 $\frac{28}{100}$	Idem, depuis 55 ans jusq. 65, aura droit à	22 $\frac{46}{100}$	. . . . Idem . . .	55	65	Idem.	22 $\frac{36}{100}$	Id.
	59 $\frac{33}{100}$		24 $\frac{98}{100}$		65	75		15 $\frac{67}{100}$	
	63 $\frac{53}{100}$		27 $\frac{46}{100}$		75	85		8 $\frac{72}{100}$	
	66 $\frac{58}{100}$		29 $\frac{53}{100}$		85	95		4 $\frac{8}{100}$	
Idem, depuis 15 ans jusq. 25, aura droit à	65 $\frac{79}{100}$	Idem, depuis 65 ans jusq. 75, aura droit à	17 $\frac{17}{100}$	. . . . Idem . . .	65	75	Idem.	17 $\frac{20}{100}$	Id.
	71 $\frac{60}{100}$		19 $\frac{2}{100}$		75	85		9 $\frac{38}{100}$	
	75 $\frac{4}{100}$		20 $\frac{64}{100}$		85	95		4 $\frac{17}{100}$	
Idem, depuis 15 ans jusq. 25, aura droit à	79 $\frac{76}{100}$	Idem, depuis 75 ans jusq. 85, aura droit à	10 $\frac{42}{100}$	. . . . Idem . . .	75	85	Idem.	10 $\frac{42}{100}$	Id.
	83 $\frac{22}{100}$		11 $\frac{48}{100}$		85	95		4 $\frac{70}{100}$	
Idem, depuis 15 ans jusq. 25, aura droit à	89 $\frac{84}{100}$	Idem, depuis 85 ans jusq. 95, aura droit à	5 $\frac{78}{100}$	. . . . Idem . . .	85	95	Idem.	5 $\frac{18}{100}$	Id.
Idem, depuis 25 ans jusq. 35, aura droit à	33 $\frac{1}{3}$	Idem, depuis 25 ans jusq. 35, aura droit à	33 $\frac{1}{3}$	. . . . Idem . . .	25	35	Idem.	33 $\frac{1}{3}$	Id.
	35 $\frac{23}{100}$		35 $\frac{23}{100}$		35	45		29 $\frac{74}{100}$	
	37 $\frac{46}{100}$		37 $\frac{36}{100}$		45	55		25 $\frac{28}{100}$	
	39 $\frac{95}{100}$		39 $\frac{95}{100}$		55	65		20 $\frac{10}{100}$	
	43 $\frac{2}{100}$		43 $\frac{2}{100}$		65	75		13 $\frac{96}{100}$	
	46 $\frac{6}{100}$		46 $\frac{6}{100}$		75	85		7 $\frac{85}{100}$	
	48 $\frac{12}{100}$		48 $\frac{11}{100}$		85	95		3 $\frac{76}{100}$	
Idem, depuis 25 ans jusq. 35, aura droit à	37 $\frac{26}{100}$	Idem, depuis 35 ans jusq. 45, aura droit à	31 $\frac{37}{100}$	. . . . Idem . . .	35	45	Idem.	31 $\frac{37}{100}$	Id.
	39 $\frac{90}{100}$		33 $\frac{44}{100}$		45	55		26 $\frac{46}{100}$	
	42 $\frac{03}{100}$		35 $\frac{82}{100}$		55	65		21 $\frac{36}{100}$	
	46 $\frac{44}{100}$		38 $\frac{93}{100}$		65	75		14 $\frac{65}{100}$	
	49 $\frac{57}{100}$		41 $\frac{05}{100}$		75	85		8 $\frac{24}{100}$	
	52 $\frac{5}{100}$		44 $\frac{4}{100}$		85	95		3 $\frac{91}{100}$	
Idem, depuis 25 ans jusq. 35, aura droit à	43 $\frac{70}{100}$	Idem, depuis 45 ans jusq. 55, aura droit à	28 $\frac{45}{100}$	. . . . Idem . . .	45	55	Idem.	28 $\frac{45}{100}$	Id.
	46 $\frac{73}{100}$		30 $\frac{65}{100}$		55	65		22 $\frac{58}{100}$	
	50 $\frac{96}{100}$		33 $\frac{47}{100}$		65	75		15 $\frac{54}{100}$	
	54 $\frac{13}{100}$		36 $\frac{43}{100}$		75	85		8 $\frac{79}{100}$	
	57 $\frac{38}{100}$		38 $\frac{52}{100}$		85	94		4 $\frac{80}{100}$	

Si la rente viagère est constituée sur la tête même des trois propriétaires, qu'elle soit partagée entre eux également pendant leurs vies unies; et qu'elle appartienne ensuite entièrement au dernier survivant; *

* Celui qui est actuellement âgé depuis 25 ans jusqu'à 35, aura droit à .	51 $\frac{60}{100}$ 56 $\frac{61}{100}$ 61 $\frac{31}{100}$ 64 $\frac{20}{100}$	pour cent du capital liquidé, si un des co-associés est actuellem. âgé dep. 55 ans jusqu'à 65, lequel aura droit à	24 $\frac{30}{100}$ 26 $\frac{73}{100}$ 29 $\frac{45}{100}$ 31 $\frac{49}{100}$	pour cent du capital liquidé, pourvu que le troisième co-associé soit actuellement âgé depuis	Ans. 55 jusqu'à Ans. 65 65 . . . . 75 75 . . . . 86 85 95	lequel aura droit à	24 $\frac{10}{100}$ 16 $\frac{67}{100}$ 9 $\frac{24}{100}$ 4 $\frac{31}{100}$	pour cent du capital liquidé.
Idem, depuis 25 ans jusq. 35, aura droit à	63 $\frac{43}{100}$ 69 $\frac{51}{100}$ 73 $\frac{17}{100}$	Idem, depuis 65 ans jusq. 75, aura droit à	18 $\frac{30}{100}$ 20 $\frac{45}{100}$ 22 $\frac{13}{100}$	. . . . Idem . . .	65 . . . . 75 75 . . . . 85 85 95	Idem.	18 $\frac{30}{100}$ 10 $\frac{7}{100}$ 4 $\frac{60}{100}$	Id.
Idem, depuis 25 ans jusq. 35, aura droit à	77 $\frac{80}{100}$ 82 $\frac{33}{100}$	Idem, depuis 75 ans jusq. 85, aura droit à	11 $\frac{20}{100}$ 12 $\frac{37}{100}$	. . . . Idem . . .	75 . . . . 85 85 95	Idem.	11 $\frac{20}{100}$ 5 $\frac{4}{100}$	Id.
Idem, depuis 25 ans jusq. 35, aura droit à	88 $\frac{11}{100}$	Idem, depuis 85 ans jusq. 95, aura droit à	5 $\frac{57}{100}$	. . . . Idem . . .	85 95	Idem.	5 $\frac{56}{100}$	Id.
Idem, depuis 35 ans jusq. 45, aura droit à	33 $\frac{1}{3}$ 35 $\frac{83}{100}$ 38 $\frac{76}{100}$ 42 $\frac{24}{100}$ 45 $\frac{66}{100}$ 47 $\frac{95}{100}$	Idem, depuis 35 ans jusq. 45, aura droit à	33 $\frac{1}{3}$ 35 $\frac{83}{100}$ 38 $\frac{76}{100}$ 42 $\frac{24}{100}$ 45 $\frac{61}{100}$ 47 $\frac{95}{100}$	. . . . Idem . . .	35 . . . . 45 45 . . . . 55 55 . . . . 65 65 . . . . 75 75 . . . . 85 85 95	Idem.	33 $\frac{1}{3}$ 28 $\frac{34}{100}$ 22 $\frac{42}{100}$ 15 $\frac{54}{100}$ 8 $\frac{68}{100}$ 4 $\frac{50}{100}$	Id.
Idem, depuis 35 ans jusq. 45, aura droit à	38 $\frac{90}{100}$ 42 $\frac{55}{100}$ 46 $\frac{78}{100}$ 50 $\frac{80}{100}$ 53 $\frac{40}{100}$	Idem, depuis 45 ans jusq. 55, aura droit à	30 $\frac{55}{100}$ 33 $\frac{27}{100}$ 36 $\frac{33}{100}$ 39 $\frac{93}{100}$ 42 $\frac{15}{100}$	. . . . Idem . . .	45 . . . . 55 55 . . . . 65 65 . . . . 75 75 . . . . 85 85 95	Idem.	30 $\frac{33}{100}$ 24 $\frac{24}{100}$ 16 $\frac{66}{100}$ 9 $\frac{27}{100}$ 4 $\frac{11}{100}$	Id.
Idem, depuis 35 ans jusq. 45, aura droit à	47 $\frac{20}{100}$ 52 $\frac{60}{100}$ 57 $\frac{52}{100}$ 60 $\frac{57}{100}$	Idem, depuis 55 ans jusq. 65, aura droit à	26 $\frac{40}{100}$ 29 $\frac{31}{100}$ 32 $\frac{49}{100}$ 34 $\frac{71}{100}$	. . . . Idem . . .	55 . . . . 65 65 . . . . 75 75 . . . . 85 85 95	Idem.	26 $\frac{40}{100}$ 18 $\frac{9}{100}$ 9 $\frac{99}{100}$ 4 $\frac{67}{100}$	Id.
Idem, depuis 35 ans jusq. 45, aura droit à	59 $\frac{54}{100}$ 66 $\frac{35}{100}$ 70 $\frac{19}{100}$	Idem, depuis 65 ans jusq. 75, aura droit à	20 $\frac{71}{100}$ 22 $\frac{81}{100}$ 24 $\frac{69}{100}$	. . . . Idem . . .	65 . . . . 75 75 . . . . 85 85 95	Idem.	20 $\frac{12}{100}$ 10 $\frac{99}{100}$ 5 $\frac{3}{100}$	Id.
Idem, depuis 35 ans jusq. 45, aura droit à	75 $\frac{20}{100}$ 80 $\frac{61}{100}$	Idem, depuis 75 ans jusq. 85, aura droit à	12 $\frac{80}{100}$ 13 $\frac{76}{100}$	. . . . Idem . . .	75 . . . . 85 85 95	Idem.	12 $\frac{40}{100}$ 5 $\frac{56}{100}$	Id.
Idem, depuis 35 ans jusq. 45, aura droit à	87 $\frac{66}{100}$	Idem, depuis 85 ans jusq. 95, aura droit à	6 $\frac{37}{100}$	. . . . Idem . . .	85 95	Idem	6 $\frac{17}{100}$	Id.
Idem, depuis 45 ans jusq. 55, aura droit à	33 $\frac{1}{3}$ 36 $\frac{71}{100}$ 40 $\frac{90}{100}$ 44 $\frac{96}{100}$ 47 $\frac{61}{100}$	Idem, depuis 45 ans jusq. 55, aura droit à	33 $\frac{1}{3}$ 36 $\frac{75}{100}$ 40 $\frac{90}{100}$ 44 $\frac{96}{100}$ 47 $\frac{63}{100}$	. . . . Idem . . .	45 . . . . 55 55 . . . . 65 65 . . . . 75 75 . . . . 85 85 95	Idem.	33 $\frac{1}{3}$ 26 $\frac{30}{100}$ 18 $\frac{20}{100}$ 10 $\frac{8}{100}$ 4 $\frac{70}{100}$	Id.
Idem, depuis 45 ans jusq. 55, aura droit à	41 $\frac{16}{100}$ 46 $\frac{72}{100}$ 51 $\frac{76}{100}$ 55 $\frac{11}{100}$	Idem, depuis 55 ans jusq. 65, aura droit à	29 $\frac{37}{100}$ 33 $\frac{11}{100}$ 37 [illegible] 39 $\frac{17}{100}$	. . . . Idem . . .	55 . . . . 65 65 . . . . 75 75 . . . . 85 85 95	Idem.	29 $\frac{57}{100}$ 20 $\frac{16}{100}$ 11 $\frac{9}{100}$ 5 $\frac{22}{100}$	Id.
Idem, depuis 45 ans jusq. 55, aura droit à	54 $\frac{14}{100}$ 61 $\frac{40}{100}$ 65 $\frac{73}{100}$	Idem, depuis 65 ans jusq. 75, aura droit à	22 $\frac{88}{100}$ 26 $\frac{13}{100}$ 28 $\frac{65}{100}$	. . . . Idem . . .	65 . . . . 75 75 . . . . 85 85 95	Idem.	22 $\frac{89}{100}$ 12 $\frac{41}{100}$ 5 $\frac{67}{100}$	Id.
Idem, depuis 45 ans jusq. 55, aura droit à	71 $\frac{81}{100}$ 77 $\frac{57}{100}$	Idem, depuis 75 ans jusq. 85, aura droit à	14 $\frac{54}{100}$ 16 $\frac{6}{100}$	. . . . Idem . . .	75 . . . . 85 85 95	Idem.	14 $\frac{54}{100}$ 6 $\frac{19}{100}$	Id.
Idem, depuis 45 ans jusq. 55, aura droit à	85 $\frac{66}{100}$	Idem, depuis 85 ans jusq. 95, aura droit à	7 $\frac{27}{100}$	. . . . Idem . . .	85 95	Idem.	7 $\frac{27}{100}$	Id.

Si la rente viagère est constituée sur la tête même des trois propriétaires, qu'elle soit partagée entre eux également pendant leurs vies unies, et qu'elle appartienne ensuite entièrement au dernier survivant ; *

* Celui qui est actuellement âgé depuis 55 ans jusqu'à 65, aura droit à .	33 $\frac{1}{3}$ 38 $\frac{53}{100}$ 43 $\frac{71}{100}$ 47 $\frac{12}{100}$	pour cent du capital liquidé, si un des co-associés est actuellem. âgé dep. 55 ans jusqu'à 65, lequel aura droit à	33 $\frac{1}{3}$ 38 $\frac{53}{100}$ 43 $\frac{71}{100}$ 47 $\frac{12}{100}$	pour cent du capital liquidé ; pourvu que le troisième co-associé soit actuellement âgé depuis	Ans. . . . . Ans. 55 . . . . 65 65 . . . . 75 75 . . . . 85 85 95	lequel aura droit à . 33 $\frac{1}{3}$, 22 $\frac{93}{100}$, 12 $\frac{57}{100}$, 5 $\frac{76}{100}$ pour cent du capital liquidé.
Idem, depuis 55 ans jusq. 65, aura droit à	46 $\frac{8}{100}$ 53 $\frac{17}{100}$ 58 $\frac{38}{100}$	Idem, depuis 65 ans jusq. 75, aura droit à	26 $\frac{96}{100}$ 31 $\frac{50}{100}$ 34 $\frac{97}{100}$	. . . . Idem . . .	65 . . . . 75 75 . . . . 85 85 95	Idem. 26 $\frac{96}{100}$, 14 $\frac{33}{100}$, 6 $\frac{65}{100}$ Id.
Idem, depuis 55 ans jusq. 65, aura droit à	65 $\frac{4}{100}$ 72 $\frac{42}{100}$	Idem, depuis 75 ans jusq. 85, aura droit à	17 $\frac{48}{100}$ 19 $\frac{84}{100}$	. . . . Idem . . .	75 . . . . 85 85 95	Idem. 17 $\frac{48}{100}$, 7 $\frac{74}{100}$ Id.
Idem, depuis 55 ans jusq. 65, aura droit à	82 $\frac{30}{100}$	Idem, depuis 85 ans jusq. 95, aura droit à	8 $\frac{85}{100}$	. . . . Idem . . .	85 95	Idem. 8 $\frac{85}{100}$ Id.
Idem, depuis 65 ans jusq. 75, aura droit à	33 $\frac{1}{3}$ 40 $\frac{78}{100}$ 45 $\frac{91}{100}$	Idem, depuis 65 ans jusq. 75, aura droit à	33 $\frac{1}{3}$ 40 $\frac{78}{100}$ 45 $\frac{91}{100}$	. . . . Idem . . .	65 . . . . 75 75 . . . . 85 85 95	Idem. 33 $\frac{1}{3}$, 18 $\frac{44}{100}$, 8 $\frac{18}{100}$ Id.
Idem, depuis 65 ans jusq. 75, aura droit à	53 $\frac{6}{100}$ 62 $\frac{4}{100}$	Idem, depuis 75 ans jusq. 85, aura droit à	23 $\frac{47}{100}$ 27 $\frac{60}{100}$	. . . . Idem . . .	75 . . . . 85 85 95	Idem. 23 $\frac{47}{100}$, 10 $\frac{36}{100}$ Id.
Idem, depuis 65 ans jusq. 75, aura droit à	75 $\frac{12}{100}$	Idem, depuis 85 ans jusq. 95, aura droit à	12 $\frac{44}{100}$	. . . . Idem . . .	85 95	Idem. 12 $\frac{44}{100}$ Id.
Idem, depuis 75 ans jusq. 85, aura droit à	33 $\frac{1}{3}$ 42 $\frac{41}{100}$	Idem, depuis 75 ans jusq. 85, aura droit à	33 $\frac{1}{3}$ 42 $\frac{41}{100}$	. . . . Idem . . .	75 . . . . 85 85 95	Idem. 33 $\frac{1}{3}$, 15 $\frac{18}{100}$ Id.
Idem, depuis 75 ans jusq. 85, aura droit à	58 $\frac{68}{100}$	Idem, depuis 85 ans jusq. 95, aura droit à	20 $\frac{66}{100}$	. . . . Idem . . .	85 95	Idem. 20 $\frac{66}{100}$ Id.
Idem, depuis 85 ans jusq. 95, aura droit à	33 $\frac{1}{3}$	Idem, depuis 85 ans jusq. 95, aura droit à	33 $\frac{1}{3}$	. . . . Idem . . .	85 95	Idem. 33 $\frac{1}{3}$ Id.

N°. 13.

TABLE pour régler la répartition du capital qui sera dû aux rentes viagères constituées sur trois têtes entre deux jouissans et un expectant.

Si la rente viagère est constituée pour s'éteindre après la mort des trois Propriétaires, qu'elle soit d'abord partagée également entre les deux plus âgés, et que le plus jeune remplace le premier défaillant, l'Expectant actuellement âgé depuis *

L'Expectant âgé depuis		Pour cent du capital liquidé, si un des co-associés jouissant est actuellement âgé depuis	lequel aura droit à	Pour cent du capital liquidé, pourvu que l'autre co-associé jouissant soit actuellement âgé depuis	lequel aura droit à (Pour cent du capital liquidé)
* 5 ans jusqu'à 15, aura droit à	13 $\frac{44}{100}$	5 ans jusqu'à 15	43 $\frac{21}{100}$	5 ans jusq. 15	43 $\frac{18}{100}$
	15 $\frac{64}{100}$		44 $\frac{24}{100}$	15 25	40 $\frac{10}{100}$
	17 $\frac{46}{100}$		45 $\frac{22}{100}$	25 35	37 $\frac{43}{100}$
	20 $\frac{2}{100}$		46 $\frac{21}{100}$	35 45	33 $\frac{18}{100}$
	23 $\frac{47}{100}$		47 $\frac{17}{100}$	45 55	29 $\frac{36}{100}$
	27 $\frac{86}{100}$		48 $\frac{19}{100}$	55 65	23 $\frac{95}{100}$
	33 $\frac{76}{100}$		49 $\frac{9}{100}$	65 75	17 $\frac{25}{100}$
	40 $\frac{34}{100}$		49 $\frac{66}{100}$	75 85	10
	45 $\frac{20}{100}$		49 $\frac{90}{100}$	85 95	4 $\frac{90}{100}$
Idem, 5 à 15 . . .	17 $\frac{96}{100}$	Idem, 15 à 25 . . .	41 $\frac{2}{100}$	15 25	41 $\frac{2}{100}$
	19 $\frac{64}{100}$		41 $\frac{56}{100}$	25 35	38 $\frac{10}{100}$
	22 $\frac{41}{100}$		42 $\frac{84}{100}$	35 45	34 $\frac{18}{100}$
	26 $\frac{[illegible]}{100}$		43 $\frac{87}{100}$	45 55	30 $\frac{5}{100}$
	30 $\frac{14}{100}$		44 $\frac{89}{100}$	55 65	24 $\frac{52}{100}$
	36 $\frac{66}{100}$		45 $\frac{79}{100}$	65 75	17 $\frac{59}{100}$
	43 $\frac{62}{100}$		46 $\frac{37}{100}$	75 85	10 $\frac{32}{100}$
	48 $\frac{12}{100}$		46 $\frac{63}{100}$	85 95	5 $\frac{2}{100}$
Idem, 5 à 15 . . .	21 $\frac{70}{100}$	Idem, 25 à 35 . . .	39 $\frac{70}{100}$	25 35	39 $\frac{20}{100}$
	24 $\frac{55}{100}$		40 $\frac{4}{100}$	35 45	35 $\frac{47}{100}$
	28 $\frac{25}{100}$		41 $\frac{5}{100}$	45 55	30 $\frac{70}{100}$
	32 $\frac{93}{100}$		42 $\frac{5}{100}$	55 65	25 $\frac{3}{100}$
	39 $\frac{24}{100}$		42 $\frac{55}{100}$	65 75	17 $\frac{97}{100}$
	46 $\frac{4}{100}$		43 $\frac{54}{100}$	75 85	10 $\frac{42}{100}$
	51 $\frac{21}{100}$		43 $\frac{79}{100}$	85 95	5 $\frac{20}{100}$
Idem, 5 à 15 . . .	27 $\frac{44}{100}$	Idem, 35 à 45 . . .	36 $\frac{22}{100}$	35 45	36 $\frac{28}{100}$
	31 $\frac{32}{100}$		37 $\frac{24}{100}$	45 55	31 $\frac{45}{100}$
	36 $\frac{16}{100}$		38 $\frac{20}{100}$	55 65	25 $\frac{84}{100}$
	42 $\frac{57}{100}$		39 $\frac{8}{100}$	65 75	18 $\frac{14}{100}$
	49 $\frac{65}{100}$		39 $\frac{56}{100}$	75 85	10 $\frac{65}{100}$
	54 $\frac{86}{100}$		39 $\frac{92}{100}$	85 95	5 $\frac{27}{100}$
Idem, 5 à 15 . . .	35 $\frac{40}{100}$	Idem, 45 à 55 . . .	32 $\frac{30}{100}$	45 55	32 $\frac{30}{100}$
	40 $\frac{32}{100}$		33 $\frac{27}{100}$	55 65	26 $\frac{33}{100}$
	47 $\frac{72}{100}$		34 $\frac{1}{100}$	65 75	18 $\frac{12}{100}$
	54 $\frac{40}{100}$		34 $\frac{57}{100}$	75 85	10 $\frac{93}{100}$
	59 $\frac{84}{100}$		34 $\frac{81}{100}$	85 95	5 $\frac{14}{100}$
Idem, 5 à 15 . . .	45 $\frac{90}{100}$	Idem, 55 à 65 . . .	27 $\frac{5}{100}$	55 65	27 $\frac{6}{100}$
	52 $\frac{63}{100}$		27 $\frac{74}{100}$	65 75	19 $\frac{17}{100}$
	60 $\frac{57}{100}$		28 $\frac{38}{100}$	75 85	11 $\frac{12}{100}$
	66 $\frac{2}{100}$		28 $\frac{52}{100}$	85 95	5 $\frac{47}{100}$
Idem, 5 à 15 . . .	60 $\frac{38}{100}$	Idem, 65 à 75 . . .	19 $\frac{82}{100}$	65 75	19 $\frac{8}{100}$
	68 $\frac{53}{100}$		20 $\frac{11}{100}$	75 85	11 $\frac{45}{100}$
	73 $\frac{95}{100}$		20 $\frac{41}{100}$	85 95	5 $\frac{59}{100}$
Idem, 5 à 15 . . .	76 $\frac{60}{100}$	Idem, 75 à 85 . . .	11 $\frac{70}{100}$	75 85	11 $\frac{70}{100}$
	82 $\frac{41}{100}$		11 $\frac{84}{100}$	85 95	5 $\frac{48}{100}$
Idem, 5 à 15 . . .	88 $\frac{47}{100}$	Idem, 85 à 95 . . .	5 $\frac{74}{100}$	85 95	5 $\frac{54}{100}$
Idem, 15 à 25 . . .	15 $\frac{64}{100}$	Idem, 15 à 25 . . .	42 $\frac{25}{100}$	15 25	42 $\frac{18}{100}$
	17 $\frac{56}{100}$		43 $\frac{11}{100}$	25 35	39 $\frac{43}{100}$
	19 $\frac{74}{100}$		44 $\frac{51}{100}$	35 45	35 $\frac{70}{100}$
	23 $\frac{16}{100}$		45 $\frac{88}{100}$	45 55	30 $\frac{46}{100}$
	27 $\frac{43}{100}$		47 $\frac{26}{100}$	55 65	25 $\frac{21}{100}$
	33 $\frac{12}{100}$		48 $\frac{44}{100}$	65 75	18 $\frac{6}{100}$
	40 $\frac{5}{100}$		49 $\frac{41}{100}$	75 85	10 $\frac{52}{100}$
	45 $\frac{3}{100}$		49 $\frac{84}{100}$	85 95	5 $\frac{15}{100}$

(In the table, "Idem" groups: the middle link reads ". . . . Id . . . . .", the last ". . Id . ." and ". . Id . .", as printed.)

Si la rente viagère est constituée pour s'éteindre apres la mort des trois Propriétaires, qu'elle soit d'abord partagée également entre les deux plus âgés, et que le plus jeune remplace le premier défaillant, l'Expectant actuellement âgé depuis *

* 15 ans jusqu'à 25, aura droit à	19 $\frac{18}{100}$	Pour cent du capital liquidé, si un des co-associés jouissans est actuellement âgé depuis 25 ans jusqu'à 35, lequel aura droit à	40 $\frac{41}{100}$	Pour cent du capital liquidé, pourvu que l'autre co-associé jouissant soit actuellement âgé depuis	25 ans jusq. 35	lequel aura droit à . .	40 $\frac{41}{100}$	Pour cent du capital liquidé.
	21 $\frac{70}{100}$		41 $\frac{65}{100}$		35 45		36 $\frac{63}{100}$	
	25 $\frac{11}{100}$		43 $\frac{8}{100}$		45 55		31 $\frac{71}{100}$	
	29 $\frac{71}{100}$		44 $\frac{37}{100}$		55 65		25 $\frac{94}{100}$	
	35 $\frac{80}{100}$		45 $\frac{66}{100}$		65 75		18 $\frac{14}{100}$	
	42 $\frac{65}{100}$		46 $\frac{57}{100}$		75 85		10 $\frac{71}{100}$	
	47 $\frac{74}{100}$		46 $\frac{98}{100}$		85 95		5 $\frac{21}{100}$	
Idem, 15 à 25. . .	24 $\frac{42}{100}$	Idem, 35 à 45. . .	37 $\frac{79}{100}$	. . . . Id	35 45	. . Id . .	37 $\frac{71}{100}$	. . Id . .
	28 $\frac{24}{100}$		39 $\frac{8}{100}$		45 55		32 $\frac{78}{100}$	
	32 $\frac{86}{100}$		40 $\frac{40}{100}$		55 65		26 $\frac{74}{100}$	
	39 $\frac{20}{100}$		41 $\frac{69}{100}$		65 75		19 $\frac{28}{100}$	
	46 $\frac{97}{100}$		42 $\frac{19}{100}$		75 85		11 $\frac{34}{100}$	
	51 $\frac{56}{100}$		43 $\frac{1}{100}$		85 95		5 $\frac{43}{100}$	
Idem, 15 à 25. . .	32 $\frac{72}{100}$	Idem, 45 à 55. . .	33 $\frac{94}{100}$	. . . . Id	45 55	. . Id . .	33 $\frac{94}{100}$	. . Id . .
	37 $\frac{35}{100}$		35 $\frac{17}{100}$		55 65		27 $\frac{68}{100}$	
	43 $\frac{13}{100}$		36 $\frac{39}{100}$		65 75		19 $\frac{78}{100}$	
	51 $\frac{83}{100}$		37 $\frac{19}{100}$		75 85		11 $\frac{41}{100}$	
	56 $\frac{69}{100}$		37 $\frac{71}{100}$		85 95		5 $\frac{60}{100}$	
Idem, 15 à 25 . .	42 $\frac{38}{100}$	Idem, 55 à 65. . .	28 $\frac{71}{100}$	. . . . Id	55 65	. . Id . .	28 $\frac{51}{100}$	. . Id . .
	49 $\frac{78}{100}$		29 $\frac{79}{100}$		65 75		20 $\frac{80}{100}$	
	57 $\frac{49}{100}$		30 $\frac{61}{100}$		75 85		11 $\frac{58}{100}$	
	63 $\frac{15}{100}$		31 $\frac{3}{100}$		85 95		5 $\frac{79}{100}$	
Idem, 15 à 25. . .	57 $\frac{44}{100}$	Idem, 65 à 75. . .	21 $\frac{28}{100}$	. . . . Id	65 75	. . Id . .	21 $\frac{18}{100}$	. . Id . .
	65 $\frac{73}{100}$		21 $\frac{48}{100}$		75 85		12 $\frac{30}{100}$	
	71 $\frac{72}{100}$		22 $\frac{10}{100}$		85 95		5 $\frac{98}{100}$	
Idem, 15 à 25. . .	74 $\frac{64}{100}$	Idem, 75 à 85. . .	12 $\frac{61}{100}$	. . . . Id	75 85	. . Id . .	12 $\frac{68}{100}$	. . Id . .
	80 $\frac{96}{100}$		12 $\frac{92}{100}$		85 95		6 $\frac{13}{100}$	
Idem, 15 à 25. . .	87 $\frac{19}{100}$	Idem, 85 à 95. . .	6 $\frac{13}{100}$	. . . . Id	85 95	. . Id . .	6 $\frac{21}{100}$	. . Id . .
Idem, 25 à 35. . .	16 $\frac{68}{100}$	Idem, 25 à 35. . .	41 $\frac{68}{100}$	. . . . Id	25 35	. . Id . .	41 $\frac{68}{100}$	. . Id . .
	18 $\frac{49}{100}$		43 $\frac{10}{100}$		35 45		37 $\frac{31}{100}$	
	22 $\frac{52}{100}$		44 $\frac{18}{100}$		45 55		32 $\frac{80}{100}$	
	26 $\frac{67}{100}$		46 $\frac{59}{100}$		55 65		26 $\frac{74}{100}$	
	32 $\frac{89}{100}$		48 $\frac{18}{100}$		65 75		19 $\frac{25}{100}$	
	39 $\frac{39}{100}$		49 $\frac{29}{100}$		75 85		11 $\frac{12}{100}$	
	44 $\frac{78}{100}$		49 $\frac{60}{100}$		85 95		5 $\frac{34}{100}$	
Idem, 25 à 35. . .	21 $\frac{52}{100}$	Idem, 35 à 45. . .	39 $\frac{24}{100}$	. . . . Id	35 45	. . Id . .	39 $\frac{24}{100}$	. . Id . .
	25 $\frac{5}{100}$		40 $\frac{51}{100}$		45 55		34 $\frac{7}{100}$	
	29 $\frac{69}{100}$		42 $\frac{13}{100}$		55 65		27 $\frac{78}{100}$	
	36 $\frac{2}{100}$		44 $\frac{32}{100}$		65 75		19 $\frac{86}{100}$	
	43 $\frac{21}{100}$		45 $\frac{18}{100}$		75 85		11 $\frac{13}{100}$	
	48 $\frac{60}{100}$		45 $\frac{77}{100}$		85 95		5 $\frac{44}{100}$	
Idem, 25 à 35. . .	28 $\frac{94}{100}$	Idem, 45 à 55. . .	35 $\frac{42}{100}$	. . . . Id	45 55	. . Id . .	35 $\frac{13}{100}$	. . Id . .
	33 $\frac{90}{100}$		37 $\frac{20}{100}$		55 65		29	
	40 $\frac{61}{100}$		38 $\frac{64}{100}$		65 75		20 $\frac{23}{100}$	
	48 $\frac{22}{100}$		39 $\frac{76}{100}$		75 85		12 $\frac{3}{100}$	
	53 $\frac{31}{100}$		40 $\frac{29}{100}$		85 95		5 $\frac{63}{100}$	
Idem, 25 à 35. . .	39 $\frac{16}{100}$	Idem, 55 à 65. . .	30 $\frac{32}{100}$	. . . . Id	55 65	. . Id . .	30 $\frac{31}{100}$	. . Id . .
	46 $\frac{61}{100}$		31 $\frac{70}{100}$		65 75		21 $\frac{41}{100}$	
	54 $\frac{70}{100}$		32 $\frac{76}{100}$		75 85		12 $\frac{18}{100}$	
	60 $\frac{81}{100}$		33 $\frac{18}{100}$		85 95		6 $\frac{20}{100}$	
Idem, 25 à 35. . .	54 $\frac{66}{100}$	Idem, 65 à 75. . .	22 $\frac{67}{100}$	. . . . Id	65 75	. . Id . .	22 $\frac{67}{100}$	. . Id . .
	63 $\frac{31}{100}$		23 $\frac{31}{100}$		75 85		13 $\frac{10}{100}$	
	69 $\frac{67}{100}$		23 $\frac{98}{100}$		85 95		6 $\frac{35}{100}$	
Idem, 25 à 35. . .	72 $\frac{87}{100}$	Idem, 75 à 85. . .	13 $\frac{59}{100}$	. . . . Id	75 85	. . Id . .	13 $\frac{19}{100}$	. . Id . .
	79 $\frac{55}{100}$		13 $\frac{79}{100}$		85 95		6 $\frac{58}{100}$	
Idem, 25 à 35. . .	86 $\frac{61}{100}$	Idem, 85 à 95. . .	6 $\frac{69}{100}$	. . . . Id	85 95	. . Id . .	6 $\frac{69}{100}$	. . Id . .

Si la rente viagère est constituée pour s'éteindre après la mort des trois Propriétaires, qu'elle soit d'abord partagée également entre les deux plus âgés, et que le plus jeune remplace le premier défaillant, l'Expectant actuellement âgé depuis *

* 35 ans jusqu'à 45, aura droit à	17 $\frac{31}{100}$ 21 $\frac{80}{100}$ 25 $\frac{44}{100}$ 31 $\frac{65}{100}$ 38 $\frac{47}{100}$ 44 $\frac{57}{100}$	Pour cent du capital liquidé, si un des co-associés jouissans est actuellement âgé depuis 35 ans jusqu'à 45, lequel aura droit à	41 $\frac{6}{100}$ 43 $\frac{19}{100}$ 45 $\frac{42}{100}$ 47 $\frac{55}{100}$ 49 $\frac{1}{100}$ 49 $\frac{74}{100}$	Pour cent du capital liquidé, pourvu que l'autre co-associé jouissant, soit actuellement âgé depuis . . . . 35 ans jusq. 45 45 . . . . 55 55 . . . . 65 65 . . . . 75 75 . . . . 85 85 95	lequel aura droit à. . . 41 $\frac{6}{100}$ 35 $\frac{72}{100}$ 29 $\frac{14}{100}$ 20 $\frac{32}{100}$ 12 $\frac{8}{100}$ 5 $\frac{16}{100}$	Pour cent du capital liquidé.
Idem, 35 à 45. . .	24 $\frac{48}{100}$ 29 $\frac{46}{100}$ 36 $\frac{84}{100}$ 43 $\frac{87}{100}$ 49 $\frac{69}{100}$	Idem, 45 à 55. . .	37 $\frac{65}{100}$ 39 $\frac{71}{100}$ 41 $\frac{27}{100}$ 43 $\frac{39}{100}$ 44 $\frac{20}{100}$	. . . . Id . . . . . 45 . . . . 55 55 . . . . 65 65 . . . . 75 75 . . . . 85 85 95	. . Id . . 37 $\frac{65}{100}$ 30 $\frac{8}{100}$ 21 $\frac{55}{100}$ 12 $\frac{74}{100}$ 6 $\frac{22}{100}$	. . Id . .
Idem, 35 à 45. . .	34 $\frac{71}{100}$ 42 $\frac{28}{100}$ 50 $\frac{14}{100}$ 56 $\frac{27}{100}$	Idem, 55 à 65. . .	32 $\frac{67}{100}$ 34 $\frac{52}{100}$ 35 $\frac{98}{100}$ 36 $\frac{68}{100}$	. . . . Id . . . . . 55 . . . . 65 65 . . . . 75 75 . . . . 85 85 95	. . Id . . 32 $\frac{62}{100}$ 23 $\frac{30}{100}$ 13 $\frac{48}{100}$ 6 $\frac{35}{100}$	. . Id . .
Idem, 35 à 45 . . .	50 $\frac{35}{100}$ 59 $\frac{78}{100}$ 66 $\frac{51}{100}$	Idem, 65 à 75. . .	24 $\frac{74}{100}$ 25 $\frac{94}{100}$ 26 $\frac{58}{100}$	. . . . Id . . . . . 65 . . . . 75 75 . . . . 85 85 95	. . Id . . 24 $\frac{74}{100}$ 14 $\frac{38}{100}$ 6 $\frac{52}{100}$	. . Id . .
Idem, 33 à 45 . . .	70 $\frac{2}{100}$ 77 $\frac{37}{100}$	Idem, 75 à 85. . .	14 $\frac{99}{100}$ 15 $\frac{63}{100}$	. . . . Id . . . . . 75 . . . . 85 85 95	. . Id . . 14 $\frac{99}{100}$ 7 $\frac{81}{100}$	. . Id . .
Idem, 35 à 45. . .	85 $\frac{20}{100}$	Idem, 85 à 95. . .	7 $\frac{40}{100}$	. . . . Id 85 95	. . Id . . 7 $\frac{40}{100}$	. . Id . .
Idem, 45 à 55. . .	19 $\frac{36}{100}$ 23 $\frac{65}{100}$ 30 $\frac{1}{100}$ 37 $\frac{76}{100}$ 43 $\frac{75}{100}$	Idem, 45 à 55. . .	40 $\frac{32}{100}$ 43 $\frac{32}{100}$ 46 $\frac{31}{100}$ 48 $\frac{56}{100}$ 49 $\frac{60}{100}$	. . . . Id . . . . . 45 . . . . 55 55 . . . . 65 65 . . . . 75 75 . . . . 85 85 95	. . Id . . 40 $\frac{32}{100}$ 33 $\frac{5}{100}$ 23 $\frac{65}{100}$ 13 $\frac{65}{100}$ 6 $\frac{45}{100}$	. . Id . .
Idem, 45 à 55. . .	28 $\frac{80}{100}$ 35 $\frac{17}{100}$ 44 $\frac{46}{100}$ 51 $\frac{2}{100}$	Idem, 55 à 65. . .	35 $\frac{74}{100}$ 38 $\frac{55}{100}$ 40 $\frac{75}{100}$ 41 $\frac{52}{100}$	. . . . Id . . . . . 55 . . . . 65 65 . . . . 75 75 . . . . 85 85 95	. . Id . . 35 $\frac{70}{100}$ 25 $\frac{18}{100}$ 14 $\frac{79}{100}$ 7 $\frac{17}{100}$	. . Id . .
Idem, 45 à 55. . .	44 $\frac{40}{100}$ 54 $\frac{36}{100}$ 61 $\frac{58}{100}$	Idem à 75. . .	27 $\frac{80}{100}$ 29 $\frac{49}{100}$ 30 $\frac{65}{100}$	. . . . Id . . . . . 65 . . . . 75 75 . . . . 85 85 95	. . Id . . 27 $\frac{80}{100}$ 16 $\frac{3}{100}$ 7 $\frac{74}{100}$	. . Id . .
Idem, 45 à 55. . .	65 $\frac{58}{100}$ 73 $\frac{16}{100}$	Idem, 75 à 85. . .	17 $\frac{22}{100}$ 17 $\frac{90}{100}$	. . . . Id . . . . . 75 . . . . 85 85 95	. . Id . . 17 $\frac{21}{100}$ 8 $\frac{14}{100}$	. . Id . .
Idem, 45 à 55. . .	82 $\frac{80}{100}$	Idem, 85 à 95. . .	8 $\frac{55}{100}$	. . . . Id 85 95	. . Id . . 8 $\frac{55}{100}$	. . Id . .
Idem, 55 à 65. . .	20 $\frac{78}{100}$ 27 $\frac{56}{100}$ 35 $\frac{67}{100}$ 42 $\frac{70}{100}$	Idem, 55 à 65. . .	39 $\frac{67}{100}$ 44 $\frac{9}{100}$ 47 $\frac{65}{100}$ 49 $\frac{55}{100}$	. . . . Id . . . . . 55 . . . . 65 65 . . . . 75 75 . . . . 85 85 95	. . Id . . 39 $\frac{67}{100}$ 28 $\frac{55}{100}$ 16 $\frac{50}{100}$ 7 $\frac{92}{100}$	. . Id . .
Idem, 55 à 65. . .	35 $\frac{58}{100}$ 45 $\frac{95}{100}$ 53 $\frac{46}{100}$	Idem, 65 à 75. . .	32 $\frac{27}{100}$ 35 $\frac{43}{100}$ 37 $\frac{22}{100}$	. . . . Id . . . . . 65 . . . . 75 75 . . . . 85 85 95	. . Id . . 32 $\frac{22}{100}$ 18 $\frac{67}{100}$ 8 $\frac{53}{100}$	. . Id . .
Idem, 55 à 65. . .	45 $\frac{88}{100}$ 56 $\frac{74}{100}$	Idem, 75 à 85, . .	27 $\frac{27}{100}$ 30 $\frac{25}{100}$	. . . . Id . . . . . 75 . . . . 85 85 95	. . Id . . 27 $\frac{27}{100}$ 13 $\frac{8}{100}$	. . Id . .

Si la rente viagère est constituée pour s'éteindre après la mort des trois Propriétaires, qu'elle soit d'abord partagée également entre les deux plus âgés, et que le plus jeune remplace le premier défaillant, l'Expectant actuellement âgé depuis *

* 55 ans jusqu'à 65, aura droit à	79 $\frac{1}{100}$	Pour cent du capital liquidé, si un des co-associés jouissans est actuellement âgé depuis 85 ans jusqu'à 95, lequel aura droit à	10 $\frac{49}{100}$	Pour cent du capital liquidé, pourvu que l'autre co-associé jouissant soit actuellement âgé depuis.	85 ans jusq. 95	lequel aura droit à . .	10 $\frac{49}{100}$	Pour cent du capital liquidé.
Idem, 65 à 75 . . .	22 $\frac{10}{100}$ 32 $\frac{31}{100}$ 40 $\frac{62}{100}$	Idem, 65 à 75 . . .	38 $\frac{50}{100}$ 45 $\frac{1}{100}$ 48 $\frac{55}{100}$	. . . . Id	65 . . . . 75 75 . . . . 85 85 95	. . Id . .	38 $\frac{60}{100}$ 22 $\frac{67}{100}$ 10 $\frac{83}{100}$	. . Id . .
Idem, 65 à 75 . . .	45 $\frac{45}{100}$ 56 $\frac{74}{100}$	Idem, 75 à 85 . . .	27 $\frac{17}{100}$ 30 $\frac{25}{100}$	. . . . Id	75 . . . . 85 85 95	. . Id . .	27 $\frac{17}{100}$ 13 $\frac{1}{100}$	. . Id . .
Idem, 65 à 75. . .	70 $\frac{93}{100}$	Idem, 85 à 95. . .	14 $\frac{36}{100}$	. . . . Id	85 95	. . Id . .	14 $\frac{36}{100}$	. . Id . .
Idem, 75 à 85. . .	25 $\frac{42}{100}$ 36 $\frac{29}{100}$	Idem, 75 à 85. . .	37 $\frac{24}{100}$ 45 $\frac{48}{100}$	. . . . Id	75 . . . . 85 85 95	. . Id . .	37 $\frac{24}{100}$ 18 $\frac{25}{100}$	. . Id . .
Idem, 75 à 85. . .	53 $\frac{10}{100}$	Idem, 85 à 95. . .	23 $\frac{41}{100}$	. . . . Id	85 95	. . Id . .	23 $\frac{41}{100}$	. . Id . .
Idem, 85 à 95. . .	27 $\frac{26}{100}$	Idem, 85 à 95. . .	36 $\frac{42}{100}$	. . . . Id	85 95	. . Id . .	36 $\frac{42}{100}$	. . Id . .

Nº 14.

TABLE pour régler la répartition du capital qui sera dû aux rentes viagères constituées sur trois têtes, entre un jouissant et deux expectans.

Si la rente viagère est constituée pour s'éteindre après la mort des trois propriétaires, qu'elle appartienne d'abord entièrement au plus âgé pendant sa vie, qu'ensuite elle appartienne entièrement au plus âgé des deux survivans et enfin, après la mort de celui-ci, au plus jeune, le second expectant, actuellement âgé depuis :

Second expectant âgé depuis	aura droit à	Si le premier co-associé expectant est actuellement âgé depuis	lequel aura droit à (pour cent du capital liquidé)	Pourvu que le co-associé jouissant soit actuellement âgé depuis	Lequel aura droit à (pour cent du capital liquidé)
5 ans jusqu'à 15, aura droit à	4 12/100	5 ans jusqu'à 15	13 44/100	5 ans jusqu'à 15	82 14/100
	5 40/100		17 74/100	15 25	76 16/100
	6 43/100		21 12/100	25 35	72 35/100
	7 75/100		26 25/100	35 45	66 6/100
	9 35/100		33 41/100	45 55	57 75/100
	10 85/100		41 74/100	55 65	47 42/100
	12 36/100		53 30/100	65 75	34 14/100
	13 40/100		66 45/100	75 85	19 97/100
	13 87/100		76 33/100	85 95	9 78/100
5 ans jusqu'à 15	6 79/100	*Idem*, 15 ans jusqu'à 25	15 41/100	15 jusqu'à 25	77 80/100
	8 21/100		18 51/100	25 35	73 37/100
	9 80/100		23 8/100	35 45	67 11/100
	11 50/100		29 44/100	45 55	58 76/100
	13 95/100		37 70/100	55 65	48 34/100
	16 21/100		49 4/100	65 75	34 65/100
	17 70/100		61 81/100	75 85	20 38/100
	18 46/100		71 55/100	85 95	9 99/100
5 ans jusqu'à 15	9 70/100	*Idem*, 25 ans jusqu'à 35	16 3/100	25 35	74 29/100
	11 77/100		20 12/100	35 45	68 11/100
	14 33/100		26 4/100	45 55	59 73/100
	16 88/100		33 90/100	55 65	49 16/100
	19 49/100		44 99/100	65 75	35 52/100
	21 41/100		57 82/100	75 85	20 58/100
	22 32/100		67 49/100	85 95	10 19/100
5 ans jusqu'à 15	14 38/100	*Idem*, 35 ans jusqu'à 45	16 43/100	35 45	69 14/100
	17 55/100		21 67/100	45 55	60 50/100
	20 93/100		28 85/100	55 65	50 88/100
	24 32/100		39 39/100	65 75	36 49/100
	26 79/100		51 97/100	75 85	21 24/100
	27 955/1000		61 425/1000	85 95	10 41/100
5 ans jusqu'à 15	21 61/100	*Idem*, 45 ans jusqu'à 55	16 54/100	45 55	61 84/100
	26 77/100		22 60/100	55 65	51 21/100
	30 77/100		32 23/100	65 75	37 30/100
	34 27/100		44 9/100	75 85	21 74/100
	35 775/1000		53 557/1000	85 95	10 67/100
5 ans jusqu'à 15	32 31/100	*Idem*, 55 ans jusqu'à 65	15 54/100	55 65	52 74/100
	38 77/100		23 35/100	65 75	37 88/100
	43 61/100		34 36/100	75 85	22 25/100
	45 91/100		43 17/100	85 95	10 92/100
5 ans jusqu'à 15	48 30/100	*Idem*, 65 ans jusqu'à 75	13 88/100	65 75	38 13/100
	55 74/100		21 54/100	75 85	22 47/100
	59 55/100		29 33/100	85 95	11 74/100
5 ans jusqu'à 15	67 33/100	*Idem*, 75 ans jusqu'à 85	9 76/100	75 85	22 91/100
	73 91/100		14 80/100	85 95	11 33/100
5 ans jusqu'à 15	83 30/100	*Idem*, 85 ans jusqu'à 95	5 36/100	85 95	11 54/100
15 ans jusqu'à 25	5 41/100	*Idem*, 15 ans jusqu'à 25	15 64/100	15 25	78 94/100
	6 54/100		18 74/100	25 35	74 64/100
	8 2/100		23 55/100	35 45	68 43/100
	9 64/100		30 20/100	45 55	60 6/100
	11 57/100		38 61/100	55 65	49 32/100
	13 93/100		50 33/100	65 75	35 76/100
	15 49/100		63 59/100	75 85	20 83/100
	16 24/100		73 30/100	85 95	10 26/100

Si la rente viagère est constituée pour s'éteindre après la mort des trois propriétaires, qu'elle appartienne d'abord entièrement au plus âgé pendant sa vie, qu'ensuite elle appartienne entièrement au plus âgé des deux survivans, et enfin, après la mort de celui-ci, au plus jeune, le second expectant actuellement âgé depuis :

Second expectant	Pour cent du capital liquidé, si le premier co-associé expectant est actuellement âgé depuis 25 ans jusqu'à 35, lequel aura droit à		Pour cent du capital liquidé, pourvu que le co-associé jouissant soit actuellement âgé depuis	Lequel aura droit à	Pour cent du capital liquidé.
15 ans jusqu'à 25, aura droit à	7 $\frac{18}{100}$		16 $\frac{53}{100}$	25 ans jusqu'à 35	75 $\frac{79}{100}$
	9 $\frac{73}{100}$		20 $\frac{59}{100}$	35 45	69 $\frac{76}{100}$
	11 $\frac{97}{100}$		26 $\frac{71}{100}$	45 55	61 $\frac{33}{100}$
	14 $\frac{46}{100}$		34 $\frac{52}{100}$	55 65	50 $\frac{13}{100}$
	16 $\frac{59}{100}$		46 $\frac{39}{100}$	65 75	36 $\frac{62}{100}$
	18 $\frac{88}{100}$		59 $\frac{88}{100}$	75 85	21 $\frac{66}{100}$
	19 $\frac{79}{100}$		69 $\frac{69}{100}$	85 95	10 $\frac{12}{100}$
15 ans jusqu'à 25	12 $\frac{4}{100}$	*Idem*, 35 ans jusqu'à 45	16 $\frac{93}{100}$	*Idem* . . . 35 45	*Idem* . . 71 $\frac{3}{100}$. *Idem*
	14 $\frac{95}{100}$		22 $\frac{35}{100}$	45 55	62 $\frac{70}{100}$
	18 $\frac{18}{100}$		29 $\frac{86}{100}$	55 65	51 $\frac{46}{100}$
	21 $\frac{49}{100}$		40 $\frac{57}{100}$	65 75	37 $\frac{64}{100}$
	23 $\frac{93}{100}$		53 $\frac{99}{100}$	75 85	22 $\frac{6}{100}$
	25 $\frac{12}{100}$		64 $\frac{57}{100}$	85 95	10 $\frac{81}{100}$
15 ans jusqu'à 25	18 $\frac{78}{100}$	*Idem*, 45 ans jusqu'à 55	17 $\frac{14}{100}$	*Idem* . . . 45 55	*Idem* . . 64 $\frac{3}{100}$. *Idem*
	23 $\frac{21}{100}$		23 $\frac{52}{100}$	55 65	53 $\frac{33}{100}$
	27 $\frac{68}{100}$		33 $\frac{56}{100}$	65 75	38 $\frac{76}{100}$
	31 $\frac{9}{100}$		46 $\frac{15}{100}$	75 85	22 $\frac{76}{100}$
	32 $\frac{73}{100}$		56 $\frac{20}{100}$	85 95	11 $\frac{17}{100}$
15 ans jusqu'à 25	29 $\frac{87}{100}$	*Idem*, 55 ans jusqu'à 65	16 $\frac{29}{100}$	*Idem* . . . 55 65	*Idem* . . 54 $\frac{60}{100}$. *Idem*
	35 $\frac{56}{100}$		24 $\frac{59}{100}$	65 75	39 $\frac{87}{100}$
	40 $\frac{49}{100}$		36 $\frac{5}{100}$	75 85	23 $\frac{46}{100}$
	42 $\frac{86}{100}$		45 $\frac{62}{100}$	85 95	11 $\frac{13}{100}$
15 ans jusqu'à 25	45	*Idem*, 65 ans jusqu'à 75	14 $\frac{78}{100}$	*Idem* . . . 65 75	*Idem* . . 40 $\frac{83}{100}$. *Idem*
	52 $\frac{89}{100}$		22 $\frac{98}{100}$	75 85	24 $\frac{13}{100}$
	56 $\frac{85}{100}$		31 $\frac{27}{100}$	85 95	11 $\frac{88}{100}$
15 ans jusqu'à 25	64 $\frac{98}{100}$	*Idem*, 75 ans jusqu'à 85	10 $\frac{46}{100}$	*Idem* . . . 75 85	*Idem* . . 24 $\frac{56}{100}$. *Idem*
	71 $\frac{98}{100}$		15 $\frac{90}{100}$	85 95	12 $\frac{32}{100}$
15 ans jusqu'à 25	82	*Idem*, 85 ans jusqu'à 95	5 $\frac{77}{100}$	*Idem* . . . 85 95	*Idem* . . 12 $\frac{13}{100}$. *Idem*
25 ans jusqu'à 35	6 $\frac{27}{100}$	*Idem*, 25 ans jusqu'à 35	16 $\frac{84}{100}$	*Idem* . . . 25 35	*Idem* . . 77 $\frac{19}{100}$. *Idem*
	7 $\frac{23}{100}$		21 $\frac{4}{100}$	35 45	71 $\frac{25}{100}$
	9 $\frac{75}{100}$		27 $\frac{40}{100}$	45 55	62 $\frac{53}{100}$
	12 $\frac{58}{100}$		35 $\frac{156}{1000}$	55 65	52 $\frac{6}{100}$
	14 $\frac{51}{100}$		47 $\frac{75}{100}$	65 75	37 $\frac{70}{100}$
	16 $\frac{64}{100}$		61 $\frac{47}{100}$	75 85	22 $\frac{9}{100}$
	17 $\frac{56}{100}$		71 $\frac{80}{100}$	85 95	10 $\frac{84}{100}$
25 ans jusqu'à 35	9 $\frac{73}{100}$	*Idem*, 35 ans jusqu'à 45	17 $\frac{57}{100}$	*Idem* . . . 35 45	*Idem* . . 72 $\frac{90}{100}$. *Idem*
	12 $\frac{16}{100}$		23 $\frac{3}{100}$	45 55	64 $\frac{67}{100}$
	15 $\frac{42}{100}$		30 $\frac{87}{100}$	55 65	53 $\frac{78}{100}$
	18 $\frac{66}{100}$		42 $\frac{34}{100}$	65 75	39
	21 $\frac{23}{100}$		55 $\frac{99}{100}$	75 85	22 $\frac{88}{100}$
	22 $\frac{33}{100}$		66 $\frac{44}{100}$	85 95	11 $\frac{23}{100}$
25 ans jusqu'à 35	15 $\frac{87}{100}$	*Idem*, 45 ans jusqu'à 55	17 $\frac{76}{100}$	*Idem* . . . 45 55	*Idem* . . 66 $\frac{37}{100}$. *Idem*
	20 $\frac{5}{100}$		24 $\frac{47}{100}$	55 65	55 $\frac{48}{100}$
	24 $\frac{54}{100}$		35 $\frac{2}{100}$	65 75	40 $\frac{44}{100}$
	28		48 $\frac{22}{100}$	75 85	23 $\frac{78}{100}$
	29 $\frac{61}{100}$		58 $\frac{64}{100}$	85 95	11 $\frac{68}{100}$
25 ans jusqu'à 35	25 $\frac{81}{100}$	*Idem*, 55 ans jusqu'à 65	17 $\frac{5}{100}$	*Idem* . . . 55 65	*Idem* . . 57 $\frac{23}{100}$. *Idem*
	32 $\frac{17}{100}$		25 $\frac{83}{100}$	65 75	41 $\frac{90}{100}$
	37 $\frac{13}{100}$		37 $\frac{96}{100}$	75 85	24 $\frac{77}{100}$
	39 $\frac{79}{100}$		48 $\frac{6}{100}$	85 95	12 $\frac{33}{100}$
25 ans jusqu'à 35	41 $\frac{85}{100}$	*Idem*, 65 ans jusqu'à 75	15	*Idem* . . . 65 75	*Idem* . . 43 $\frac{73}{100}$. *Idem*
	50 $\frac{4}{100}$		24 $\frac{37}{100}$	75 85	25 $\frac{18}{100}$
	54 $\frac{19}{100}$		33 $\frac{20}{100}$	85 95	12 $\frac{67}{100}$
25 ans jusqu'à 35	62 $\frac{49}{100}$	*Idem*, 75 ans jusqu'à 85	11 $\frac{84}{100}$	*Idem* . . . 75 85	*Idem* . . 26 $\frac{27}{100}$. *Idem*
	70 $\frac{16}{100}$		16 $\frac{97}{100}$	85 95	12 $\frac{94}{100}$
25 ans jusqu'à 35	80 $\frac{74}{100}$	*Idem*, 85 ans jusqu'à 95	6 $\frac{18}{100}$	*Idem* . . . 85 95	*Idem* . . 13 $\frac{8}{100}$. *Idem*

Si la rente viagère est constituée pour s'éteindre après la mort des trois propriétaires, qu'elle appartienne d'abord entièrement au plus âgé pendant sa vie, qu'ensuite elle appartienne entièrement au plus âgé des deux survivans, et enfin, après la mort de celui-ci, au plus jeune, le second expectant actuellement âgé depuis :

35 ans jusqu'à 45, aura droit à	7 $\frac{23}{100}$	Pour cent du capital liquidé, si le premier co-associé expectant est acuellement âgé depuis 35 ans jusqu'à 45, lequel aura droit à	17 $\frac{17}{100}$	Pour cent du capital liquidé, pourvu que le co-associé jouissant soit actuellement âgé depuis	35 ans jusqu'à 45	Lequel aura droit à . .	75	Pour cent du capital liquidé.
	9 $\frac{41}{100}$		23 $\frac{15}{100}$		45 55		66 $\frac{11}{100}$	
	12 $\frac{21}{100}$		32 $\frac{70}{100}$		55 65		55 $\frac{17}{100}$	
	15 $\frac{9}{100}$		44 $\frac{20}{100}$		65 75		40 $\frac{71}{100}$	
	17 $\frac{54}{100}$		58 $\frac{14}{100}$		75 85		23 $\frac{92}{100}$	
	18 $\frac{75}{100}$		69 $\frac{50}{100}$		85 95		11 $\frac{75}{100}$	
35 ans jusqu'à 45 . .	12 $\frac{27}{100}$	*Idem*, 45 ans jusqu'à 55	18 $\frac{51}{100}$	. . . . *Idem*	45 55	. *Idem* . .	69 $\frac{27}{100}$	. *Idem* . .
	16 $\frac{4}{100}$		25 $\frac{69}{100}$		55 65		58 $\frac{15}{100}$	
	20 $\frac{37}{100}$		36 $\frac{91}{100}$		65 75		42 $\frac{68}{100}$	
	23 $\frac{14}{100}$		51 $\frac{2}{100}$		75 85		25 $\frac{35}{100}$	
	25 $\frac{87}{100}$		62 $\frac{7}{100}$		85 95		12 $\frac{36}{100}$	
35 ans jusqu'à 45 . .	21 $\frac{81}{100}$	*Idem*, 55 ans jusqu'à 65	18 $\frac{7}{100}$	. . . . *Idem*	55 65	. *Im* . .	60 $\frac{14}{100}$	. *Idem* . .
	27 $\frac{72}{100}$		27 $\frac{56}{100}$		65 75		44 $\frac{73}{100}$	
	32 $\frac{86}{100}$		40 $\frac{67}{100}$		75 85		26 $\frac{47}{100}$	
	35 $\frac{43}{100}$		51 $\frac{54}{100}$		85 95		13 $\frac{5}{100}$	
35 ans jusqu'à 45 . .	37 $\frac{29}{100}$	*Idem*, 65 ans jusqu'à 75	16 $\frac{27}{100}$	. . . . *Idem*	65 75	. *Idem* . .	46 $\frac{54}{100}$	. *Idem* . .
	45 $\frac{81}{100}$		26 $\frac{44}{100}$		75 85		27 $\frac{73}{100}$	
	50 $\frac{23}{100}$		36 $\frac{7}{100}$		85 95		13 $\frac{70}{100}$	
35 ans jusqu'à 45 . .	59 $\frac{20}{100}$	*Idem*, 75 ans jusqu'à 85	12 $\frac{29}{100}$	. . . . *Idem*	75 85	. *Idem* . .	28 $\frac{61}{100}$	. *Idem* . .
	67 $\frac{20}{100}$		18 $\frac{61}{100}$		85 95		14 $\frac{29}{100}$	
35 ans jusqu'à 45 . .	78 $\frac{79}{100}$	*Idem*, 85 ans jusqu'à 95	6 $\frac{82}{100}$	. . . . *Idem*	85 95	. *Idem* . .	14 $\frac{40}{100}$	. *Idem* . .
45 ans jusqu'à 55 . .	8 $\frac{38}{100}$	*Idem*, 45 ans jusqu'à 55	19 $\frac{15}{100}$	. . . . *Idem*	45 55	. *Idem* . .	72 $\frac{35}{100}$	. *Idem* . .
	11 $\frac{16}{100}$		27 $\frac{13}{100}$		55 65		61 $\frac{51}{100}$	
	15 $\frac{24}{100}$		39 $\frac{35}{100}$		65 75		45 $\frac{43}{100}$	
	18 $\frac{61}{100}$		54 $\frac{51}{100}$		75 85		26 $\frac{88}{100}$	
	20 $\frac{54}{100}$		66 $\frac{46}{100}$		85 95		13 $\frac{22}{100}$	
45 ans jusqu'à 55 . .	15 $\frac{82}{100}$	*Idem*, 55 ans jusqu'à 65	19 $\frac{15}{100}$	. . . . *Idem*	55 65	. *Idem* . .	64 $\frac{84}{100}$	. *Idem* . .
	21 $\frac{67}{100}$		29 $\frac{57}{100}$		65 75		48 $\frac{46}{100}$	
	26 $\frac{15}{100}$		44 $\frac{31}{100}$		75 85		28 $\frac{86}{100}$	
	29 $\frac{47}{100}$		56 $\frac{50}{100}$		85 95		14 $\frac{13}{100}$	
45 ans jusqu'à 55 . .	30 $\frac{96}{100}$	*Idem*, 65 ans jusqu'à 75	17 $\frac{11}{100}$	. . . . *Idem*	65 75	. *Idm* . .	51 $\frac{18}{100}$	. *Idem* . .
	39 $\frac{67}{100}$		29 $\frac{41}{100}$		75 85		30 $\frac{90}{100}$	
	44 $\frac{40}{100}$		40 $\frac{30}{100}$		85 95		15 $\frac{30}{100}$	
45 ans jusqu'à 55 . .	53 $\frac{89}{100}$	*Idem*, 75 ans jusqu'à 85	13 $\frac{77}{100}$	. . . . *Idem*	75 85	. *Idem* . .	32 $\frac{34}{100}$	. *Idem* . .
	62 $\frac{72}{100}$		21 $\frac{14}{100}$		85 95		16 $\frac{33}{100}$	
45 ans jusqu'à 55 . .	75 $\frac{69}{100}$	*Idem*, 85 ans jusqu'à 95	7 $\frac{10}{100}$	. . . . *Idem*	85 95	. *Idem* . .	16 $\frac{51}{100}$	. *Idem* . .
55 ans jusqu'à 65 . .	9 $\frac{31}{100}$	*Idem*, 55 ans jusqu'à 65	20 $\frac{78}{100}$	. . . . *Idem*	55 65	. *Idem* . .	69 $\frac{64}{100}$	. *Idem* . .
	14 $\frac{30}{100}$		32 $\frac{62}{100}$		65 75		53 $\frac{2}{100}$	
	19 $\frac{7}{100}$		49 $\frac{1}{100}$		75 85		31 $\frac{92}{100}$	
	21 $\frac{76}{100}$		62 $\frac{45}{100}$		85 95		15 $\frac{79}{100}$	
55 ans jusqu'à 65 . .	22 $\frac{32}{100}$	*Idem*, 65 ans jusqu'à 75	20 $\frac{6}{100}$	. . . . *Idem*	65 75	. *Idem* . .	57 $\frac{72}{100}$	. *Idem* . .
	30 $\frac{83}{100}$		33 $\frac{71}{100}$		75 85		35 $\frac{42}{100}$	
	35 $\frac{88}{100}$		46 $\frac{47}{100}$		85 95		17 $\frac{63}{100}$	
55 ans jusqu'à 65 . .	45 $\frac{69}{100}$	*Idem*, 75 ans jusqu'à 85	16 $\frac{21}{100}$	. . . . *Idem*	75 85	. *Idem* . .	38 $\frac{9}{100}$	. *Idem* . .
	55 $\frac{19}{100}$		25 $\frac{10}{100}$		85 95		19 $\frac{31}{100}$	
55 ans jusqu'à 65 . .	70 $\frac{32}{100}$	*Idem*, 85 ans jusqu'à 95	9 $\frac{44}{100}$	. . . . *Idem*	85 95	. *Idem* . .	19 $\frac{98}{100}$	. *Idem* . .

Si la rente viagère est constituée pour s'éteindre après la mort des trois propriétaires ; qu'elle appartienne d'abord entièrement au plus âgé pendant sa vie ; qu'ensuite elle appartienne entièrement au plus âgé des deux suivans, et enfin, après la mort de celui-ci, au plus jeune ; le second expectant actuellement âgé depuis :

65 ans jusqu'à 75, aura droit à	11 $\frac{59}{100}$ 18 $\frac{47}{100}$ 23 $\frac{181}{1000}$	Pour cent du capital liquide, si le premier co-associé expectant est actuellement âgé depuis 65 ans jusqu'à 75, lequel aura droit à	22 $\frac{10}{100}$ 39 $\frac{57}{100}$ 55 $\frac{60}{100}$	Pour cent du capital liquide, pourvu que le co-associé jouissant soit actuellement âgé depuis	65 ans jusqu'à 75 75 . . . . . 85 85 95	Lequel aura droit à . .	65 $\frac{67}{100}$ 41 $\frac{54}{100}$ 21 $\frac{115}{1000}$	Pour cent du capital liquide.
65 ans jusqu'à 75 . .	31 $\frac{95}{100}$ 42 $\frac{67}{100}$	*Idem*, 65 ans jusqu'à 75	20 $\frac{8525}{10000}$ 32 $\frac{55}{100}$	. . . . *Idem*	75 . . . . . 85 85 95	*Idem*	47 $\frac{725}{1000}$ 24 $\frac{50}{100}$	. *Idem* .
65 ans jusqu'à 75 . . .	60 $\frac{145}{1000}$	*Idem*, 65 ans jusqu'à 75	12 $\frac{721}{1000}$	. . . . *Idem*	85 95	. *Idem* . .	26 $\frac{92}{100}$	. *Idem* .
75 ans jusqu'à 85 . . .	14 $\frac{153}{200}$ 23 $\frac{6}{100}$	*Idem*, 75 ans jusqu'à 85	25 $\frac{55}{100}$ 43 $\frac{66}{100}$	. . . . *Idem*	75 . . . . . 85 85 95	*Idem*	59 $\frac{94}{100}$ 33 $\frac{28}{100}$	. *Idem* .
75 ans jusqu'à 85 . . .	40 $\frac{41}{100}$	*Idem*, 85 ans jusqu'à 95	19 $\frac{12}{100}$	. . . . *Idem*	85 95	. *Idem* . .	40 $\frac{47}{100}$	. *Idem* .
85 ans jusqu'à 95 . . .	15 $\frac{11}{100}$	*Idem*, 85 ans jusqu'à 95	27 $\frac{25}{100}$	. . . . *Idem*	85 95	. *Idem* . .	57 $\frac{47}{100}$	. *Idem* .

N°. 15.

TABLE pour régler la répartition du capital qui sera dû aux rentes viagères constituées sur trois têtes.

Si la rente viagère est constituée pour s'éteindre après la mort des trois propriétaires, qu'elle soit d'abord partagée également, avec réversibilité, entre les deux plus âgés, et que le plus jeune n'entre en jouissance qu'après la mort de deux; *

Premier co-associé	Part	Second co-associé	Part	Troisième co-associé (Ans … Ans)		Part	
* Celui qui est actuellement âgé depuis 5 ans jusq. 15, aura droit à	4 12/100 5 40/100 6 41/100 7 71/100 9 15/100 10 55/100 12 34/100 13 60/100 13 87/100	pour cent du capital liquidé, si son co-associé est actuellement âgé depuis 5 ans jusq. 15, lequel aura droit à	47 14/100 50 60/100 52 52/100 55 35/100 59 6/100 63 63/100 69 65/100 76 18/100 81 25/100	pour cent du capital liquidé; pourvu que l'autre co-associé soit actuellement âgé depuis	5 jusqu'à 15 15 … 25 25 … 35 35 … 45 45 … 55 55 … 65 65 … 75 75 … 85 85 … 95	lequel aura droit à	47 84/100 44 20/100 41 7/100 36 93/100 31 69/100 25 52/100 17 99/100 10 32/100 4 92/100 pour cent du capital liquidé.
Idem, 5 à 15	6 70/100 8 32/100 9 80/100 11 50/100 13 36/100 16 22/100 17 70/100 18 46/100	Idem, 15 à 25	46 40/100 48 13/100 51 25/100 54 79/100 59 29/100 65 4/100 71 16/100 76 56/100	Idem	15 … 25 25 … 35 35 … 45 45 … 55 55 … 65 65 … 75 75 … 85 85 … 95	Idem.	46 60/100 43 11/100 38 93/100 33 47/100 26 85/100 18 85/100 10 74/100 5 25/100 idem.
Idem, 5 à 15	9 70/100 11 77/100 14 53/100 16 87/100 19 49/100 21 42/100 22 52/100	Idem, 25 à 35	45 35/100 47 67/100 51 4/100 55 19/100 61 4/100 67 14/100 72 40/100	Idem	25 … 35 35 … 45 45 … 55 55 … 65 65 … 75 75 … 85 85 … 95	Idem.	45 35/100 40 56/100 34 75/100 27 84/100 19 47/100 11 5/100 5 73/100 idem.
Idem, 5 à 15	14 38/100 17 53/100 20 93/100 24 32/100 26 70/100 27 96/100	Idem, 35 à 45	42 82/100 45 58/100 49 14/100 55 75/100 61 15/100 66 60/100	Idem	35 … 45 45 … 55 55 … 65 65 … 75 75 … 85 85 … 95	Idem.	42 81/100 36 59/100 29 23/100 20 35/100 11 46/100 5 44/100 idem.
Idem, 5 à 15	21 61/100 26 27/100 30 77/100 34 17/100 35 77/100	Idem, 45 à 55	39 39/100 42 64/100 47 69/100 53 56/100 58 37/100	Idem	45 … 55 55 … 65 65 … 75 75 … 85 85 … 95	Idem.	39 39/100 31 19/100 21 54/100 12 3/100 5 66/100 idem.
Idem, 5 à 15	32 50/100 38 76/100 43 61/100 45 91/100	Idem, 55 à 65	33 15/100 38 7/100 43 62/100 48 48/100	Idem	55 … 65 65 … 75 75 … 85 85 … 95	Idem.	33 85/100 23 27/100 12 77/100 5 92/100 idem.
Idem, 5 à 15	48 70/100 56 74/100 59 53/100	Idem, 65 à 75	25 5/100 30 2/100 34 54/100	Idem	65 … 75 75 … 85 85 … 95	Idem.	25 95/100 14 4/100 6 34/100 idem.
Idem, 5 à 15	67 30/100 73 91/100	Idem, 75 à 85	16 31/100 18 97/100	Idem	75 … 85 85 … 95	Idem.	16 35/100 7 27/100 idem.
Idem, 5 à 15	83 30/100	Idem, 85 à 95	8 15/100	Idem	85 … 95	Idem.	8 45/100 idem.

Si la rente viagère est constituée pour s'éteindre après la mort des trois propriétaires, qu'elle soit d'abord partagée également, avec reversibilité, entre les deux plus âgés, et que le plus jeune n'entre en jouissance qu'après la mort des deux ; *

* Celui qui est actuellement âgé depuis 15 jusq. 25, aura droit à	5 $\frac{41}{100}$	pour cent du capital liquidé, si son co-associé est actuellement âgé depuis 15 ans jusq. 25, lequel aura droit à	47 $\frac{19}{100}$	pour cent du capital liquidé, pourvu que l'autre co-associé soit actuellement âgé depuis	Ans. 15 . . . . Ans. 25	lequel aura droit à	47 $\frac{19}{100}$ pour cent du capital liquidé.
	6 $\frac{12}{100}$		49 $\frac{41}{100}$		25 35		44 $\frac{7}{100}$
	8 $\frac{1}{100}$		52 $\frac{27}{100}$		35 45		39 $\frac{71}{100}$
	9 $\frac{14}{100}$		55 $\frac{5}{100}$		45 55		34 $\frac{25}{100}$
	11 $\frac{57}{100}$		60 $\frac{64}{100}$		55 65		27 $\frac{30}{100}$
	13 $\frac{95}{100}$		66 $\frac{71}{100}$		65 75		19 $\frac{54}{100}$
	15 $\frac{49}{100}$		73 $\frac{41}{100}$		75 85		11 $\frac{3}{100}$
	16 $\frac{67}{100}$		78 $\frac{47}{100}$		85 95		5 $\frac{29}{100}$
Idem, 15 à 25	7 $\frac{92}{100}$	Idem, 25 à 35	46 $\frac{6}{100}$	. . . . . Idem	25 35	Idem.	46 $\frac{6}{100}$ idem.
	9 $\frac{77}{100}$		48 $\frac{78}{100}$		35 45		41 $\frac{52}{100}$
	11 $\frac{94}{100}$		52 $\frac{19}{100}$		45 55		35 $\frac{65}{100}$
	14 $\frac{46}{100}$		56 $\frac{89}{100}$		55 65		28 $\frac{65}{100}$
	16 $\frac{44}{100}$		62 $\frac{43}{100}$		65 75		20 $\frac{8}{100}$
	18 $\frac{55}{100}$		69 $\frac{72}{100}$		75 85		11 $\frac{41}{100}$
	19 $\frac{79}{100}$		74 $\frac{76}{100}$		85 95		5 $\frac{41}{100}$
Idem, 15 à 25	12 $\frac{4}{100}$	Idem, 35 à 45	43 $\frac{62}{100}$	. . . . . Idem	35 45	Idem.	43 $\frac{92}{100}$ idem.
	14 $\frac{96}{100}$		47 $\frac{31}{100}$		45 55		37 $\frac{74}{100}$
	18 $\frac{14}{100}$		51 $\frac{57}{100}$		55 65		30 $\frac{24}{100}$
	21 $\frac{49}{100}$		57 $\frac{42}{100}$		65 75		21 $\frac{6}{100}$
	23 $\frac{95}{100}$		64 $\frac{34}{100}$		75 85		11 $\frac{91}{100}$
	25 $\frac{12}{100}$		69 $\frac{22}{100}$		85 95		5 $\frac{64}{100}$
Idem, 15 à 25	18 $\frac{72}{100}$	Idem, 45 à 55	40 $\frac{62}{100}$	. . . . . Idem	45 55	Idem.	40 $\frac{62}{100}$ idem.
	23 $\frac{19}{100}$		44 $\frac{39}{100}$		55 65		32 $\frac{45}{100}$
	27 $\frac{69}{100}$		49 $\frac{82}{100}$		65 75		22 $\frac{50}{100}$
	31 $\frac{9}{100}$		56 $\frac{12}{100}$		75 85		12 $\frac{59}{100}$
	32 $\frac{75}{100}$		61 $\frac{34}{100}$		85 95		5 $\frac{91}{100}$
Idem, 15 à 25	29 $\frac{12}{100}$	Idem, 55 à 65	35 $\frac{44}{100}$	. . . . . Idem	55 65	Idem.	35 $\frac{44}{100}$ idem.
	35 $\frac{54}{100}$		40 $\frac{6}{100}$		65 75		24 $\frac{51}{100}$
	40 $\frac{49}{100}$		46 $\frac{3}{100}$		75 85		13 $\frac{41}{100}$
	42 $\frac{86}{100}$		50 $\frac{89}{100}$		85 95		6 $\frac{86}{100}$
Idem, 15 à 25	45	Idem, 65 à 75	27 $\frac{50}{100}$	. . . . . Idem	65 75	Idem.	27 $\frac{50}{100}$ idem.
	52 $\frac{89}{100}$		32 $\frac{76}{100}$		75 85		14 $\frac{95}{100}$
	56 $\frac{85}{100}$		36 $\frac{39}{100}$		85 95		6 $\frac{75}{100}$
Idem, 15 à 25	64 $\frac{97}{100}$	Idem, 75 à 85	17 $\frac{52}{100}$	. . . . . Idem	75 85	Idem.	17 $\frac{52}{100}$ idem.
	71 $\frac{91}{100}$		20 $\frac{32}{100}$		85 95		7 $\frac{71}{100}$
Idem, 15 à 25	82	Idem, 85 à 95	9	. . . . . Idem	85 95	Idem.	9 idem.
Idem, 25 à 35	6 $\frac{98}{100}$	Idem, 25 à 35	46 $\frac{97}{100}$	. . . . . Idem	25 35	Idem.	46 $\frac{97}{100}$ idem.
	7 $\frac{73}{100}$		49 $\frac{63}{100}$		35 45		42 $\frac{41}{100}$
	9 $\frac{75}{100}$		53 $\frac{70}{100}$		45 55		36 $\frac{55}{100}$
	12 $\frac{9}{100}$		58 $\frac{47}{100}$		55 65		29 $\frac{46}{100}$
	14 $\frac{55}{100}$		64 $\frac{78}{100}$		65 75		20 $\frac{67}{100}$
	16 $\frac{44}{100}$		71 $\frac{52}{100}$		75 85		11 $\frac{75}{100}$
	17 $\frac{36}{100}$		77 $\frac{2}{100}$		85 95		5 $\frac{62}{100}$
Idem, 25 à 35	9 $\frac{74}{100}$	Idem, 35 à 45	45 $\frac{29}{100}$	. . . . . Idem	35 45	Idem.	45 $\frac{21}{100}$ idem.
	12 $\frac{36}{100}$		48 $\frac{75}{100}$		45 55		38 $\frac{89}{100}$
	15 $\frac{42}{100}$		53 $\frac{12}{100}$		55 65		31 $\frac{26}{100}$
	18 $\frac{66}{100}$		59 $\frac{69}{100}$		65 75		21 $\frac{55}{100}$
	21 $\frac{33}{100}$		66 $\frac{52}{100}$		75 85		12 $\frac{33}{100}$
	22 $\frac{32}{100}$		71 $\frac{81}{100}$		85 95		5 $\frac{87}{100}$
Idem, 25 à 35	15 $\frac{33}{100}$	Idem, 45 à 55	42 $\frac{6}{100}$	. . . . . Idem	45 55	Idem.	42 $\frac{6}{100}$ idem.
	20 $\frac{5}{100}$		46 $\frac{19}{100}$		55 65		33 $\frac{77}{100}$
	24 $\frac{53}{100}$		51 $\frac{99}{100}$		65 75		23 $\frac{48}{100}$
	28		58 $\frac{74}{100}$		75 85		13 $\frac{76}{100}$
	29 $\frac{61}{100}$		64 $\frac{22}{100}$		85 95		6 $\frac{10}{100}$

Si la rente viagère est constituée sur la tête des trois propriétaires, qu'elle soit d'abord partagée également, avec reversibilité, entre les deux plus âgés, et que le plus jeune n'entre en jouissance qu'après la mort des deux ; *

* Celui qui est actuellement âgé depuis 25 ans jusq. 35, aura droit à . .		pour cent du capital liquidé, si son co-associé est actuellement âgé depuis 55 ans jusq. 65, lequel aura droit à		pourvu que l'autre co-associé soit actuellement âgé depuis	lequel aura droit à		
	$25\frac{11}{100}$ $32\frac{22}{100}$ $37\frac{35}{100}$ $39\frac{79}{100}$		$37\frac{9}{100}$ $42\frac{13}{100}$ $48\frac{45}{100}$ $53\frac{61}{100}$		Ans. Ans. 55 . . . . 65 65 . . . . 75 75 . . . . 85 85 95	$37\frac{9}{100}$ $25\frac{61}{100}$ $14\frac{14}{100}$ $6\frac{33}{100}$	pour cent du capital liquidé.
Idem, 25 à 35	$41\frac{14}{100}$ $50\frac{4}{100}$ $54\frac{74}{100}$	Idem, 65 à 75	$29\frac{5}{100}$ $34\frac{33}{100}$ $38\frac{64}{100}$	. . . . . Idem	65 . . . . 75 75 . . . . 85 85 85	Idem. $29\frac{7}{100}$ $15\frac{33}{100}$ $7\frac{19}{100}$	
Idem, 25 à 35	$62\frac{63}{100}$ $70\frac{10}{100}$	Idem, 75 à 85	$18\frac{86}{100}$ $21\frac{66}{100}$	. . . . . Idem	75 . . . . 85 85 95	Idem. $18\frac{66}{100}$ $8\frac{11}{100}$	idem.
Idem, 25 à 35	$80\frac{14}{100}$	Idem, 85 à 95	$9\frac{43}{100}$	. . . . . Idem	86 95	Idem. $9\frac{63}{100}$	idem.
Idem, 35 à 45	$7\frac{22}{100}$ $9\frac{32}{100}$ $12\frac{3}{100}$ $15\frac{9}{100}$ $17\frac{54}{100}$ $18\frac{75}{100}$	Idem, 35 à 45	$46\frac{44}{100}$ $50\frac{45}{10}$ $55\frac{43}{100}$ $62\frac{10}{100}$ $69\frac{35}{100}$ $75\frac{22}{100}$	. . . . . Idem	35 . . . . 45 45 . . . . 55 55 . . . . 65 65 . . . . 75 75 . . . . 85 85 95	Idem. $46\frac{44}{100}$ $40\frac{14}{100}$ $32\frac{57}{100}$ $22\frac{81}{100}$ $12\frac{97}{100}$ $6\frac{56}{100}$	idem.
Idem, 35 à 45	$12\frac{78}{100}$ $16\frac{5}{100}$ $20\frac{37}{100}$ $23\frac{81}{100}$ $25\frac{37}{100}$	Idem, 45 à 55	$43\frac{86}{100}$ $48\frac{43}{100}$ $54\frac{86}{100}$ $62\frac{35}{100}$ $67\frac{37}{100}$	. . . . . Idem	45 . . . . 55 55 . . . . 65 65 . . . . 75 75 . . . . 85 85 95	Idem. $43\frac{74}{100}$ $35\frac{46}{100}$ $24\frac{77}{100}$ $13\frac{91}{100}$ $6\frac{35}{100}$	idem.
Idem, 35 à 45	$21\frac{59}{100}$ $27\frac{71}{100}$ $32\frac{86}{100}$ $35\frac{43}{100}$	Idem, 55 à 65	$39\frac{30}{100}$ $44\frac{94}{100}$ $51\frac{93}{100}$ $57\frac{50}{100}$	. . . . . Idem	55 . . . . 65 65 . . . . 75 75 . . . . 85 85 95	Idem. $39\frac{31}{100}$ $27\frac{35}{100}$ $15\frac{12}{100}$ 7 [illegible]	idem.
Idem, 35 à 45	$37\frac{32}{100}$ $45\frac{21}{100}$ $50\frac{13}{100}$	Idem, 65 à 75	$31\frac{35}{100}$ 37 $41\frac{91}{100}$	. . . . . Idem	65 . . . . 75 75 . . . . 85 85 95	Idem. $31\frac{35}{100}$ $17\frac{19}{100}$ $7\frac{77}{100}$	idem.
Idem, 35 à 45	$59\frac{20}{100}$ $67\frac{20}{100}$	Idem, 75 à 85	$20\frac{40}{100}$ $23\frac{78}{100}$	. . . . . Idem	75 . . . . 85 85 95	Idem. $20\frac{40}{100}$ $9\frac{3}{100}$	idem.
Idem, 35 à 45	$78\frac{48}{100}$	Idem, 85 à 95	$10\frac{41}{100}$	. . . . . Idem	85 95	Idem. $10\frac{61}{100}$	idem.
Idem, 45 à 55	$8\frac{30}{100}$ $11\frac{36}{100}$ $15\frac{24}{100}$ $18\frac{67}{100}$ $20\frac{36}{100}$	Idem, 45 à 55	$45\frac{85}{100}$ $51\frac{10}{100}$ $58\frac{39}{100}$ $66\frac{52}{100}$ $72\frac{62}{100}$	. . . . . Idem	45 . . . . 55 55 . . . . 65 65 . . . . 75 75 . . . . 85 85 95	Idem. $45\frac{35}{100}$ $37\frac{44}{100}$ $26\frac{32}{100}$ $14\frac{47}{100}$ $7\frac{3}{100}$	idem.
Idem, 45 à 55	$15\frac{83}{100}$ $21\frac{68}{100}$ $26\frac{80}{100}$ $29\frac{47}{100}$	Idem, 55 à 65	$42\frac{9}{100}$ $48\frac{69}{100}$ $56\frac{67}{100}$ $62\frac{87}{100}$	. . . . . Idem	55 . . . . 65 65 . . . . 75 75 . . . . 85 85 95	Idem, $42\frac{9}{100}$ $29\frac{61}{100}$ $16\frac{38}{100}$ $7\frac{72}{100}$	idem.
Idem, 45 à 55	$30\frac{69}{100}$ $39\frac{67}{100}$ $44\frac{40}{100}$	Idem, 65 à 75	$34\frac{55}{100}$ $41\frac{19}{100}$ $46\frac{90}{100}$	. . . . . Idem	65 . . . . 75 75 . . . . 85 85 95	Idem. $34\frac{85}{100}$ $19\frac{14}{100}$ $8\frac{79}{100}$	idem.
Idem, 45 à 55	$53\frac{90}{100}$ $62\frac{71}{100}$	Idem, 75 à 85	$23\frac{5}{100}$ $27\frac{3}{100}$	. . . . . Idem	75 . . . . 85 85 95	Idem. $23\frac{3}{100}$ $10\frac{26}{100}$	idem.
Idem, 45 à 55	$75\frac{61}{100}$	Idem, 85 à 95	$12\frac{26}{100}$	. . . . . Idem	85 95	Idem. $12\frac{36}{100}$	idem.
Idem, 55 à 65	$9\frac{18}{100}$ $14\frac{30}{100}$ $19\frac{7}{100}$ $21\frac{76}{100}$	Idem, 55 à 65	$45\frac{27}{100}$ $53\frac{18}{100}$ $62\frac{60}{100}$ $69\frac{68}{100}$	. . . . . Idem	55 . . . . 65 65 . . . . 75 75 . . . . 85 85 95	Idem. $45\frac{27}{100}$ $32\frac{41}{100}$ $18\frac{31}{100}$ $8\frac{34}{100}$	idem.

Si la rente viagère est constituée sur la tête des trois propriétaires, qu'elle soit d'abord partagée également, avec réversibilité, entre les deux plus âgés, et que le plus jeune n'entre en jouissance qu'après la mort des deux ; *

					Ans.	Ans.		
* Celui qui est actuellement âgé depuis 55 jusqu'à 65, aura droit à	22 $\frac{11}{100}$ 30 $\frac{41}{100}$ 35 $\frac{11}{100}$	pour cent du capital liquidé, si son co-associé est actuellement âgé depuis 65 ans jusq. 75, lequel aura droit à	38 $\frac{69}{100}$ 47 $\frac{32}{100}$ 54 $\frac{8}{100}$	pour cent du capital liquidé, pourvu que l'autre co-associé soit actuellement âgé depuis	65 . . . . 75 . . . . 85	75 85, 95	lequel aura droit à .	38 $\frac{29}{100}$ 21 $\frac{94}{100}$ 10 $\frac{4}{100}$
Idem, 55 à 65	45 $\frac{70}{100}$ 55 $\frac{18}{100}$	Idem, 65 à 75	27 $\frac{25}{100}$ 32 $\frac{20}{100}$	. . . . . Idem	75 . . . . 85	85 95	Idem.	27 $\frac{75}{100}$ 12 $\frac{11}{100}$
Idem, 55 à 65	70 $\frac{12}{100}$	Idem, 75 à 85	14 $\frac{72}{100}$	. . . . . Idem	85	95	Idem.	14 $\frac{72}{100}$
Idem, 65 à 75	11 $\frac{60}{100}$ 18 $\frac{47}{100}$ 23 $\frac{24}{100}$	Idem, 65 à 75	44 $\frac{20}{100}$ 55 $\frac{65}{100}$ 64 $\frac{71}{100}$	. . . . . Idem	65 . . . . 75 . . . . 85	75 85 95	Idem.	44 $\frac{70}{100}$ 25 $\frac{87}{100}$ 12 $\frac{45}{100}$
Idem, 65 à 75	31 $\frac{94}{100}$ 42 $\frac{67}{100}$	Idem, 75 à 85	34 $\frac{3}{100}$ 41 $\frac{55}{100}$	. . . . . Idem	75 . . . . 85	85 95	Idem.	34 $\frac{9}{100}$ 15 $\frac{17}{100}$
Idem, 65 à 75	60 $\frac{36}{100}$	Idem, 85 à 95	19 $\frac{82}{100}$	. . . . . Idem	85	95	Idem.	19 $\frac{82}{100}$
Idem, 75 à 85	14 $\frac{34}{100}$ 23 $\frac{6}{100}$	Idem, 75 à 85	42 $\frac{75}{100}$ 55 $\frac{18}{100}$	. . . . . Idem	75 . . . . 85	85 95	Idem.	42 $\frac{73}{100}$ 21 $\frac{2}{100}$
Idem, 75 à 85	40 $\frac{40}{100}$	Idem, 85 à 95	29 $\frac{32}{100}$	. . . . . Idem	85	95	Idem.	29 $\frac{40}{100}$
Idem, 85 à 95	15 $\frac{18}{100}$	Idem, 85 à 95	42 $\frac{31}{100}$	. . . . . Idem	85	95	Idem.	42 $\frac{31}{100}$

pour cent du capital liquidé.

N°. 16.

Table pour régler la répartition du capital qui sera dû aux rentes viagères constituées sur trois têtes, entre un Propriétaire jouissant et deux Propriétaires expectans.

Si la rente viagère est constituée pour s'éteindre après la mort des trois Propriétaires, qu'elle appartienne toute entière au plus âgé, pendant sa vie, et que les deux plus jeunes attendent sa mort pour en jouir par moitié avec reversibilité, l'Expectant actuellement âgé depuis *

Expectant âgé depuis	Pour cent du capital liquidé	Co-associé expectant âgé depuis	Pour cent du capital liquidé	Co-associé jouissant âgé depuis	Pour cent du capital liquidé
* 5 ans jusqu'à 15, aura droit à	8 44/100 (?)	Pour cent du capital liquidé, si le co-associé aussi expectant est actuellement âgé depuis 5 ans jusqu'à 15, lequel aura droit à	8 88/100	Pour cent du capital liquidé, pourvu que le co-associé jouissant soit actuellement âgé depuis 5 ans jusq. 15, lequel aura droit à	82 24/100. Pour cent du capital liquidé.
	11 57/100		11 57/100	15 … 25	76 56/100
	13 83/100		13 83/100	25 … 35	72 34/100
	16 97/100		16 4/100 (?)	35 … 45	66 6/100
	21 25/100		21 15/100	45 … 55	57 70/100
	26 30/100		26 30/100	55 … 65	47 30/100
	32 93/100		32 93/100	65 … 75	34 24/100
	40 3/100		40 7/100	75 … 85	19 94/100
	45 11/100		45 27/100	85 … 95	9 78/100
Idem, 5 à 15	12 37/100	Idem, 15 à 25	9 83/100	Id. 15 … 25	Id. 77 80/100. Id.
	14 82/100		11 81/100	25 … 35	73 37/100
	18 22/100		14 66/100	35 … 45	67 22/100
	22 72/100		18 33/100	55 … 55	58 75/100
	28 86/100		23 40/100	55 … 65	48 14/100
	35 36/100		29 75/100	65 … 75	34 33/100
	42 89/100		36 73/100	75 … 85	20 34/100
	48 23/100		41 78/100	85 … 95	9 99/100
Idem, 5 à 15	15 75/100	Idem, 25 à 35	9 96/100	Id. 25 … 35	Id. 74 29/100. Id.
	19 40/100		12 49/100	35 … 45	68 22/100
	24 27/100		16 5/100	45 … 55	59 74/100
	30 22/100		20 67/100	55 … 65	49 21/100
	37 38/100		26 91/100	65 … 75	35 51/100
	45 48/100		33 82/100	75 … 85	20 77/100
	50 93/100		38 18/100	85 … 95	10 19/100
Idem, 5 à 15	20 92/100	Idem, 35 à 45	9 93/100	Id. 35 … 45	Id. 69 26/100. Id.
	26 27/100		13 3/100	45 … 55	60 80/100
	32 57/100		17 22/100	55 … 65	50 22/100
	40 59/100		23 24/100	65 … 75	36 29/100
	48 58/100		29 38/100	75 … 85	21 24/100
	54 54/100		34 74/100	85 … 95	10 42/100
Idem, 5 à 15	28 57/100	Idem, 45 à 55	9 65/100	Id. 45 … 55	Id. 61 84/100. Id.
	35 64/100		13 21/100	55 … 65	51 23/100
	44 46/100		18 44/100	65 … 75	37 10/100
	53 40/100		24 16/100	75 … 85	21 74/100
	59 32/100		29 57/100	85 … 95	10 67/100
Idem, 5 à 15	39 23/100	Idem, 55 à 65	8 76/100	Id. 55 … 65	Id. 52 13/100. Id.
	49 7/100		13 5/100	65 … 75	37 88/100
	58 95/100		18 72/100	75 … 85	22 23/100
	65 36/100		23 33/100	85 … 95	10 67/100
Idem, 5 à 15	54 23/100	Idem, 65 à 75	7 23/100	Id. 65 … 75	Id. 38 12/100. Id.
	65 74/100		11 59/100	75 … 85	22 67/100
	73 24/100		15 62/100	85 … 95	11 16/100
Idem, 5 à 15	71 95/100	Idem, 75 à 85	5 28/100	Id. 75 … 85	Id. 22 93/100. Id.
	80 99/100		7 73/100	85 … 95	11 28/100
Idem, 5 à 15	85 91/100	Idem, 85 à 95	2 73/100	Id. 85 … 95	Id. 11 54/100. Id.
Idem, 15 à 25	10 53/100	Idem, 15 à 25	10 33/100	Id. 15 … 25	Id. 78 94/100. Id.
	12 65/100		12 68/100	25 … 35	74 64/100
	15 73/100		15 78/100	35 … 45	68 44/100
	19 97/100		19 97/100	45 … 55	60 6/100
	25 24/100		25 14/100	55 … 65	49 42/100
	32 21/100		32 22/100	65 … 75	35 76/100
	39 54/100		39 14/100	75 … 85	20 42/100
	44 17/100		44 27/100	85 … 95	10 25/100

Si la rente viagère est constituée pour s'éteindre après la mort des trois Propriétaires, qu'elle appartienne d'abord toute entière au plus âgé, pendant sa vie, et que les deux plus jeunes attendent sa mort pour en jouir par moitié avec reversibilité, l'Expectant actuellement âgé depuis *

* 15 ans juspu'à 25, aura droit à	$13\frac{53}{100}$ $16\frac{54}{100}$ $21\frac{45}{100}$ $26\frac{98}{100}$ 34 [illegible] 42 [illegible] $47\frac{56}{100}$	Pour cent du capital liquidé, si le co-associé, aussi Expectant, est actuellement âgé depuis 25 ans jusqu'à 35, lequel aura droit à	$10\frac{70}{100}$ $13\frac{46}{100}$ $17\frac{34}{100}$ $22\frac{37}{100}$ $29\frac{22}{100}$ $36\frac{34}{100}$ $41\frac{92}{100}$	Pour cent du capital liquidé, pourvu que l'autre co-associé jouissant soit actuellement âgé depuis	25 ans jusq. 35 35 . . . . 45 45 . . . . 55 55 . . . . 65 65 . . . . 75 75 . . . . 85 85 95	lequel aura droit à . . .	$75\frac{79}{100}$ $69\frac{70}{100}$ $61\frac{41}{100}$ $50\frac{61}{100}$ $36\frac{63}{100}$ $21\frac{44}{100}$ $10\frac{52}{100}$	Pour cent du capital liquidé. .
Idem, 15 à 25. . .	$18\frac{41}{100}$ $23\frac{19}{100}$ $29\frac{55}{100}$ $37\frac{24}{100}$ $45\frac{50}{100}$ $51\frac{35}{100}$	Idem, 35 à 45. . .	$10\frac{74}{100}$ $14\frac{13}{100}$ $18\frac{49}{100}$ $25\frac{23}{100}$ $32\frac{46}{100}$ $37\frac{84}{100}$	. . . . Id	35 . . . . 45 45 . . . . 55 55 . . . . 65 65 . . . . 75 75 . . . . 85 85 95	. . Id . .	$71\frac{5}{100}$ $62\frac{70}{100}$ $51\frac{94}{100}$ $37\frac{64}{100}$ $22\frac{8}{100}$ $10\frac{25}{100}$	. . Id . .
Idem, 15 à 25. . .	$25\frac{45}{100}$ $32\frac{57}{100}$ $41\frac{81}{100}$ $50\frac{12}{100}$ $56\frac{37}{100}$	Idem, 45 à 55. . .	$10\frac{47}{100}$ $14\frac{30}{100}$ $20\frac{13}{100}$ $27\frac{12}{100}$ $32\frac{46}{100}$	. . . . Id	45 . . . . 55 55 . . . . 65 65 . . . . 75 75 . . . . 85 85 95	. . Id . .	$64\frac{8}{100}$ $53\frac{13}{100}$ $38\frac{76}{100}$ $22\frac{76}{100}$ $11\frac{37}{100}$	. . Id . .
Idem, 15 à 25. . .	$35\frac{14}{100}$ $45\frac{53}{100}$ $55\frac{90}{100}$ $62\frac{71}{100}$	Idem, 55 à 65. . .	$9\frac{56}{100}$ $14\frac{30}{100}$ $20\frac{64}{100}$ $25\frac{76}{100}$	. . . . Id	55 . . . . 65 65 . . . . 75 75 . . . . 85 85 95	. . Id . .	$54\frac{60}{100}$ $39\frac{45}{100}$ $23\frac{46}{100}$ $11\frac{53}{100}$	. . Id . .
Idem, 15 à 25. . .	$51\frac{11}{100}$ $63\frac{13}{100}$ $70\frac{64}{100}$	Idem, 65 à 75. . .	$7\frac{86}{100}$ $12\frac{76}{100}$ $17\frac{28}{100}$	. . . . Id	65 . . . . 75 75 . . . . 85 85 95	. . Id . .	$40\frac{22}{100}$ $24\frac{23}{100}$ $11\frac{88}{100}$	. . Id . .
Idem, 15 à 25. . .	$69\frac{81}{100}$ $79\frac{58}{100}$	Idem, 75 à 85. . .	$5\frac{63}{100}$ $8\frac{30}{100}$	. . . . Id	75 . . . . 85 85 95	. . Id . .	$24\frac{56}{100}$ $12\frac{17}{100}$	. . Id . .
Idem, 15 à 25. . .	$84\frac{77}{100}$	Idem, 85 à 95. . .	3	. . . . Id	85 95	. . Id . .	$12\frac{31}{100}$	. . Id . .
Idem, 25 à 35. . .	$11\frac{40}{100}$ $14\frac{38}{100}$ $18\frac{575}{1000}$ $23\frac{97}{100}$ $31\frac{25}{100}$ $38\frac{955}{1000}$ $44\frac{58}{100}$	Idem, 25 à 35. . .	$11\frac{40}{100}$ $14\frac{38}{100}$ $18\frac{575}{1000}$ $23\frac{97}{100}$ $31\frac{25}{100}$ $38\frac{955}{1000}$ $44\frac{58}{100}$	. . . . Id	25 . . . . 35 35 . . . . 45 45 . . . . 55 55 . . . . 65 65 . . . . 75 75 . . . . 85 85 95	. . Id . .	$77\frac{30}{100}$ $71\frac{14}{100}$ $62\frac{85}{100}$ $52\frac{4}{100}$ $37\frac{70}{100}$ $22\frac{9}{100}$ $10\frac{84}{100}$	. . Id . .
Idem, 25 à 35. . .	$15\frac{63}{100}$ $20\frac{16}{100}$ $26\frac{12}{100}$ $34\frac{1}{100}$ $42\frac{40}{100}$ $48\frac{37}{100}$	Idem, 35 à 45. . .	$11\frac{47}{100}$ $15\frac{13}{100}$ $20\frac{7}{100}$ $26\frac{97}{100}$ $34\frac{71}{100}$ $40\frac{40}{100}$	. . . . Id	35 . . . . 45 45 . . . . 55 55 . . . . 65 65 . . . . 75 75 . . . . 85 85 95	. . Id . .	$72\frac{90}{100}$ $64\frac{63}{100}$ $53\frac{72}{100}$ 39 $22\frac{89}{100}$ $11\frac{23}{100}$	. . Id . .
Idem, 25 à 35. . .	$22\frac{40}{100}$ $29\frac{13}{100}$ $37\frac{19}{100}$ $47\frac{8}{100}$ $53\frac{12}{100}$	Idem, 45 à 55. . .	$11\frac{23}{100}$ $15\frac{39}{100}$ $21\frac{67}{100}$ $29\frac{34}{100}$ $34\frac{80}{100}$	. . . . Id	45 . . . . 55 55 . . . . 65 65 . . . . 75 75 . . . . 85 85 95	. . Id . .	$66\frac{32}{100}$ $55\frac{48}{100}$ $40\frac{44}{100}$ $23\frac{71}{100}$ $11\frac{69}{100}$	. . Id . .
Idem, 25 à 35. . .	$32\frac{51}{100}$ $42\frac{68}{100}$ $53\frac{5}{100}$ $60\frac{24}{100}$	Idem, 55 à 65. . .	$10\frac{28}{100}$ $15\frac{41}{100}$ $22\frac{24}{100}$ $27\frac{72}{100}$	. . . . Id	55 . . . . 65 65 . . . . 75 75 . . . . 85 85 95	. . Id . .	$57\frac{26}{100}$ $41\frac{90}{100}$ $24\frac{71}{100}$ $12\frac{25}{100}$	. . Id . .
Idem, 25 à 35. . .	$48\frac{26}{100}$ $60\frac{63}{100}$ $68\frac{11}{100}$	Idem, 65 à 75. . .	$8\frac{59}{100}$ $13\frac{78}{100}$ $18\frac{54}{100}$	. . . . Id	65 . . . . 75 75 . . . . 85 85 95	. . Id . .	$43\frac{125}{100}$ $25\frac{59}{100}$ $12\frac{65}{100}$	. . Id . .
Idem, 25 à 35. . .	$67\frac{75}{100}$ $77\frac{89}{100}$	Idem, 75 à 85. . .	$6\frac{9}{100}$ $9\frac{18}{100}$	. . . . Id	75 . . . . 85 85 95	. . Id . .	$26\frac{17}{100}$ $12\frac{93}{100}$	. . Id . .
Idem, 25 à 35. . .	$83\frac{69}{100}$	Idem, 85 à 95. . .	$3\frac{23}{100}$	. . . . Id	85 95	. . Id . .	$13\frac{8}{100}$	. . Id . .

Si la rente viagère est constituée pour s'éteindre après la mort des trois Propriétaires, qu'elle appartienne d'abord toute entière au plus âgé, pendant sa vie, et que les deux plus jeunes attendent sa mort pour en jouir par moitié avec réversibilité, l'Expectant actuellement âgé depuis *

* 35 ans jusqu'à 45 aura droit à	$12\frac{10}{100}$ $16\frac{[illegible]}{100}$ $22\frac{[illegible]}{100}$ $29\frac{64}{100}$ $38\frac{4}{100}$ $44\frac{11}{100}$	Pour cent du capital liquidé, si un co-associé expectant est actuellement âgé depuis 35 ans jusqu'à 45, lequel aura droit à	$12\frac{60}{100}$ $16\frac{53}{100}$ $22\frac{7}{100}$ $29\frac{64}{100}$ $38\frac{4}{100}$ $44\frac{72}{100}$	Pour cent du capital liquidé, pourvu que le co-associé jouissant soit actuellement âgé depuis	35 ans jusq. 45 45 . . . . 55 55 . . . . 65 65 . . . . 75 75 . . . . 85 85 95	lequel aura droit à. .	75 $66\frac{[illegible]}{100}$ $55\frac{64}{100}$ $40\frac{72}{100}$ $23\frac{51}{100}$ $11\frac{76}{100}$	Pour cent du capital liquidé.
Idem, 35 à 45 . . .	$18\frac{[illegible]}{100}$ $24\frac{74}{100}$ $33\frac{11}{100}$ $42\frac{49}{100}$ $49\frac{33}{100}$	Idem, 45 à 55. . .	$12\frac{[illegible]}{100}$ $16\frac{96}{100}$ $23\frac{97}{100}$ $32\frac{24}{100}$ $38\frac{19}{100}$	. . . . Id	45 . . . . 55 55 . . . . 65 65 . . . . 75 75 . . . . 85 85 95	. . Id . .	$69\frac{12}{100}$ $58\frac{28}{100}$ $42\frac{68}{100}$ $25\frac{41}{100}$ $12\frac{36}{100}$	. . Id . .
Idem, 35 à 45. . .	$28\frac{4}{100}$ $38\frac{74}{100}$ $48\frac{12}{100}$ $56\frac{23}{100}$	Idem, 55 à 65. . .	$11\frac{17}{100}$ $17\frac{14}{100}$ $24\frac{72}{100}$ $30\frac{72}{100}$	. . . . Id	55 . . . . 65 65 . . . . 75 75 . . . . 85 85 95	. . Id . .	$60\frac{74}{100}$ $44\frac{91}{100}$ $26\frac{47}{100}$ $13\frac{3}{100}$	. . Id . .
Idem, 35 à 45. . .	$43\frac{97}{100}$ $56\frac{86}{100}$ $65\frac{63}{100}$	Idem, 65 à 75. . .	$9\frac{56}{100}$ $15\frac{18}{100}$ $20\frac{67}{100}$	. . . . Id	65 . . . . 75 75 . . . . 85 85 95	. . Id . .	$46\frac{53}{100}$ $27\frac{76}{100}$ $13\frac{70}{100}$	. . Id . .
Idem, 35 à 45 . . .	$64\frac{62}{100}$ $75\frac{58}{100}$	Idem, 75 à 85 . . .	$6\frac{78}{100}$ $10\frac{13}{100}$	. . . . Id	75 . . . . 85 85 95	. . Id . .	$28\frac{47}{100}$ $14\frac{29}{100}$	. . Id . .
Idem, 35 à 45. . .	82	Idem, 85 à 95 . . .	$3\frac{13}{100}$	. . . . Id	85 95	. . Id . .	$14\frac{42}{100}$	. . Id . .
Idem, 45 à 55. . .	$13\frac{18}{100}$ $19\frac{24}{100}$ $27\frac{73}{100}$ $36\frac{56}{100}$ $43\frac{31}{100}$	Idem, 45 à 55 . . .	$13\frac{58}{100}$ $19\frac{24}{100}$ $27\frac{26}{100}$ $36\frac{56}{100}$ $43\frac{42}{100}$	. . . . Id	45 . . . . 55 55 . . . . 65 65 . . . . 75 75 . . . . 85 85 95	. . Id . .	$72\frac{35}{100}$ $61\frac{51}{100}$ $45\frac{44}{100}$ $26\frac{38}{100}$ $13\frac{14}{100}$	. . Id . .
Idem, 45 à 55 . . .	$22\frac{10}{100}$ $31\frac{51}{100}$ $42\frac{63}{100}$ $50\frac{46}{100}$	Idem, 55 à 65 . . .	$12\frac{95}{100}$ $19\frac{72}{100}$ $28\frac{47}{100}$ $35\frac{80}{100}$	. . . . Id	55 . . . . 65 65 . . . . 75 75 . . . . 85 85 95	. . Id . .	$64\frac{55}{100}$ $48\frac{43}{100}$ $28\frac{86}{100}$ $14\frac{24}{100}$	. . Id . .
Idem, 45 à 55 . . .	$37\frac{61}{100}$ $51\frac{19}{100}$ $60\frac{61}{100}$	Idem, 65 à 75. . .	$11\frac{7}{100}$ $17\frac{61}{100}$ $24\frac{1}{100}$	. . . . Id	65 . . . . 75 75 . . . . 85 85 95	. . Id . .	$51\frac{28}{100}$ $30\frac{40}{100}$ $15\frac{30}{100}$	. . Id . .
Idem, 45 à 55. . .	$59\frac{74}{100}$ $71\frac{63}{100}$	Idem, 75 à 85 . . .	$7\frac{81}{100}$ $12\frac{3}{100}$	. . . . Id	75 . . . . 85 85 95	. . Id . .	$32\frac{34}{100}$ $16\frac{11}{100}$	. . Id . .
Idem, 45 à 55. . .	$79\frac{13}{100}$	Idem, 85 à 95. . .	$4\frac{20}{100}$	. . . . Id	85 95	. . Id . .	$16\frac{51}{100}$	. . Id . .
Idem, 55 à 65. . .	$15\frac{31}{100}$ $23\frac{49}{100}$ $34\frac{5}{100}$ $42\frac{10}{100}$	Idem, 55 à 65. . .	$15\frac{31}{100}$ $23\frac{49}{100}$ $34\frac{5}{100}$ $42\frac{10}{100}$	. . . . Id	55 . . . . 65 65 . . . . 75 75 . . . . 85 85 95	. . Id . .	$69\frac{64}{100}$ $53\frac{1}{100}$ $31\frac{90}{100}$ $15\frac{85}{100}$	. . Id . .
Idem, 55 à 65. . .	$28\frac{90}{100}$ $42\frac{83}{100}$ $52\frac{84}{100}$	Idem, 65 à 75. . .	$13\frac{58}{100}$ $21\frac{96}{100}$ $29\frac{51}{100}$	. . . . Id	65 . . . . 75 75 . . . . 85 85 95	. . Id . .	$57\frac{71}{100}$ $35\frac{41}{100}$ $17\frac{45}{100}$	. . Id . .
Idem, 55 à 65 . . .	$52\frac{30}{100}$ $65\frac{73}{100}$	Idem, 75 à 85. . .	$9\frac{11}{100}$ 15	. . . . Id	75 . . . . 85 85 95	. . Id . .	$38\frac{9}{100}$ $19\frac{11}{100}$	. . Id . .
Idem, 55 à 65. . .	$74\frac{79}{100}$	Idem, 85 à 95 . . .	$5\frac{21}{100}$	. . . . Id	85 95	. . Id . .	$19\frac{98}{100}$	. . Id . .
Idem, 65 à 75. . .	$17\frac{19}{100}$ $29\frac{22}{100}$ $39\frac{44}{100}$	Idem, 65 à 75. . .	$17\frac{19}{100}$ $29\frac{22}{100}$ $39\frac{44}{100}$	. . . . Id	65 . . . . 75 75 . . . . 85 85 95	. . Id . .	$65\frac{62}{100}$ $41\frac{76}{100}$ $21\frac{22}{100}$	. . Id . .
Idem, 65 à 75. . .	$38\frac{70}{100}$ $53\frac{94}{100}$	Idem, 75 à 85. . .	$13\frac{57}{100}$ $21\frac{22}{100}$	. . . . Id	75 . . . . 85 85 95	. . Id . .	$47\frac{23}{100}$ $24\frac{10}{100}$	. . Id . .

Si la rente viagère est constituée pour s'éteindre après la mort des trois Propriétaires, qu'elle appartienne d'abord toute entière au plus âgé, pendant sa vie, et que les deux plus jeunes attendent sa mort pour en jouir par moitié avec reversibilité, l'Expectant actuellement âgé depuis *

* 65 ans jusqu'à 75, aura droit à	$65\frac{41}{100}$	Pour cent du capital liquide, si un co-associé expectant est actuellement âgé depuis 85 ans jusqu'à 95, lequel aura droit à	$7\frac{48}{100}$	Pour cent du capital liquide, pourvu que le co-associé jouissant soit actuellement âgé depuis	85 ans jusq. 95, lequel aura droit à	$26\frac{92}{100}$	Pour cent du capital liquide.
Idem, 75 à 85.	$20\frac{3}{100}$ $33\frac{16}{100}$	Idem, 75 à 85.	$20\frac{4}{100}$ $33\frac{11}{100}$	Id.	75 . . . . 85 85 95	$59\frac{94}{100}$ $33\frac{11}{100}$	Id.
Idem, 75 à 85.	$46\frac{[illegible]}{100}$	Idem, 85 à 95.	$12\frac{78}{100}$	Id.	85 95	$40\frac{47}{100}$	Id.
Idem, 85 à 95.	$21\frac{24}{100}$	Idem, 85 à 95.	$21\frac{44}{100}$	Id.	85 95	$57\frac{48}{100}$	Id.

N°. 17.

TABLE pour régler la répartition du capital, provenant des Rentes viagères, constituées sur quatre têtes, entre quatre Propriétaires jouissans.

Si la rente viagère est constituée sur la tête même de quatre propriétaires, qu'elle soit partagée également pendant leurs vies unies, pour appartenir ensuite entièrement au dernier suivivant: celui qui est actuellement âgé depuis

Âge	Pour cent	Âge du 2ᵉ co-associé	Pour cent	Âge du 3ᵉ co-associé	Pour cent	Âge du 4ᵉ co-associé	Pour cent
5 à 15 ans, aura droit à.	25	Pour cent du capital liquidé, si un des co-associés est actuellement âgé depuis 5 à 15 ans, lequel aura droit à.	25	Pour cent du capital liquidé, pourvu que l'autre co-associé soit actuellement âgé depuis 5 à 15 ans, lequel aura droit à.	25	Pour cent du capital liquidé, et enfin, pourvu que l'autre co-associé soit actuellement âgé depuis. . . . . 5 jusqu'à 15	25
	$25\frac{75}{100}$		$25\frac{75}{100}$		$25\frac{75}{100}$	15 . . . 25	$22\frac{75}{100}$
	$26\frac{40}{100}$		$26\frac{40}{100}$		$26\frac{40}{100}$	25 . . . 35	$20\frac{50}{100}$
	$27\frac{26}{100}$		$27\frac{30}{100}$		$27\frac{27}{100}$	35 . . . 45	$18\frac{40}{100}$
	$28\frac{24}{100}$		$28\frac{24}{100}$		$28\frac{24}{100}$	45 . . . 55	$15\frac{55}{100}$
	$29\frac{30}{100}$		$29\frac{10}{100}$		$29\frac{10}{100}$	55 . . . 65	$12\frac{43}{100}$
	$30\frac{45}{100}$		$30\frac{45}{100}$		$30\frac{45}{100}$	65 . . . 75	$8\frac{65}{100}$
	$31\frac{68}{100}$		$31\frac{68}{100}$		$31\frac{68}{100}$	75 . . . 85	$4\frac{46}{100}$
	$32\frac{54}{100}$		$32\frac{54}{100}$		$32\frac{54}{100}$	85 . . . 95, lequel aura droit à . .	$2\frac{38}{100}$ Pour cent du capital liquidé.
5 à 15 idem.	$26\frac{59}{100}$	5 à 15 idem.	$26\frac{59}{100}$	15 à 25 idem.	$23\frac{41}{100}$	. . Id . . . 15 . . . 25	. . Id . . . $23\frac{41}{100}$
	$27\frac{32}{100}$		$27\frac{32}{100}$		$23\frac{91}{100}$	25 . . . 35	$21\frac{60}{100}$
	$28\frac{19}{100}$		$28\frac{15}{100}$		$24\frac{72}{100}$	35 . . . 45	16 [illegible]
	$29\frac{22}{100}$		$29\frac{27}{100}$		$25\frac{57}{100}$	45 . . . 55	13 [illegible]
	$30\frac{47}{100}$		$30\frac{37}{100}$		$26\frac{57}{100}$	55 . . . 65	12 [illegible]
	$31\frac{70}{100}$		$31\frac{70}{100}$		$27\frac{74}{100}$	65 . . . 75	8 [illegible]
	33		33		$28\frac{95}{100}$	75 . . . 85	$5\frac{5}{100}$
	$33\frac{59}{100}$		$33\frac{59}{100}$		$29\frac{74}{100}$	85 . . . 95	$2\frac{45}{100}$ . . Id . .
5 à 15 idem.	$28\frac{9}{100}$	5 à 15 idem.	$28\frac{9}{100}$	25 à 35 idem.	$21\frac{91}{100}$	. . Id . . . 25 . . . 35	. . Id . . . $21\frac{51}{100}$
	$29\frac{7}{100}$		$29\frac{7}{100}$		$22\frac{34}{100}$	35 . . . 45	$19\frac{32}{100}$
	$30\frac{17}{100}$		$30\frac{11}{100}$		$23\frac{14}{100}$	45 . . . 55	$16\frac{10}{100}$
	$31\frac{42}{100}$		$31\frac{47}{100}$		$24\frac{21}{100}$	55 . . . 65	$12\frac{90}{100}$
	$32\frac{31}{100}$		$32\frac{11}{100}$		$25\frac{41}{100}$	65 . . . 75	8 [illegible]
	$34\frac{26}{100}$		$34\frac{16}{100}$		26 [illegible]	75 . . . 85	$5\frac{9}{100}$
	$35\frac{6}{100}$		$35\frac{6}{100}$		$27\frac{42}{100}$	85 . . . 95	$2\frac{46}{100}$ . . Id . .
5 à 15 idem.	$30\frac{14}{100}$	5 à 15 idem.	$30\frac{14}{100}$	35 à 45 idem.	$19\frac{46}{100}$	. . Id . . . 35 . . . 45	. . Id . . . $19\frac{86}{100}$
	$31\frac{10}{100}$		$31\frac{11}{100}$		$20\frac{44}{100}$	45 . . . 55	$16\frac{70}{100}$
	$32\frac{73}{100}$		$32\frac{91}{100}$		$21\frac{17}{100}$	55 . . . 65	13 [illegible]
	$34\frac{22}{100}$		$34\frac{21}{100}$		$22\frac{44}{100}$	65 . . . 75	9 [illegible]
	$35\frac{61}{100}$		$35\frac{61}{100}$		$23\frac{57}{100}$	75 . . . 85	5 [illegible]
	$36\frac{57}{100}$		$36\frac{57}{100}$		$24\frac{39}{100}$	85 . . . 95	$2\frac{47}{100}$ . . Id . .
5 à 15 idem.	$32\frac{78}{100}$	5 à 15 idem.	$32\frac{78}{100}$	45 à 55 idem.	$17\frac{88}{100}$	. . Id . . . 45 . . . 55	. . Id . . . 17 [illegible]
	$34\frac{20}{100}$		$34\frac{19}{100}$		$17\frac{90}{100}$	55 . . . 65	13 [illegible]
	$35\frac{91}{100}$		$35\frac{91}{100}$		$18\frac{14}{100}$	65 . . . 75	9 [illegible]
	$37\frac{42}{100}$		$37\frac{62}{100}$		$19\frac{79}{100}$	75 . . . 85	5 [illegible]
	$38\frac{41}{100}$		$38\frac{41}{100}$		$20\frac{61}{100}$	85 . . . 95	2 [illegible] . . Id . .
5 à 15 idem.	$35\frac{99}{100}$	5 à 15 idem.	$35\frac{99}{100}$	55 à 65 idem.	$14\frac{7}{100}$	. . Id . . . 55 . . . 65	. . Id . . . 14 [illegible]
	$37\frac{14}{100}$		$37\frac{14}{100}$		$14\frac{75}{100}$	65 . . . 75	9 [illegible]
	$39\frac{47}{100}$		$39\frac{41}{100}$		$15\frac{65}{100}$	75 . . . 85	5 [illegible]
	$40\frac{11}{100}$		$40\frac{54}{100}$		$16\frac{40}{100}$	85 . . . 95	2 [illegible] . . Id . .
5 à 15 idem.	$39\frac{96}{100}$	5 à 15 idem.	$39\frac{96}{100}$	65 à 75 idem.	$10\frac{4}{100}$	. . Id . . . 65 . . . 75	. . Id . . . $10\frac{4}{100}$
	$41\frac{18}{100}$		$41\frac{18}{100}$		$10\frac{70}{100}$	75 . . . 85	$5\frac{34}{100}$
	$43\frac{4}{100}$		$43\frac{4}{100}$		$11\frac{31}{100}$	85 . . . 95	$2\frac{60}{100}$ . . Id . .
5 à 15 idem.	$44\frac{22}{100}$	5 à 15 idem.	$44\frac{22}{100}$	75 à 85 idem.	5 [illegible]	. . Id . . . 75 . . . 85	. . Id . . . 5 [illegible]
	$45\frac{59}{100}$		$45\frac{52}{100}$		6 [illegible]	85 . . . 95	2 [illegible] . . Id . .
5 à 15 idem.	47 [illegible]	5 à 15 idem.	47 [illegible]	85 à 95 idem.	2 [illegible]	. . Id . . . 85 . . . 95	. . Id . . . 2 [illegible] . . Id . .
5 à 15 idem.	27 [illegible]	15 à 25 idem.	24 [illegible]	15 à 25 idem.	24 [illegible]	. . Id . . . 15 . . . 25	. . Id . . . 24 [illegible]
	28 [illegible]		24 [illegible]		24 [illegible]	25 . . . 35	22 [illegible]
	29 [illegible]		25 [illegible]		25 [illegible]	35 . . . 45	19 [illegible]
	30 [illegible]		26 [illegible]		26 [illegible]	45 . . . 55	16 [illegible]
	31 [illegible]		27 [illegible]		27 [illegible]	55 . . . 65	13 [illegible]
	33 [illegible]		28 [illegible]		28 [illegible]	65 . . . 75	9 [illegible]
	34 [illegible]		30 [illegible]		30 [illegible]	75 . . . 85	5 [illegible]
	35 [illegible]		31 [illegible]		[illegible]	85 . . . 95	2 [illegible] . . Id . .

Si la rente viagère est constituée sur la tête même de quatre Propriétaires, qu'elle soit partagée entr'eux également pendant leurs vies unies, pour appartenir ensuite entièrement au dernier survivant : celui qui est actuellement âgé depuis

5 à 15 ans, aura droit à.	29 $\frac{22}{100}$ 30 $\frac{56}{100}$ 31 $\frac{55}{100}$ 32 $\frac{70}{100}$ 34 $\frac{40}{100}$ 35 $\frac{84}{100}$ 36 $\frac{79}{100}$	Pour cent du capital liquidé, si un des co-associé est actuellement âgé depuis 15 à 25 ans, lequel aura droit à...	25 $\frac{52}{100}$ 26 $\frac{40}{100}$ 27 $\frac{44}{100}$ 28 $\frac{60}{100}$ 29 $\frac{91}{100}$ 31 $\frac{24}{100}$ 32 $\frac{11}{100}$	Pour cent du capital liquidé, pourvu que l'autre co-associé soit actuellement âgé depuis 25 à 35 ans, lequel aura droit à.......	22 $\frac{63}{100}$ 23 $\frac{35}{100}$ 24 $\frac{25}{100}$ 25 $\frac{24}{100}$ 26 $\frac{47}{100}$ 27 $\frac{72}{100}$ 28 $\frac{59}{100}$	Pour cent du capital liquidé, et enfin, pourvu que l'autre co-associé soit actuellement âgé depuis....	25 . . . 35 35 . . . 45 45 . . . 55 55 . . . 65 65 . . . 75 75 . . . 85 85 . . . 95	lequel aura droit à...	22 $\frac{61}{100}$ 19 $\frac{91}{100}$ 16 $\frac{75}{100}$ 13 $\frac{26}{100}$ 9 $\frac{10}{100}$ 5 $\frac{80}{100}$ 2 $\frac{50}{100}$	Pour cent du capital liquidé.
5 à 15 idem.	31 $\frac{52}{100}$ 32 $\frac{91}{100}$ 34 $\frac{40}{100}$ 36 $\frac{7}{100}$ 37 $\frac{51}{100}$ 38 $\frac{57}{100}$	15 à 25 idem.	27 $\frac{38}{100}$ 28 $\frac{55}{100}$ 29 $\frac{82}{100}$ 31 $\frac{13}{100}$ 32 $\frac{62}{100}$ 33 $\frac{55}{100}$	35 à 45 idem.	20 $\frac{55}{100}$ 21 $\frac{30}{100}$ 22 $\frac{21}{100}$ 23 $\frac{36}{100}$ 24 $\frac{56}{100}$ 25 $\frac{42}{100}$	. Id . . .	35 . . . 45 45 . . . 55 55 . . . 65 65 . . . 75 75 . . . 85 85 . . . 95	. . Id . . .	20 $\frac{25}{100}$ 17 $\frac{24}{100}$ 13 $\frac{57}{100}$ 9 $\frac{37}{100}$ 5 $\frac{83}{100}$ 2 $\frac{53}{100}$	. . Id . . .
5 à 15 idem.	34 $\frac{49}{100}$ 36 $\frac{16}{100}$ 37 $\frac{95}{100}$ 39 $\frac{57}{100}$ 40 $\frac{61}{100}$	15 à 25 idem.	29 $\frac{75}{100}$ 31 $\frac{18}{100}$ 32 $\frac{66}{100}$ 34 $\frac{13}{100}$ 35 $\frac{30}{100}$	45 à 55 idem.	17 $\frac{83}{100}$ 18 $\frac{58}{100}$ 19 $\frac{59}{100}$ 20 $\frac{72}{100}$ 21 $\frac{53}{100}$	. . Id . . .	45 . . . 55 55 . . . 65 65 . . . 75 75 . . . 85 85 . . . 95	. . Id . . .	17 $\frac{83}{100}$ 13 $\frac{92}{100}$ 9 $\frac{62}{100}$ 5 $\frac{38}{100}$ 2 $\frac{56}{100}$	. . Id . . .
5 à 15 idem.	38 $\frac{8}{100}$ 40 $\frac{12}{100}$ 41 $\frac{90}{100}$ 43	15 à 25 idem.	32 $\frac{91}{100}$ 34 $\frac{70}{100}$ 36 $\frac{30}{100}$ 37 $\frac{54}{100}$	55 à 65 idem.	14 $\frac{50}{100}$ 15 $\frac{38}{100}$ 16 $\frac{29}{100}$ 17 $\frac{8}{100}$	. . Id . . .	55 . . . 65 65 . . . 75 75 . . . 85 85 . . . 95	. . Id . . .	14 $\frac{50}{100}$ 9 $\frac{88}{100}$ 5 $\frac{1}{100}$ 2 $\frac{60}{100}$	. . Id . . .
5 à 15 idem.	42 $\frac{50}{100}$ 44 $\frac{51}{100}$ 46 $\frac{52}{100}$	15 à 25 idem.	36 $\frac{76}{100}$ 38 $\frac{1}{100}$ 39 $\frac{79}{100}$	65 à 75 idem.	10 $\frac{45}{100}$ 11 $\frac{6}{100}$ 11 $\frac{73}{100}$	. . Id . . .	65 . . . 75 75 . . . 85 85 . . . 95	. . Id . . .	10 $\frac{37}{100}$ 5 $\frac{70}{100}$ 2 $\frac{56}{100}$	. . Id . . .
5 à 15 idem.	47 $\frac{3}{100}$ 48 $\frac{51}{100}$	15 à 25 idem.	40 $\frac{13}{100}$ 42 $\frac{20}{100}$	75 à 85 idem.	6 $\frac{7}{100}$ 6 $\frac{48}{100}$	. . Id . . .	75 . . . 85 85 . . . 95	. . Id . . .	6 $\frac{7}{100}$ 2 $\frac{79}{100}$	. . Id . . .
5 à 15 idem.	50 $\frac{37}{100}$	15 à 25 idem.	43 $\frac{88}{100}$	85 à 95 idem.	2 $\frac{94}{100}$	. . Id . . .	85 . . . 95	. . Id . . .	2 $\frac{96}{100}$	. . Id . . .
5 à 15 idem.	30 $\frac{87}{100}$ 31 $\frac{45}{100}$ 32 $\frac{79}{100}$ 34 $\frac{15}{100}$ 35 $\frac{84}{100}$ 37 $\frac{11}{100}$ 38 $\frac{52}{100}$	25 à 35 idem.	23 $\frac{26}{100}$ 24 $\frac{4}{100}$ 25 $\frac{1}{100}$ 26 $\frac{72}{100}$ 27 $\frac{40}{100}$ 28 $\frac{69}{100}$ 29 $\frac{18}{100}$	25 à 35 idem.	23 $\frac{26}{100}$ 24 $\frac{5}{100}$ 25 $\frac{1}{100}$ 26 $\frac{30}{100}$ 27 $\frac{40}{100}$ 28 $\frac{69}{100}$ 29 $\frac{52}{100}$	. . Id . . .	25 . . . 35 35 . . . 45 45 . . . 55 55 . . . 65 65 . . . 75 75 . . . 85 85 . . . 95	. . Id . . .	23 $\frac{46}{100}$ 20 $\frac{47}{100}$ 17 $\frac{19}{100}$ 13 $\frac{11}{100}$ 9 $\frac{16}{100}$ 5 $\frac{29}{100}$ 2 $\frac{13}{100}$	. . Id . . .
5 à 15 idem.	32 $\frac{79}{100}$ 34 $\frac{33}{100}$ 35 $\frac{94}{100}$ 37 $\frac{60}{100}$ 39 $\frac{24}{100}$ $\frac{86}{100}$	25 à 35 idem.	24 $\frac{31}{100}$ 26 $\frac{2}{100}$ 27 $\frac{82}{100}$ 28 $\frac{61}{100}$ 29 $\frac{97}{100}$ 30 $\frac{09}{100}$	35 à 45 idem.	21 $\frac{22}{100}$ 21 $\frac{96}{100}$ 22 $\frac{94}{100}$ 24 $\frac{15}{100}$ 25 $\frac{40}{100}$ 26 $\frac{25}{100}$	. . Id . . .	35 . . . 45 45 . . . 55 55 . . . 65 65 . . . 75 75 . . . 85 85 . . . 95	. . Id . . .	21 $\frac{81}{100}$ 17 $\frac{69}{100}$ 13 $\frac{90}{100}$ 9 $\frac{50}{100}$ 5 $\frac{38}{100}$ 2 $\frac{57}{100}$	. . Id . . .
5 à 15 idem.	36 $\frac{9}{100}$ 37 $\frac{81}{100}$ 39 $\frac{94}{100}$ 41 $\frac{33}{100}$ 42 $\frac{63}{100}$	25 à 35 idem.	27 $\frac{24}{100}$ 28 $\frac{50}{100}$ 30 $\frac{72}{100}$ 31 $\frac{81}{100}$ 32 $\frac{44}{100}$	45 à 55 idem.	18 $\frac{54}{100}$ 19 $\frac{33}{100}$ 20 $\frac{27}{100}$ 21 $\frac{38}{100}$ 22 $\frac{23}{100}$	. . Id . . .	45 . . . 55 55 . . . 65 65 . . . 75 75 . . . 85 85 . . . 95	. . Id . . .	18 $\frac{54}{100}$ 14 $\frac{54}{100}$ 9 $\frac{52}{100}$ 5 $\frac{52}{100}$ 2 $\frac{67}{100}$	. . Id . . .
5 à 15 idem.	40 $\frac{4}{100}$ 42 $\frac{33}{100}$ 44 $\frac{12}{100}$ 45 $\frac{26}{100}$	25 à 35 idem.	30 $\frac{34}{100}$ 31 $\frac{68}{100}$ 33 $\frac{70}{100}$ 34 $\frac{41}{100}$	55 à 65 idem.	14 $\frac{47}{100}$ 15 $\frac{75}{100}$ 16 $\frac{78}{100}$ 17 $\frac{59}{100}$	. . Id . . .	55 . . . 65 65 . . . 75 75 . . . 85 85 . . . 95	. . Id . . .	14 $\frac{97}{100}$ 10 $\frac{14}{100}$ 5 $\frac{43}{100}$ 2 $\frac{61}{100}$	. . Id . . .
5 à 15 idem.	44 $\frac{86}{100}$ 47 48 $\frac{52}{100}$	25 à 35 idem.	33 $\frac{44}{100}$ 35 $\frac{26}{100}$ 36 $\frac{91}{100}$	65 à 75 idem.	10 $\frac{60}{100}$ 11 $\frac{39}{100}$ 12 $\frac{6}{100}$	. . Id . . .	65 . . . 75 75 . . . 85 85 . . . 95	. . Id . . .	10 $\frac{60}{100}$ 5 $\frac{33}{100}$ 2 $\frac{71}{100}$	. . Id . . .
5 à 15 idem.	49 $\frac{83}{100}$ 51 $\frac{23}{100}$	25 à 35 idem.	37 $\frac{91}{100}$ 39 $\frac{14}{100}$	75 à 85 idem.	6 $\frac{62}{100}$ 6 $\frac{64}{100}$	. . Id . . .	75 . . . 85 85 . . . 95	. . Id . . .	6 $\frac{31}{100}$ 2 $\frac{85}{100}$	. . Id . . .
5 à 15 idem.	53	25 à 35 idem.	40 $\frac{94}{100}$	85 à 95 idem.	3 $\frac{3}{100}$	. . Id . . .	85 . . . 95	. . Id . . .	3 $\frac{3}{100}$	. . Id . . .

Si la rente viagère est constituée sur la tête même des quatre Propriétaires, qu'elle soit partagée entr'eux également pendant leurs vies unies; pour appartenir ensuite entièrement au survivant; celui qui est actuellement âgé depuis

5 à 15 ans, aura droit à.	34 58/100	Pour cent du capital liquidé, si un des co-associés est actuellement âgé depuis 35 à 45 ans, lequel aura droit à.	21 72/100	Pour cent du capital liquidé, pourvuque l'autre co-associé soit actuellement âgé depuis 35 à 45 ans, lequel aura droit à	21 58/100	Pour cent du capital liquidé, et enfin, pourvu que l'autre co-associé soit actuellement âgé depuis	35 jusqu'à 45	lequel aura droit à . .	21 58/100	Pour cent du capital liquidé.
	36 9/100		22 32/100		22 57/100		45 . . . 55		18 27/100	
	37 94/100		23 50/100		23 90/100		55 . . . 65		14 10/100	
	39 78/100		25 22/100		25 22/100		65 . . . 75		9 80/100	
	41 43/100		26 12/100		26 12/100		75 . . . 85		5 52/100	
	42 52/100		27 44/100		27 44/100		85 . . . 95		2 42/100	
5 à 15 idem.	38 10/100	35 à 45 idem.	23 58/100	45 à 55 idem.	19 7/100	. . Id . . .	45 . . . 55	. . Id . . .	19 1/100	. . Id . . .
	40 78/100		25 77/100		19 96/100		55 . . . 65		14 18/100	
	42 85/100		26 56/100		21 6/100		65 . . . 75		10 9/100	
	44 17/100		27 97/100		22 39/100		75 . . . 85		5 63/100	
	45 23/100		28 43/100		23 72/100		85 . . . 95		2 66/100	
5 à 15 idem.	42 58/100	35 à 45 idem.	26 35/100	55 à 65 idem.	15 44/100	. . Id . . .	55 . . . 65	. . Id . . .	15 44/100	. . Id . . .
	45 3/100		28 17/100		16 36/100		65 . . . 75		10 44/100	
	47 5/100		29 74/100		17 44/100		75 . . . 85		5 78/100	
	48 15/100		30 76/100		18 27/100		85 . . . 95		2 72/100	
5 à 15 idem.	47 83/100	35 à 45 idem.	30 7/100	65 à 75 idem.	11	. . Id . . .	65 . . . 75	. . Id . . .	11	. . Id . . .
	50 30/100		31 43/100		11 74/100		75 . . . 85		6 1/100	
	51 63/100		33 6/100		12 48/100		85 . . . 95		2 79/100	
5 à 15 idem.	53 74/100	35 à 45 idem.	34 4/100	75 à 85 idem.	6 41/100	. . Id . . .	75 . . . 85	. . Id . . .	6 41/100	. . Id . . .
	54 82/100		35 47/100		6 48/100		85 . . . 95		2 93/100	
5 à 15 idem.	56 76/100	35 à 45 idem.	37 2/100	85 à 95 idem.	3 21/100	. . Id . . .	85 . . . 95	. . Id . . .	3 21/100	. . Id . . .
5 à 15 idem.	40 83/100	45 à 55 idem.	19 86/100	45 à 55 idem.	19 86/100	. . Id . . .	45 . . . 55	. . Id . . .	19 86/100	. . Id . . .
	42 11/100		20 88/100		20 88/100		55 . . . 65		15 39/100	
	45 21/100		22 16/100		22 76/100		65 . . . 75		10 41/100	
	47 15/100		23 50/100		23 50/100		75 . . . 85		5 73/100	
	48 43/100		24 42/100		24 50/100		85 . . . 95		2 73/100	
5 à 15 idem.	45 63/100	45 à 55 idem.	22 6/100	55 à 65 idem.	16 75/100	. . Id . . .	55 . . . 65	. . Il . . .	16 33/100	. . Id . . .
	48 49/100		23 33/100		17 24/100		65 . . . 75		10 84/100	
	50 73/100		25		18 32/100		75 . . . 85		5 96/100	
	52 5/100		26		19 39/100		85 . . . 95		2 79/100	
5 à 15 idem.	51 91/100	45 à 55 idem.	25 26/100	65 à 75 idem.	11 46/100	. . Id . . .	65 . . . 75	. . Id . . .	11 46/100	. . Id . . .
	54 53/100		26 97/100		12 37/100		75 . . . 85		6 32/100	
	56		28 6/100		13 1/100		85 . . . 95		2 86/100	
5 à 15 idem.	67 71/100	45 à 55 idem.	29	75 à 85 idem.	6 64/100	. . Id . . .	75 . . . 85	. . Id . . .	6 64/100	. . Id . . .
	59 54/100		30 34/100		7 11/100		85 . . . 95		3 1/100	
5 à 15 idem.	61 63/100	35 à 55 idem.	31 90/100	85 à 95 idem.	3 21/100	. . Id . . .	85 . . . 95	. . Id . . .	3 21/100	. . Id . . .
5 à 15 idem.	49 6/100	55 à 65 idem.	16 98/100	55 à 65 idem.	16 93/100	. . Id . . .	55 . . . 65	. . Id . . .	16 93/100	. . Id . . .
	52 38/100		18 35/100		18 75/100		65 . . . 75		11 32/100	
	54 45/100		19 44/100		19 44/100		75 . . . 85		6 17/100	
	56 17/100		20 39/100		20 39/100		85 . . . 95		2 85/100	
5 à 15 idem.	56 28/100	55 à 65 idem.	19 56/100	65 à 75 idem.	12 7/100	. . Id . . .	65 . . . 75	. . Id . . .	12 9/100	. . Id . . .
	59 52/100		21 5/100		12 97/100		75 . . . 85		6 45/100	
	61 78/100		22 82/100		13 76/100		85 . . . 95		2 95/100	
5 à 15 idem.	63 18/100	55 à 65 idem.	22 86/100	75 à 85 idem.	6 93/100	. . Id . . .	75 . . . 85	. . Id . . .	6 93/100	. . Id . . .
	65 33/100		24 14/100		7 43/100		85 . . . 95		3 80/100	
5 à 15 idem.	67 74/100	55 à 65 idem.	25 69/100	85 à 95 idem.	3 58/100	. . Id . . .	85 . . . 95	. . Id . . .	3 32/100	. . Id . . .
5 à 15 idem.	61 36/100	65 à 75 idem.	12 88/100	65 à 75 idem.	12 88/100	. . Id . . .	65 . . . 75	. . Id . . .	12 75/100	. . Id . . .
	65 23/100		13 47/100		13 97/100		75 . . . 85		6 83/100	
	67 20/100		14 83/100		14 87/100		85 . . . 95		3 6/100	

Si la rente viagère est constituée sur la tête même de quatre Propriétaires, qu'elle soit partagée également pendant leurs vies unies pour appartenir ensuite entièrement au survivant.

5 à 15 ans, aura droit à	69 37/100	Pour cent du capital liquidé, si un des co-associés actuellement âgé depuis 65 à 75 ans, aura droit à	15 33/100	Pour cent du capital liquidé, pourvu que l'autre co associé soit actuellement âgé depuis 75 à 85 ans, lequel aura droit à	7 34/100	Pour cent du capital liquidé, et enfin, pourvu que l'autre co-associé soit actuellement âgé depuis	75 . . . 85	lequel aura droit à . . .	7 34/100	Pour cent de son capital liquidé.
	72 46/100		16 39/100		7 92/100		85 . . . 95		3 24/100	
5 à 15 idem.	75 33/100	65 à 75 idem.	17 61/100	85 à 95 idem.	3 50/100	. . Id . . .	85 . . . 95	. . Id . . .	3 50/100	. . Id . . .
5 à 15 idem.	75 94/100	75 à 85 idem.	8 9/100	75 à 85 idem.	8 1/100	. . Id . . .	75 . . . 85	. . Id . . .	8 1/100	. . Id . . .
	79 17/100		8 33/100		8 89/100		85 . . . 95		3 41/100	
5 à 15 idem.	83 9/100	75 à 85 idem.	9 47/100	85 à 95 idem.	5 71/100	. . Id . . .	85 . . . 95	. . Id . . .	3 71/100	. . Id . . .
5 à 15 idem.	87 58/100	85 à 95 idem.	4 4/100	85 à 95 idem.	4 4/100	. . Id . . .	85 . . . 95	. . Id . . .	4 4/100	. . Id . . .
15 à 25 idem.	25	15 à 25 idem.	25	25 à 35 idem.	25	. . Id . . .	15 . . . 25	. . Id . . .	25	. . Id . . .
	25 71/100		25 73/100		25 73/100		25 . . . 35		22 81/100	
	26 62/100		26 62/100		26 68/100		35 . . . 45		20 34/100	
	27 69/100		27 69/100		27 69/100		45 . . . 55		16 91/100	
	28 87/100		28 90/100		28 87/100		55 . . . 65		13 39/100	
	30 14/100		30 14/100		30 14/100		65 . . . 75		9 18/100	
	31 58/100		31 58/100		31 59/100		75 . . . 85		5 24/100	
	32 10/100		32 10/100		32 10/100		85 . . . 95		2 80/100	
15 à 25 idem.	26 84/100	15 à 25 idem.	26 54/100	15 à 25 idem.	23 46/100	. . Id . . .	25 . . . 35	. . Id . . .	23 46/100	. . Id . . .
	27 54/100		27 54/100		24 27/100		35 . . . 45		20 15/100	
	28 70/100		28 50/100		25 21/100		45 . . . 55		17 35/100	
	29 48/100		29 58/100		26 57/100		55 . . . 65		13 60/100	
	31 41/100		31 42/100		27 70/100		65 . . . 75		9 46/100	
	32 62/100		32 22/100		29 3/100		75 . . . 85		5 54/100	
	33 76/100		33 76/100		29 47/100		85 . . . 95		2 55/100	
15 à 25 idem.	28 46/100	15 à 25 idem.	28 46/100	35 à 45 idem.	21 84/100	. . Id . . .	35 . . . 45	. . Id . . .	21 34/100	. . Id . . .
	29 97/100		29 97/100		22 19/100		45 . . . 55		17 37/100	
	31 38/100		31 38/100		23 19/100		55 . . . 65		14 5/100	
	32 35/100		32 35/100		24 44/100		65 . . . 75		9 64/100	
	34 41/100		34 41/100		25 72/100		75 . . . 85		5 44/100	
	35 40/100		35 40/100		26 62/100		85 . . . 95		2 51/100	
15 à 25 idem.	31 46/100	15 à 25 idem.	31 45/100	45 à 55 idem.	18 34/100	. . Id . . .	45 . . . 55	. . Id . . .	18 34/100	. . Id . . .
	33 7/100		33 7/100		19 86/100		55 . . . 65		14 10/100	
	34 40/100		34 40/100		20 47/100		65 . . . 75		9 43/100	
	36 19/100		36 31/100		21 67/100		75 . . . 85		5 31/100	
	37 47/100		37 41/100		22 64/100		85 . . . 95		2 64/100	
15 à 25 idem.	34 97/100	15 à 25 idem.	34 41/100	55 à 65 idem.	15 9/100	. . Id . . .	55 . . . 65	. . Id . . .	15 9/100	. . Id . . .
	36 89/100		35 89/100		15 97/100		65 . . . 75		10 71/100	
	38 64/100		38 64/100		17 2/100		75 . . . 85		5 1/100	
	39 23/100		39 75/100		17 83/100		85 . . . 95		2 68/100	
15 à 25 idem.	39 23/100	15 à 25 idem.	39 11/100	65 à 75 idem.	10 78/100	. . Id . . .	65 . . . 75	. . Id . . .	10 78/100	. . Id . . .
	41 37/100		41 27/100		11 33/100		75 . . . 85		5 33/100	
	42 53/100		42 31/100		12 13/100		85 . . . 95		2 71/100	
15 à 25 idem.	43 70/100	15 à 25 idem.	43 70/100	75 à 85 idem.	6 30/100	. . Id . . .	75 . . . 85	. . Id . . .	6 30/100	. . Id . . .
	45 20/100		45 20/100		6 73/100		85 . . . 95		2 57/100	
15 à 25 idem.	46 44/100	15 à 25 idem.	46 94/100	85 à 95 idem.	3 6/100	. . Id . . .	85 . . . 95	. . Id . . .	3 6/100	. . Id . . .
15 à 25 idem.	27 46/100	25 à 35 idem.	24 15/100	25 à 35 idem.	24 15/100	. . Id . . .	25 . . . 35	. . Id . . .	24 15/100	. . Id . . .
	28 3/100		25 9/100		25 9/100		35 . . . 45		21 15/100	
	29 51/100		26 14/100		26 16/100		45 . . . 55		17 22/100	
	31 24/100		27 78/100		27 13/100		55 . . . 65		14	
	32 78/100		28 62/100		28 78/100		65 . . . 75		9 64/100	
	34 23/100		30 74/100		30 74/100		75 . . . 85		5 41/100	
	35 10/100		31 70/100		31 10/100		85 . . . 95		2 60/100	

Si la Rente viagère est constituée sur la tête même des quatre Propriétaires, qu'elle soit partagée entre eux également pendant leurs vies unies, pour appartenir ensuite entièrement au dernier survivant : celui qui est actuellement âgé depuis

15 à 25 ans, aura droit à .	29 $\frac{34}{100}$ 31 $\frac{30}{100}$ 32 $\frac{54}{100}$ 34 $\frac{11}{100}$ 36 $\frac{6}{100}$ 37 $\frac{7}{100}$	Pour cent du capital liquidé, si un des co-associés est actuellement âgé depuis 25 à 35 ans, lequel aura droit à	26 $\frac{38}{100}$ 27 $\frac{31}{100}$ 28 $\frac{68}{100}$ 30 $\frac{43}{100}$ 31 $\frac{66}{100}$ 32 $\frac{64}{100}$	Pour cent du capital liquidé, pourvu que l'autre co-associé soit actuellement âgé depuis 35 à 45 ans, lequel aura droit à	22 $\frac{2}{100}$ 22 $\frac{86}{100}$ 24 $\frac{6}{100}$ 25 $\frac{38}{100}$ 26 $\frac{72}{100}$ 27 $\frac{61}{100}$	Pour cent du capital liquidé, et enfin, pourvu que l'autre co-associé soit actuellement âgé depuis. . . .	35 jusqu'à 45 45 . . . 55 55 . . . 65 65 . . . 75 75 . . . 85 85 . . . 95	lequel aura droit à. . .	22 $\frac{2}{100}$ 18 $\frac{41}{100}$ 14 $\frac{41}{100}$ 9 $\frac{90}{100}$ 5 $\frac{56}{100}$ 2 $\frac{64}{100}$	Pour cent du capital liquidé.
15 à 25 idem.	32 $\frac{97}{100}$ 34 $\frac{74}{100}$ 36 $\frac{61}{100}$ 38 $\frac{19}{100}$ 39 $\frac{11}{100}$	25 à 35 idem.	28 $\frac{71}{100}$ 30 $\frac{76}{100}$ 31 $\frac{91}{100}$ 33 $\frac{54}{100}$ 34 $\frac{57}{100}$	45 à 55 idem.	19 $\frac{31}{100}$ 20 $\frac{4}{100}$ 21 $\frac{14}{100}$ 22 $\frac{49}{100}$ 23 $\frac{34}{100}$	. . Id . . .	45 . . . 55 55 . . . 65 65 . . . 75 75 . . . 85 85 . . . 95	. . Id . . .	19 $\frac{35}{100}$ 14 $\frac{94}{100}$ 10 $\frac{10}{100}$ 5 $\frac{69}{100}$ 2 $\frac{69}{100}$	. . Id . . .
15 à 25 idem.	36 $\frac{79}{100}$ 38 $\frac{64}{100}$ 40 $\frac{80}{100}$ 41 $\frac{91}{100}$	25 à 35 idem.	32 $\frac{3}{100}$ 33 $\frac{48}{100}$ 35 $\frac{75}{100}$ 36 $\frac{84}{100}$	55 à 65 idem.	15 $\frac{39}{100}$ 16 $\frac{32}{100}$ 17 $\frac{61}{100}$ 18 $\frac{47}{100}$	. . . Id . . .	55 . . . 65 65 . . . 75 75 . . . 85 85 . . . 95	. . Id . . .	15 $\frac{59}{100}$ 10 $\frac{56}{100}$ 5 $\frac{84}{100}$ 2 $\frac{74}{100}$	. . Id . . .
15 à 25 idem.	41 $\frac{48}{100}$ 43 $\frac{67}{100}$ 44 $\frac{97}{100}$	25 à 35 idem.	36 $\frac{86}{100}$ 38 $\frac{52}{100}$ 39 $\frac{57}{100}$	65 à 75 idem.	11 $\frac{81}{100}$ 11 $\frac{94}{100}$ 12 $\frac{64}{100}$	. . Id . . .	65 . . . 75 75 . . . 85 85 . . . 95	. . Id . . .	11 $\frac{33}{100}$ 6 $\frac{7}{100}$ 2 $\frac{81}{100}$	. . Id . . .
15 à 25 idem.	46 $\frac{25}{100}$ 47 $\frac{61}{100}$	25 à 35 idem.	40 $\frac{75}{100}$ 42 $\frac{27}{100}$	75 à 85 idem.	6 $\frac{50}{100}$ 6 $\frac{93}{100}$	. . Id . . .	75 . . . 85 85 . . . 95	. . Id . . .	6 $\frac{10}{100}$ 2 $\frac{93}{100}$	. . Id . . .
15 à 25 idem.	49 $\frac{61}{100}$	25 à 35 idem.	44 $\frac{1}{100}$	85 à 95 idem.	3 $\frac{35}{100}$	. . Id . . .	85 . . . 95	. . Id . . .	3 $\frac{35}{100}$	. . Id . . .
15 à 25 idem.	31 $\frac{50}{100}$ 32 $\frac{97}{100}$ 34 $\frac{71}{100}$ 36 $\frac{31}{100}$ 38 $\frac{20}{100}$ 39 $\frac{24}{100}$	35 à 45 idem.	22 $\frac{90}{100}$ 23 $\frac{97}{100}$ 25 $\frac{19}{100}$ 26 $\frac{43}{100}$ 28 $\frac{5}{100}$ 29 $\frac{2}{100}$	35 à 45 idem.	22 $\frac{90}{100}$ 23 $\frac{97}{100}$ 25 $\frac{19}{100}$ 26 $\frac{43}{100}$ 28 $\frac{5}{100}$ 29 $\frac{2}{100}$	. . Id . . .	35 . . . 45 45 . . . 55 55 . . . 65 65 . . . 75 75 . . . 85 85 . . . 95	. . Id . . .	22 $\frac{90}{100}$ 19 $\frac{9}{100}$ 14 $\frac{97}{100}$ 10 $\frac{29}{100}$ 5 $\frac{30}{100}$ 2 $\frac{70}{100}$	. . Id . . .
15 à 25 idem.	34 $\frac{90}{100}$ 36 $\frac{92}{100}$ 39 40 $\frac{80}{100}$ 41 $\frac{31}{100}$	35 à 45 idem.	25 $\frac{20}{100}$ 26 $\frac{65}{100}$ 28 $\frac{21}{100}$ 29 $\frac{76}{100}$ 30 $\frac{73}{100}$	45 à 55 idem.	19 $\frac{85}{100}$ 20 $\frac{96}{100}$ 22 $\frac{23}{100}$ 23 $\frac{59}{100}$ 24 $\frac{33}{100}$	. . Id . . .	45 . . . 55 55 . . . 65 65 . . . 75 75 . . . 85 85 . . . 95	. . Id . . .	19 $\frac{93}{100}$ 15 $\frac{52}{100}$ 10 $\frac{53}{100}$ 5 $\frac{83}{100}$ 2 $\frac{76}{100}$	. . Id . . .
15 à 25 idem.	39 $\frac{29}{100}$ 41 $\frac{70}{100}$ 43 $\frac{72}{100}$ 44 $\frac{54}{100}$	35 à 45 idem.	28 $\frac{23}{100}$ 30 $\frac{4}{100}$ 31 $\frac{81}{100}$ 32 $\frac{82}{100}$	55 à 65 idem.	16 $\frac{21}{100}$ 17 $\frac{46}{100}$ 18 $\frac{44}{100}$ 19 $\frac{33}{100}$	. . Id . . .	55 . . . 65 65 . . . 75 75 . . . 85 85 . . . 95	. . Id . . .	16 $\frac{27}{100}$ 10 $\frac{93}{100}$ 6 $\frac{3}{100}$ 2 $\frac{81}{100}$	. . Id . . .
15 à 25 idem.	44 $\frac{18}{100}$ 46 $\frac{87}{100}$ 48 $\frac{36}{100}$	35 à 45 idem.	32 $\frac{28}{100}$ 34 $\frac{51}{100}$ 35 $\frac{46}{100}$	55 à 75 idem.	11 $\frac{57}{100}$ 12 $\frac{41}{100}$ 13 $\frac{73}{100}$	. . Id . . .	65 . . . 75 75 . . . 85 85 . . . 95	. . Id . . .	11 $\frac{57}{100}$ 6 $\frac{29}{100}$ 2 $\frac{93}{100}$	. . Id . . .
15 à 25 idem.	49 $\frac{81}{100}$ 51 $\frac{53}{100}$	35 à 45 idem.	36 $\frac{71}{100}$ 38 $\frac{21}{100}$	75 à 85 idem.	6 $\frac{73}{100}$ 7 $\frac{28}{100}$	. . Id . . .	75 . . . 85 85 . . . 95	. . Id . . .	6 $\frac{98}{100}$ 3 $\frac{5}{100}$	. . Id . . .
15 à 25 idem.	53 $\frac{10}{100}$	35 à 45 idem.	40	85 à 95 idem.	3 $\frac{25}{100}$	. . Id . . .	85 . . . 95	. . Id . . .	3 $\frac{25}{100}$	. . Id . . .
15 à 25 idem.	37 $\frac{18}{100}$ 39 $\frac{15}{100}$ 41 $\frac{91}{100}$ 43 $\frac{93}{100}$ 45 $\frac{11}{100}$	45 à 55 idem.	20 $\frac{84}{100}$ 22 $\frac{12}{100}$ 23 $\frac{56}{100}$ 25 $\frac{2}{100}$ 26 $\frac{3}{100}$	45 à 55 idem.	20 $\frac{84}{100}$ 22 $\frac{72}{100}$ 23 $\frac{56}{100}$ 25 $\frac{2}{100}$ 26 $\frac{1}{100}$	. . Id . . .	45 . . . 55 55 . . . 65 65 . . . 75 75 . . . 85 85 . . . 95	. . Id . . .	20 $\frac{84}{100}$ 16 $\frac{21}{100}$ 10 $\frac{96}{100}$ 6 $\frac{3}{100}$ 2 $\frac{51}{100}$	. . Id . . .
15 à 25 idem.	42 $\frac{34}{100}$ 45 $\frac{26}{100}$ 47 $\frac{42}{100}$ 48 $\frac{74}{100}$	45 à 55 idem.	23 $\frac{52}{100}$ 25 $\frac{15}{100}$ 26 $\frac{87}{100}$ 27 $\frac{38}{100}$	55 à 65 idem.	17 $\frac{7}{100}$ 18 $\frac{32}{100}$ 19 $\frac{51}{100}$ 20 $\frac{45}{100}$	. . Id . . .	55 . . . 65 65 . . . 75 75 . . . 85 85 . . . 95	. . Id . . .	17 $\frac{7}{100}$ 11 $\frac{44}{100}$ 6 $\frac{23}{100}$ 2 $\frac{61}{100}$	. . Id . . .

Si la Rente viagère est constituée sur la tête même des quatre Propriétaires, qu'elle soit partagée également entre eux pendant leurs vies unies, pour appartenir ensuite entièrement au dernier survivant : celui qui est actuellement âgé depuis

15 à 25 ans, aura droit à	48 $\frac{34}{100}$ 51 $\frac{25}{100}$ 52 $\frac{76}{100}$	Pour cent du capital liquidé, si un des co-associés est actuellement âgé depuis 45 à 55 ans, lequel aura droit à . .	27 $\frac{88}{100}$ 29 $\frac{20}{100}$ 30 $\frac{44}{100}$	Pour cent du capital liquidé, pourvu que l'autre co-associé soit actuellement âgé depuis 65 à 75 ans, lequel aura droit à	12 $\frac{94}{100}$ 13 $\frac{9}{100}$ 13 $\frac{81}{100}$	Pour cent du capital liquidé, et enfin, pourvu que l'autre co-associé soit actuellement âgé depuis.	65 jusqu'à 75 75 . . . 85 85 . . . 95	lequel aura droit à. . . .	12 $\frac{94}{100}$ 6 $\frac{54}{100}$ 3	Pour cent du capital liquidé.
15 à 25 idem.	54 $\frac{33}{100}$ 56 $\frac{40}{100}$	45 à 55 idem.	31 $\frac{47}{100}$ 32 $\frac{42}{100}$	75 à 85 idem.	7 $\frac{3}{100}$ 7 $\frac{33}{100}$	. . Id . . .	75 . . . 85 85 . . . 95	. . Id . . .	7 $\frac{3}{100}$ 3 $\frac{37}{100}$	. . Id . . .
15 à 25 idem.	58 $\frac{60}{100}$	45 à 55 idem.	34 $\frac{64}{100}$	85 à 95 idem.	3 $\frac{38}{100}$	. . Id . . .	85 . . . 95	. . Id . . .	3 $\frac{38}{100}$	. . Id . . .
15 à 25 idem.	45 $\frac{76}{100}$ 49 $\frac{21}{100}$ 51 $\frac{71}{100}$ 53 $\frac{23}{100}$	55 à 65 idem.	18 $\frac{8}{100}$ 19 $\frac{43}{100}$ 20 $\frac{38}{100}$ 21 $\frac{90}{100}$	55 à 65 idem.	18 $\frac{8}{100}$ 19 $\frac{43}{100}$ 20 $\frac{81}{100}$ 21 $\frac{90}{100}$	. . Id . . .	55 . . . 65 65 . . . 75 75 . . . 85 85 . . . 95	. . Id . . .	18 $\frac{8}{100}$ 12 $\frac{2}{100}$ 6 $\frac{17}{100}$ 3 $\frac{2}{100}$	. . Id . . .
15 à 25 idem.	53 $\frac{25}{100}$ 56 $\frac{41}{100}$ 58 $\frac{21}{100}$	55 à 65 idem.	21 $\frac{1}{100}$ 22 $\frac{78}{100}$ 23 $\frac{91}{100}$	65 à 75 idem.	12 $\frac{85}{100}$ 13 $\frac{91}{100}$ 14 $\frac{77}{100}$	. . Id . . .	65 . . . 75 75 . . . 85 85 . . . 95	. . Id . . .	12 $\frac{85}{100}$ 6 $\frac{86}{100}$ 3 $\frac{15}{100}$	. . Id . . .
15 à 25 idem.	60 $\frac{2}{100}$ 62 $\frac{47}{100}$	55 à 65 idem.	24 $\frac{86}{100}$ 26 $\frac{19}{100}$	75 à 85 idem.	7 $\frac{56}{100}$ 7 $\frac{94}{100}$	. . Id . . .	75 . . . 85 85 . . . 95	. . Id . . .	7 $\frac{56}{100}$ 3 $\frac{30}{100}$	. . Id . . .
15 à 25 idem.	65	55 à 65 idem.	27 $\frac{19}{100}$	85 à 95 idem.	3 $\frac{51}{100}$	. . Id . . .	85 . . . 95	. . Id . . .	3 $\frac{51}{100}$	. . Id . . .
15 à 25 idem.	58 $\frac{42}{100}$ 62 $\frac{44}{100}$ 64 $\frac{51}{100}$	65 à 75 idem.	13 $\frac{86}{100}$ 15 $\frac{71}{100}$ 16 $\frac{22}{100}$	65 à 75 idem.	13 $\frac{86}{100}$ 15 $\frac{33}{100}$ 16 $\frac{22}{100}$	. . Id . . .	65 . . . 75 75 . . . 85 85 . . . 95	. . Id . . .	13 $\frac{86}{100}$ 7 $\frac{30}{100}$ 3 $\frac{25}{100}$	. . Id . . .
15 à 25 idem.	67 $\frac{43}{100}$ 70 $\frac{7}{100}$	65 à 75 idem.	16 $\frac{69}{100}$ 17 $\frac{90}{100}$	75 à 85 idem.	7 $\frac{93}{100}$ 8 $\frac{33}{100}$	. . Id . . .	75 . . . 85 85 . . . 95	. . Id . . .	7 $\frac{93}{100}$ 3 $\frac{46}{100}$	. . Id . . .
15 à 25 idem.	73 $\frac{33}{100}$	65 à 75 idem.	19 $\frac{33}{100}$	85 à 95 idem.	3 $\frac{72}{100}$	. . Id . . .	85 . . . 95	. . Id . . .	3 $\frac{72}{100}$	. . Id . . .
15 à 25 idem.	73 $\frac{14}{100}$ 77 $\frac{14}{100}$	75 à 85 idem.	8 $\frac{71}{100}$ 9 $\frac{47}{100}$	75 à 85 idem.	8 $\frac{71}{100}$ 9 $\frac{47}{100}$	. . Id . . .	75 . . . 85 85 . . . 95	. . Id . . .	8 $\frac{71}{100}$ 3 $\frac{72}{100}$	. . Id . . .
15 à 25 idem.	81 $\frac{58}{100}$	75 à 85 idem.	10 $\frac{56}{100}$	85 à 95 idem.	4 $\frac{3}{100}$	. . Id . . .	85 . . . 95	. . Id . . .	4 $\frac{3}{100}$	. . Id . . .
15 à 25 idem.	86 $\frac{23}{100}$	85 à 95 idem.	4 $\frac{19}{100}$	85 à 95 idem.	4 $\frac{19}{100}$	. . Id . . .	85 . . . 95	. . Id . . .	4 $\frac{31}{100}$	. . Id . . .
25 à 35 idem.	25 26 $\frac{2}{100}$ 27 $\frac{21}{100}$ 28 $\frac{54}{100}$ 30 $\frac{3}{100}$ 31 $\frac{48}{100}$ 32 $\frac{45}{100}$	25 à 35 idem.	25 26 $\frac{2}{100}$ 27 $\frac{22}{100}$ 28 $\frac{54}{100}$ 30 $\frac{3}{100}$ 31 $\frac{49}{100}$ 32 $\frac{45}{100}$	25 à 35 idem.	25 26 $\frac{2}{100}$ 27 $\frac{21}{100}$ 28 $\frac{54}{100}$ 30 $\frac{3}{100}$ 31 $\frac{48}{100}$ 32 $\frac{43}{100}$	. . Id . . .	25 . . . 35 35 . . . 45 45 . . . 55 55 . . . 65 65 . . . 75 75 . . . 85 85 . . . 95	. . Id . . .	25 21 $\frac{94}{100}$ 18 $\frac{47}{100}$ 14 $\frac{33}{100}$ 9 $\frac{91}{100}$ 5 $\frac{56}{100}$ 2 $\frac{63}{100}$	. . Id . . .
25 à 35 idem.	27 $\frac{18}{100}$ 28 $\frac{51}{100}$ 30 $\frac{3}{100}$ 31 $\frac{67}{100}$ 33 $\frac{21}{100}$ 34 $\frac{22}{100}$	25 à 35 idem.	27 $\frac{18}{100}$ 28 $\frac{51}{100}$ 30 $\frac{3}{100}$ 31 $\frac{67}{100}$ 33 $\frac{21}{100}$ 34 $\frac{22}{100}$	35 à 45 idem.	22 $\frac{81}{100}$ 23 $\frac{86}{100}$ 25 $\frac{6}{100}$ 26 $\frac{48}{100}$ 27 $\frac{18}{100}$ 28 $\frac{85}{100}$	. . Id . . .	35 . . . 45 45 . . . 55 55 . . . 65 55 . . . 75 75 . . . 85 85 . . . 95	. . Id . . .	22 $\frac{81}{100}$ 19 $\frac{4}{100}$ 14 $\frac{88}{100}$ 10 $\frac{21}{100}$ 5 $\frac{70}{100}$ 2 $\frac{71}{100}$	. . Id . . .
25 à 35 idem.	30 $\frac{23}{100}$ 31 $\frac{84}{100}$ 33 $\frac{67}{100}$ 35 $\frac{34}{100}$ 36 $\frac{42}{100}$	25 à 35 idem.	30 $\frac{23}{100}$ 31 $\frac{84}{100}$ 33 $\frac{67}{100}$ 35 $\frac{34}{100}$ 36 $\frac{42}{100}$	45 à 55 idem.	19 $\frac{87}{100}$ 20 $\frac{87}{100}$ 22 $\frac{23}{100}$ 23 $\frac{66}{100}$ 24 $\frac{39}{100}$	. . Id . . .	45 . . . 55 55 . . . 65 65 . . . 75 75 . . . 85 85 . . . 95	. . Id . . .	19 $\frac{87}{100}$ 15 $\frac{45}{100}$ 10 $\frac{53}{100}$ 5 $\frac{84}{100}$ 2 $\frac{70}{100}$	. . Id . . .
25 à 35 idem.	33 $\frac{82}{100}$ 35 $\frac{95}{100}$ 37 $\frac{91}{100}$ 38 $\frac{87}{100}$	25 à 35 idem.	33 $\frac{82}{100}$ 35 $\frac{95}{100}$ 37 $\frac{91}{100}$ 38 $\frac{87}{100}$	55 à 65 idem.	16 $\frac{28}{100}$ 17 $\frac{28}{100}$ 18 $\frac{35}{100}$ 19 $\frac{23}{100}$	. . Id . . .	55 . . . 65 65 . . . 75 75 . . . 85 85 . . . 95	. . Id . . .	16 $\frac{28}{100}$ 10 $\frac{91}{100}$ 6 $\frac{3}{100}$ 2 $\frac{95}{100}$	. . Id . . .

Si la Rente viagère est constituée sur la tête même des quatre Propriétaires, qu'elle soit partagée entre eux également pendant leurs vies unies, pour appartenir ensuite entièrement au survivant : celui qui est actuellement âgé depuis

25 à 35 ans, aura droit à.	38 47/100 40 45/100 41 98/100	Pour cent du capital liquidé, si un des co-associés est actuellement âgé dep. 25 à 35 ans, lequel aura droit à	38 47/100 40 66/100 41 98/100	Pour cent du capital liquidé, pourvu que l'autre co-associé soit actuellement âgé dep. 65 à 75 ans, lequel aura droit à	11 55/100 12 39/100 13 18/100	Pour cent du capital liquidé, et enfin, pourvu que l'autre co-associé soit actuellement âgé depuis. . . .	65 jusqu'à 75 75 . . . 85 85 . . . 95	lequel aura droit à. . .	11 53/100 6 29/100 2 91/100	Pour cent du capital liquidé.
25 à 35 idem.	43 38/100 44 73/100	25 à 35 idem.	43 21/100 44 83/100	75 à 85 idem.	6 71/100 7 18/100	. . Id . . .	75 . . . 85 85 . . . 95	. . Id . . .	6 72/100 3 6/100	. . Id . . .
25 à 35 idem.	46 75/100	25 à 35 idem.	46 75/100	85 à 95 idem.	3 25/100	. . Id . . .	85 . . . 95	. . Id . . .	3 85/100	. . Id . . .
25 à 35 idem.	28 34/100 30 13/100 31 79/100 33 67/100 35 21/100 36 32/100	35 à 45 idem.	23 12/100 25 3/100 26 38/100 27 94/100 29 44/100 30 45/100	35 à 45 idem.	23 81/100 25 3/100 26 35/100 27 94/100 29 44/100 30 45/100	. . Id . . .	35 . . . 45 45 . . . 55 55 . . . 65 65 . . . 75 75 . . . 85 85 . . . 95	. . Id . . .	23 83/100 19 82/100 15 45/100 10 52/100 5 57/100 2 78/100	. . Id . . .
25 à 35 idem.	31 96/100 33 91/100 35 95/100 37 79/100 38 92/100	35 à 45 idem.	26 44/100 28 1/100 29 76/100 31 47/100 32 49/100	45 à 55 idem.	20 80/100 21 94/100 23 33/100 24 75/100 25 74/100	. . Id . . .	45 . . . 55 55 . . . 65 65 . . . 75 75 . . . 85 85 . . . 95	. . Id . . .	20 80/100 16 11/100 10 94/100 6 6/100 2 65/100	. . Id . . .
26 à 35 idem.	36 24/100 38 64/100 40 67/100 41 95/100	35 à 45 idem.	29 86/100 31 90/100 33 74/100 34 92/100	55 à 65 idem.	16 95/100 18 4/100 19 32/100 20 21/100	. . Id . . .	55 . . . 65 65 . . . 75 75 . . . 85 85 . . . 95	. . Id . . .	16 95/100 11 40/100 6 27/100 2 93/100	. . Id . . .
25 à 35 idem.	41 52/100 43 94/100 45 56/100	35 à 45 idem.	34 35/100 36 52/100 37 85/100	55 à 75 idem.	12 7/100 13 13 78/100	. . Id . . .	65 . . . 75 75 . . . 85 85 . . . 95	. . Id . . .	12 3/100 6 54/100 3 1/100	. . Id . . .
25 à 35 idem.	46 81/100 48 58/100	35 à 45 idem.	39 70/100 40 74/100	75 à 85 idem.	7 4/100 7 52/100	. . Id . . .	75 . . . 85 85 . . . 95	. . Id . . .	7 4/100 3 17/100	. . Id . . .
25 à 35 idem.	50 61/100	35 à 45 idem.	42 65/100	85 à 95 idem.	3 37/100	. . Id . . .	85 . . . 95	. . Id . . .	3 37/100	. . Id . . .
25 à 35 idem.	34 15/100 36 48/100 38 14/100 40 63/100 42 8/100	45 à 55 idem.	21 95/100 23 29/100 24 57/100 26 43/100 27 49/100	45 à 55 idem.	21 85/100 23 19/100 24 57/100 26 43/100 27 49/100	. . Id . . .	45 . . . 55 55 . . . 65 65 . . . 75 75 . . . 85 85 . . . 95	. . Id . . .	21 95/100 16 74/100 11 48/100 6 19/100 2 94/100	. . Id . . .
25 à 35 idem.	39 26/100 42 8/100 44 32/100 45 73/100	45 à 55 idem.	24 81/100 26 73/100 28 49/100 29 64/100	55 à 65 idem.	17 93/100 19 10/100 20 52/100 21 59/100	. . Id . . .	55 . . . 65 65 . . . 75 75 . . . 85 85 . . . 95	. . Id . . .	17 95/100 11 19/100 6 85/100 3 4/100	. . Id . . .
25 à 35 idem.	45 50/100 48 47/100 49 54/100	45 à 55 idem.	28 91/100 31 7/100 32 59/100	65 à 75 idem.	12 76/100 13 79/100 14 65/100	. . Id . . .	65 . . . 75 75 . . . 85 85 . . . 95	. . Id . . .	12 78/100 6 57/100 3 24/100	. . Id . . .
25 à 35 idem.	51 66/100 53 36/100	45 à 55 idem.	33 60/100 35 20/100	75 à 85 idem.	7 37/100 7 92/100	. . Id . . .	75 . . . 85 85 . . . 95	. . Id . . .	7 37/100 3 14/100	. . Id . . .
25 à 35 idem.	55 14/100	45 à 55 idem.	37 8/100	85 à 95 idem.	3 84/100	. . Id . . .	85 . . . 95	. . Id . . .	3 56/100	. . Id . . .
25 à 35 idem.	42 67/100 46 9/100 48 73/100 50 26/100	55 à 65 idem.	19 72/100 20 61/100 22 20/100 23 29/100	55 à 65 idem.	19 22/100 20 62/100 22 20/100 23 29/100	. . Id . . .	55 . . . 65 65 . . . 75 75 . . . 85 85 . . . 95	. . Id . . .	19 19/100 12 67/100 6 85/100 3 26/100	. . Id . . .

Si la Rente viagère est constituée sur la tête même des quatre Propriétaires, qu'elle soit partagée entre eux également pendant leurs vies unies, pour appartenir ensuite entièrement au survivant ; celui qui est actuellement âgé depuis

Âge		Pour cent du capital liquidé, si un des co-associés est actuellement âgé depuis 55 à 65 ans, lequel aura droit à		Pour cent du capital liquidé, pourvu que l'autre co-associé soit actuellement âgé depuis 65 à 75 ans, lequel aura droit à		Pour cent du capital liquidé, et enfin, pourvu que l'autre co-associé soit actuellement âgé depuis. . . .		lequel aura droit à . . .		Pour cent du capital liquidé.
25 à 35 ans, aura droit à. .	$50\frac{7}{100}$ $53\frac{41}{100}$ $55\frac{35}{100}$		$22\frac{43}{100}$ $24\frac{16}{100}$ $25\frac{42}{100}$		$13\frac{79}{100}$ $14\frac{77}{100}$ $15\frac{76}{100}$		65 . . . 75 75 . . . 85 85 . . . 95		$13\frac{74}{100}$ $7\frac{25}{100}$ $3\frac{15}{100}$	
25 à 35 idem.	$57\frac{67}{100}$ $59\frac{65}{100}$	55 à 65 idem.	$26\frac{67}{100}$ $28\frac{51}{100}$	75 à 85 idem.	$7\frac{81}{100}$ $8\frac{41}{100}$	. . Id . . .	75 . . . 85 85 . . . 95	. . Id . . .	$7\frac{81}{100}$ $3\frac{41}{100}$	. . Id . . .
25 à 35 idem.	$62\frac{51}{100}$	55 à 65 idem.	$30\frac{3}{100}$	85 à 95 idem.	$3\frac{71}{100}$	. . Id . . .	85 . . . 95	. . Id . . .	$3\frac{71}{100}$	. . Id . . .
25 à 35 idem.	$55\frac{66}{100}$ $59\frac{51}{100}$ $62\frac{4}{100}$	65 à 75 idem.	$14\frac{71}{100}$ $16\frac{12}{100}$ $17\frac{41}{100}$	65 à 75 idem.	$14\frac{71}{100}$ $16\frac{12}{100}$ $17\frac{25}{100}$	. . Id . . .	65 . . . 75 75 . . . 85 85 . . . 95	. . Id . . .	$14\frac{71}{100}$ $7\frac{74}{100}$ $3\frac{44}{100}$	. . Id . . .
25 à 35 idem.	$65\frac{16}{100}$ $67\frac{94}{100}$	65 à 75 idem.	$17\frac{92}{100}$ $19\frac{24}{100}$	75 à 85 idem.	$8\frac{46}{100}$ $9\frac{13}{100}$	. . Id . . .	75 . . . 85 85 . . . 95	. . Id . . .	$8\frac{46}{100}$ $3\frac{69}{100}$	. . Id . . .
25 à 35 idem.	$71\frac{26}{100}$	65 à 75 idem.	$20\frac{81}{100}$	85 à 95 idem.	$3\frac{96}{100}$	. . Id . . .	85 . . . 95	. . Id . . .	$3\frac{96}{100}$	. . Id . . .
25 à 35 idem.	$72\frac{35}{100}$ $75\frac{48}{100}$	75 à 85 idem.	$9\frac{35}{100}$ $10\frac{27}{100}$	75 à 85 idem.	$9\frac{35}{100}$ $10\frac{27}{100}$	. . Id . . .	75 . . . 85 85 . . . 95	. . Id . . .	$9\frac{35}{100}$ $3\frac{81}{100}$	. . Id . . .
25 à 35 idem.	$80\frac{27}{100}$	85 à 95 idem.	$11\frac{17}{100}$	85 à 95 idem.	$4\frac{31}{100}$	. . Id . . .	85 . . . 95	. . Id . . .	$4\frac{31}{100}$	. . Id . . .
25 à 35 idem.	$85\frac{84}{100}$	85 à 95 idem.	$4\frac{71}{100}$	85 à 95 idem.	$4\frac{71}{100}$	. . Id . . .	85 . . . 95	. . Id . . .	$4\frac{71}{100}$	. . Id . . .
35 à 45 idem.	25 $26\frac{41}{100}$ $27\frac{96}{100}$ $29\frac{69}{100}$ $31\frac{37}{100}$ $32\frac{39}{100}$	35 à 45 idem.	25 $26\frac{41}{100}$ $27\frac{95}{100}$ $29\frac{69}{100}$ $31\frac{51}{100}$ $32\frac{43}{100}$	35 à 45 idem.	25 $26\frac{47}{100}$ $27\frac{96}{100}$ $29\frac{69}{100}$ $31\frac{41}{100}$ $32\frac{38}{100}$	. . Id . . .	35 . . . 45 45 . . . 55 55 . . . 65 65 . . . 75 75 . . . 85 85 . . . 95	. . Id . . .	25 $20\frac{77}{100}$ $16\frac{13}{100}$ $10\frac{93}{100}$ $6\frac{7}{100}$ $2\frac{86}{100}$	. . Id . . .
35 à 45 idem.	$28\frac{7}{100}$ $29\frac{91}{100}$ $31\frac{89}{100}$ $33\frac{67}{100}$ $34\frac{85}{100}$	35 à 45 idem.	$28\frac{7}{100}$ $29\frac{91}{100}$ $31\frac{86}{100}$ $33\frac{6}{100}$ $34\frac{3}{100}$	45 à 55 idem.	$21\frac{93}{100}$ $23\frac{24}{100}$ $24\frac{79}{100}$ $26\frac{33}{100}$ $27\frac{48}{100}$	. . Id . . .	45 . . . 55 55 . . . 65 65 . . . 75 75 . . . 85 85 . . . 95	. . Id . . .	$21\frac{41}{100}$ $16\frac{94}{100}$ $11\frac{41}{100}$ $6\frac{37}{100}$ $2\frac{86}{100}$	. . Id . . .
35 à 45 idem.	$32\frac{9}{100}$ $34\frac{41}{100}$ $36\frac{46}{100}$ $37\frac{72}{100}$	35 à 45 idem.	$32\frac{9}{100}$ $34\frac{45}{100}$ $36\frac{45}{100}$ $37\frac{71}{100}$	55 à 65 idem.	$17\frac{47}{100}$ $19\frac{25}{100}$ $20\frac{53}{100}$ $21\frac{58}{100}$	. . Id . . .	55 . . . 65 65 . . . 75 75 . . . 85 85 . . . 95	. . Id . . .	$17\frac{92}{100}$ $11\frac{98}{100}$ $6\frac{53}{100}$ $3\frac{5}{100}$	. . Id . . .
35 à 45 idem.	$37\frac{21}{100}$ $39\frac{67}{100}$ $41\frac{72}{100}$	35 à 45 idem.	$37\frac{23}{100}$ $39\frac{61}{100}$ $41\frac{21}{100}$	65 à 75 idem.	$12\frac{71}{100}$ $13\frac{76}{100}$ $14\frac{60}{100}$	. . Id . . .	65 . . . 75 75 . . . 85 85 . . . 95	. . Id . . .	$12\frac{73}{100}$ $6\frac{78}{100}$ $3\frac{86}{100}$	. . Id . . .
35 à 45 idem.	$42\frac{67}{100}$ $44\frac{43}{100}$	35 à 45 idem.	$42\frac{61}{100}$ $44\frac{11}{100}$	75 à 85 idem.	$7\frac{89}{100}$ $7\frac{27}{100}$	. . Id . . .	75 . . . 85 85 . . . 95	. . Id . . .	$7\frac{59}{100}$ $3\frac{41}{100}$	. . Id . . .
35 à 45 idem.	$46\frac{44}{100}$	35 à 45 idem.	$46\frac{41}{100}$	85 à 95 idem.	$3\frac{15}{100}$	. . Id . . .	85 . . . 95	. . Id . . .	$3\frac{15}{100}$	. . Id . . .
35 à 45 idem.	$30\frac{10}{100}$ $32\frac{15}{100}$ $34\frac{55}{100}$ $36\frac{67}{100}$ $37\frac{86}{100}$	45 à 55 idem.	$23\frac{30}{100}$ $24\frac{88}{100}$ $26\frac{66}{100}$ $28\frac{40}{100}$ $29\frac{53}{100}$	45 à 55 idem.	$23\frac{30}{100}$ $24\frac{88}{100}$ $26\frac{64}{100}$ $28\frac{40}{100}$ $29\frac{41}{100}$	. . Id . . .	45 . . . 55 55 . . . 65 65 . . . 75 65 . . . 85 85 . . . 95	. . Id . . .	$23\frac{33}{100}$ $17\frac{94}{100}$ $12\frac{15}{100}$ $6\frac{49}{100}$ $3\frac{3}{100}$	. . Id . . .
35 à 45 idem.	$34\frac{97}{100}$ $37\frac{45}{100}$ $40\frac{6}{100}$ $41\frac{44}{100}$	45 à 55 idem.	$26\frac{79}{100}$ $28\frac{94}{100}$ $30\frac{91}{100}$ $32\frac{11}{100}$	55 à 65 idem.	$19\frac{88}{100}$ $20\frac{69}{100}$ $22\frac{75}{100}$ $23\frac{27}{100}$	. . Id . . .	55 . . . 65 65 . . . 75 75 . . . 85 85 . . . 95	. . Id . . .	$19\frac{74}{100}$ $12\frac{97}{100}$ $6\frac{91}{100}$ $3\frac{20}{100}$	. . Id . . .

Si la Rente viagère est constituée sur la tête même des quatre Propriétaires, qu'elle soit partagée entre eux également pendant leurs vies unies ; pour appartenir ensuite entièrement au dernier survivant : celui qui est actuellement âgé depuis

35 à 45 ans, aura droit à.	41 $\frac{33}{100}$ 43 $\frac{99}{100}$ 45 $\frac{19}{100}$	Pour cent du capital liquidé, si un des co-associés est actuellement âgé depuis 45 à 55 ans, lequel aura droit à. . .	31 $\frac{37}{100}$ 33 $\frac{92}{100}$ 35 $\frac{59}{100}$	Pour cent du capital liquidé, pourvu que l'autre co-associé soit actuellement âgé dep. 65 à 75 ans, lequel aura droit à.	13 $\frac{64}{100}$ 14 $\frac{77}{100}$ 15 $\frac{69}{100}$	Pour cent du capital liquidé, et enfin, pourvu que l'autre co-associé soit actuellement âgé depuis. . . .	65 . . . 75 75 . . . 85 85 . . . 95	lequel aura droit à. . .	13 $\frac{44}{100}$ 7 $\frac{51}{100}$ 3 $\frac{31}{100}$	Pour cent du capital liquidé.
35 à 45 idem.	47 $\frac{43}{100}$ 49 $\frac{42}{100}$	45 à 55 idem.	36 $\frac{34}{100}$ 38 $\frac{67}{100}$	75 à 85 idem.	7 $\frac{87}{100}$ 8 $\frac{41}{100}$	. . Id . . .	75 . . . 85 85 . . . 95	. . Id . . .	7 $\frac{87}{100}$ 3 $\frac{41}{100}$	. . Id . . .
35 à 45 idem.	51 $\frac{48}{100}$	45 à 55 idem.	40 $\frac{70}{100}$	85 à 95 idem.	3 $\frac{76}{100}$	. . Id . . .	85 . . . 95	. . Id . . .	3 $\frac{76}{100}$	. . Id . . .
35 à 45 idem.	38 $\frac{39}{100}$ 41 $\frac{91}{100}$ 44 $\frac{43}{100}$ 46	55 à 65 idem.	20 $\frac{17}{100}$ 22 $\frac{14}{100}$ 24 $\frac{21}{100}$ 25 $\frac{33}{100}$	55 à 65 idem.	20 $\frac{17}{100}$ 22 $\frac{14}{100}$ 24 $\frac{32}{100}$ 25 $\frac{33}{100}$	. . Id . . .	55 . . . 65 65 . . . 75 75 . . . 85 85 . . . 95	. . Id . . .	20 $\frac{17}{100}$ 13 $\frac{59}{100}$ 7 $\frac{32}{100}$ 3 $\frac{36}{100}$	. . Id . . .
55 à 65 idem.	45 $\frac{97}{100}$ 49 $\frac{45}{100}$ 51 $\frac{30}{100}$	55 à 65 idem.	24 $\frac{31}{100}$ 26 $\frac{73}{100}$ 28 $\frac{13}{100}$	65 à 75 idem.	14 $\frac{74}{100}$ 16 $\frac{2}{100}$ 17 $\frac{5}{100}$	. . Id . . .	65 . . . 75 75 . . . 85 85 . . . 95	. . Id . . .	14 $\frac{74}{100}$ 7 $\frac{80}{100}$ 3 $\frac{52}{100}$	. . Id . . .
35 à 45 idem.	53 $\frac{68}{100}$ 56 $\frac{1}{100}$	55 à 65 idem.	29 $\frac{40}{100}$ 31 $\frac{14}{100}$	75 à 85 idem.	8 $\frac{46}{100}$ 9 $\frac{13}{100}$	. . Id . . .	75 . . . 85 85 . . . 95	. . Id . . .	8 $\frac{46}{100}$ 3 $\frac{74}{100}$	. . Id . . .
35 à 45 idem.	58 $\frac{72}{100}$	55 à 65 idem.	33 $\frac{10}{100}$	85 à 95 idem.	4 $\frac{1}{100}$	. . Id . . .	85 . . . 95	. . Id . . .	4 $\frac{1}{100}$	. . Id . . .
35 à 45 idem.	51 $\frac{58}{100}$ 56 $\frac{[illegible]}{100}$ 58 $\frac{32}{100}$	65 à 75 idem.	16 $\frac{74}{100}$ 17 $\frac{[illegible]}{100}$ 18 $\frac{97}{100}$	65 à 75 idem.	16 $\frac{74}{100}$ 17 $\frac{77}{100}$ 18 $\frac{97}{100}$	. . Id . . .	65 . . . 75 75 . . . 85 85 . . . 95	. . Id . . .	16 $\frac{34}{100}$ 8 $\frac{44}{100}$ 3 $\frac{74}{100}$	. . Id . . .
35 à 45 idem.	61 $\frac{66}{100}$ 64 $\frac{64}{100}$	65 à 75 idem.	19 $\frac{71}{100}$ 21 $\frac{13}{100}$	75 à 85 idem.	9 $\frac{24}{100}$ 10 $\frac{1}{100}$	. . Id . . .	75 . . . 85 85 . . . 95	. . Id . . .	9 $\frac{26}{100}$ 4 $\frac{3}{100}$	. . Id . . .
35 à 45 idem.	68 $\frac{21}{100}$	65 à 75 idem.	23 $\frac{21}{100}$	85 à 95 idem.	4 $\frac{32}{100}$	. . Id . . .	85 . . . 95	. . Id . . .	4 $\frac{32}{100}$	. . Id . . .
35 à 45 idem.	69 $\frac{1}{100}$ 73 $\frac{1}{100}$	75 à 85 idem.	10 $\frac{33}{100}$ 11 $\frac{17}{100}$	75 à 85 idem.	10 $\frac{35}{100}$ 11 $\frac{27}{100}$	. . Id . . .	75 . . . 85 85 . . . 95	. . Id . . .	10 $\frac{31}{100}$ 4 $\frac{37}{100}$	. . Id . . .
35 à 45 idem.	78 $\frac{1}{100}$	75 à 85 idem.	12 $\frac{41}{100}$	85 à 95 idem.	4 $\frac{71}{100}$	. . Id . . .	85 à 95 idem.	. . Id . . .	4 $\frac{71}{100}$	. . Id . . .
35 à 45 idem.	84 $\frac{37}{100}$	85 à 95 idem.	5 $\frac{23}{100}$	85 à 95 idem.	5 $\frac{13}{100}$	. . Id . . .	85 . . . 95	. . Id . . .	5 $\frac{11}{100}$	. . Id . . .
45 à 55 idem.	25 26 $\frac{93}{100}$ 29 $\frac{6}{100}$ 31 $\frac{1}{100}$ 32 $\frac{25}{100}$	45 à 55 idem.	25 26 $\frac{93}{100}$ 29 $\frac{6}{100}$ 31 $\frac{1}{100}$ 32 $\frac{15}{100}$	45 à 55 idem.	25 26 $\frac{93}{100}$ 29 $\frac{6}{100}$ 31 $\frac{1}{100}$ 32 $\frac{15}{100}$	. . Id . . .	45 . . . 55 55 . . . 65 65 . . . 75 75 . . . 85 85 . . . 95	. . Id . . .	25 19 $\frac{35}{100}$ 12 $\frac{51}{100}$ 6 $\frac{57}{100}$ 3 $\frac{25}{100}$	. . Id . . .
45 à 55 idem.	29 $\frac{32}{100}$ 31 $\frac{54}{100}$ 34 $\frac{10}{100}$ 35 $\frac{60}{100}$	45 à 55 idem.	29 $\frac{32}{100}$ 31 $\frac{66}{100}$ 34 $\frac{20}{100}$ 35 $\frac{60}{100}$	55 à 65 idem.	20 $\frac{67}{100}$ 22 $\frac{41}{100}$ 24 $\frac{30}{100}$ 25 $\frac{40}{100}$	. . Id . . .	55 . . . 65 65 . . . 75 75 . . . 85 85 . . . 95	. . Id . . .	20 $\frac{68}{100}$ 13 $\frac{69}{100}$ 7 $\frac{40}{100}$ 3 $\frac{40}{100}$	. . Id . . .
45 à 55 idem.	35 $\frac{30}{100}$ 38 39 $\frac{65}{100}$	45 à 55 idem.	35 $\frac{20}{100}$ 38 39 $\frac{65}{100}$	65 à 75 idem.	14 $\frac{60}{100}$ 16 $\frac{22}{100}$ 17 $\frac{13}{100}$	. . Id . . .	65 . . . 75 75 . . . 85 85 . . . 95	. . Id . . .	14 $\frac{10}{100}$ 7 $\frac{18}{100}$ 3 $\frac{57}{100}$	. . Id . . .
45 à 55 idem.	41 $\frac{46}{100}$ 43 $\frac{52}{100}$	45 à 55 idem.	41 $\frac{46}{100}$ 43 $\frac{52}{100}$	75 à 85 idem.	8 $\frac{54}{100}$ 9 $\frac{32}{100}$	. . Id . . .	75 . . . 85 85 . . . 95	. . Id . . .	8 $\frac{54}{100}$ 3 $\frac{75}{100}$	. . Id . . .
45 à 55 idem.	45 $\frac{96}{100}$	45 à 55 idem.	45 $\frac{24}{100}$	85 à 95 idem.	4 $\frac{6}{100}$	. . Id . . .	85 . . . 95	. . Id . . .	4 $\frac{67}{100}$	. . Id . . .

Si la Rente viagère est constituée sur la tête même des quatre Propriétaires, qu'elle soit partagée entre eux, également pendant leurs vies unies, pour appartenir ensuite entièrement au dernier survivant, celui qui est actuellement âgé depuis

<table>
<tr><td>45 à 55 ans, aura droit à.</td><td>32 $\frac{19}{100}$
35 $\frac{70}{100}$
38 $\frac{12}{100}$
40</td><td>Pour cent du capital liquidé, si un des co-associés est actuellement âgé depuis 55 à 65 ans, lequel aura droit à.</td><td>22 $\frac{14}{100}$
24 $\frac{74}{100}$
26 $\frac{13}{100}$
28 $\frac{19}{100}$</td><td>Pour cent du capital liquidé, pourvu que l'autre co-associé soit actuellement âgé dep. 55 à 65 ans, lequel aura droit à . . . .</td><td>22 $\frac{14}{100}$
24 $\frac{74}{100}$
26 $\frac{13}{100}$
28 $\frac{19}{100}$</td><td>Pour cent du capital liquidé, et enfin, pourvu que l'autre co-associé soit actuellement âgé depuis. . . .</td><td>55 . . . 65
65 . . . 75
75 . . . 85
85 . . . 95</td><td>lequel aura droit à. . .</td><td>22 $\frac{14}{100}$
14 $\frac{82}{100}$
7 $\frac{94}{100}$
3 $\frac{61}{100}$</td><td>Pour cent du capital liquidé.</td></tr>
<tr><td>45 à 55 idem.</td><td>39 $\frac{12}{100}$
43 $\frac{47}{100}$
45 $\frac{34}{100}$</td><td>55 à 65 idem.</td><td>27 $\frac{56}{100}$
30 $\frac{20}{100}$
31 $\frac{87}{100}$</td><td>65 à 75 idem.</td><td>16 $\frac{26}{100}$
17 $\frac{85}{100}$
19</td><td>. . Id . . .</td><td>65 . . . 75
75 . . . 85
85 . . . 95</td><td>. . Id . . .</td><td>16 $\frac{26}{100}$
8 $\frac{16}{100}$
3 $\frac{64}{100}$</td><td>. . Id . . .</td></tr>
<tr><td>45 à 55 idem.</td><td>47 $\frac{78}{100}$
50 $\frac{34}{100}$</td><td>55 à 65 idem.</td><td>33 $\frac{50}{100}$
35 $\frac{54}{100}$</td><td>75 à 85 idem.</td><td>9 $\frac{36}{100}$
10 $\frac{72}{100}$</td><td>. . Id . . .</td><td>75 . . . 85
85 . . . 95</td><td>. . Id . . .</td><td>9 $\frac{36}{100}$
4 $\frac{91}{100}$</td><td>. . Id . . .</td></tr>
<tr><td>45 à 55 idem.</td><td>53 $\frac{21}{100}$</td><td>55 à 65 idem.</td><td>37 $\frac{98}{100}$</td><td>85 à 95 idem.</td><td>4 $\frac{41}{100}$</td><td>. . Id . . .</td><td>85 . . . 95</td><td>. . Id . . .</td><td>4 $\frac{41}{100}$</td><td>. . Id . . .</td></tr>
<tr><td>45 à 55 idem.</td><td>45 $\frac{59}{100}$
50 $\frac{46}{100}$
52 $\frac{47}{100}$</td><td>65 à 75 idem.</td><td>18 $\frac{24}{100}$
20 $\frac{24}{100}$
21 $\frac{59}{100}$</td><td>65 à 75 idem.</td><td>18 $\frac{24}{100}$
20 $\frac{16}{100}$
21 $\frac{59}{100}$</td><td>. . Id . . .</td><td>65 . . . 75
75 . . . 85
85 . . . 95</td><td>. . Id . . .</td><td>18 $\frac{74}{100}$
9 $\frac{44}{100}$
4 $\frac{71}{100}$</td><td>. . Id . . .</td></tr>
<tr><td>45 à 55 idem.</td><td>56 $\frac{88}{100}$
59 $\frac{51}{100}$</td><td>65 à 75 idem.</td><td>22 $\frac{78}{100}$
24 $\frac{60}{100}$</td><td>75 à 85 idem.</td><td>10 $\frac{47}{100}$
11 $\frac{37}{100}$</td><td>. . Id . . .</td><td>75 . . . 85
85 . . . 95</td><td>. . Id . . .</td><td>10 $\frac{47}{100}$
4 $\frac{51}{100}$</td><td>. . Id . . .</td></tr>
<tr><td>45 à 55 idem.</td><td>63 $\frac{46}{100}$</td><td>65 à 75 idem.</td><td>26 $\frac{50}{100}$</td><td>85 à 95 idem.</td><td>4 $\frac{87}{100}$</td><td>. . Id . . .</td><td>85 . . . 95</td><td>. . Id . . .</td><td>4 $\frac{87}{100}$</td><td>. . Id . . .</td></tr>
<tr><td>45 à 55 idem.</td><td>64 $\frac{41}{100}$
68 $\frac{96}{100}$</td><td>75 à 85 idem.</td><td>11 $\frac{86}{100}$
13 $\frac{3}{100}$</td><td>75 à 85 idem.</td><td>11 $\frac{86}{100}$
13 $\frac{3}{100}$</td><td>. . Id . . .</td><td>75 . . . 85
85 . . . 95</td><td>. . Id . . .</td><td>11 $\frac{86}{100}$
4 $\frac{93}{100}$</td><td>. . Id . . .</td></tr>
<tr><td>45 à 55 idem.</td><td>74 $\frac{61}{100}$</td><td>75 à 85 idem.</td><td>14 $\frac{47}{100}$</td><td>85 à 95 idem.</td><td>5 $\frac{46}{100}$</td><td>. . Id . . .</td><td>85 . . . 95</td><td>. . Id . . .</td><td>5 $\frac{46}{100}$</td><td>. . Id . . .</td></tr>
<tr><td>45 à 55 idem.</td><td>81 $\frac{11}{100}$</td><td>85 à 95 idem.</td><td>6 $\frac{6}{100}$</td><td>85 à 95 idem.</td><td>6 $\frac{6}{100}$</td><td>. . Id . . .</td><td>85 . . . 95</td><td>. . Id . . .</td><td>6 $\frac{6}{100}$</td><td>. . Id . . .</td></tr>
<tr><td>55 à 65 idem.</td><td>25
27 $\frac{17}{100}$
30 $\frac{44}{100}$
32 $\frac{3}{100}$</td><td>55 à 65 idem.</td><td>25
27 $\frac{17}{100}$
30 $\frac{44}{100}$
32 $\frac{3}{100}$</td><td>55 à 65 idem.</td><td>25
27 $\frac{17}{100}$
30 $\frac{44}{100}$
32 $\frac{3}{100}$</td><td>. . Id . . .</td><td>55 . . . 65
65 . . . 75
75 . . . 85
85 . . . 95</td><td>. . Id . . .</td><td>25
16 $\frac{59}{100}$
8 $\frac{61}{100}$
3 $\frac{92}{100}$</td><td>. . Id . . .</td></tr>
<tr><td>55 à 65 idem.</td><td>31 $\frac{65}{100}$
35 $\frac{8}{100}$
37 $\frac{4}{100}$</td><td>55 à 65 idem.</td><td>31 $\frac{65}{100}$
35 $\frac{8}{100}$
37 $\frac{4}{100}$</td><td>65 à 75 idem.</td><td>18 $\frac{33}{100}$
20 $\frac{28}{100}$
21 $\frac{67}{100}$</td><td>. . Id . . .</td><td>65 . . . 75
75 . . . 85
85 . . . 95</td><td>. . Id . . .</td><td>18 $\frac{33}{100}$
9 $\frac{56}{100}$
4 $\frac{11}{100}$</td><td>. . Id . . .</td></tr>
<tr><td>55 à 65 idem.</td><td>39 $\frac{42}{100}$
41 $\frac{97}{100}$</td><td>55 à 65 idem.</td><td>39 $\frac{42}{100}$
41 $\frac{97}{100}$</td><td>75 à 85 idem.</td><td>10 $\frac{18}{100}$
11 $\frac{46}{100}$</td><td>. . Id . . .</td><td>75 . . . 85
85 . . . 95</td><td>. . Id . . .</td><td>10 $\frac{18}{100}$
4 $\frac{60}{100}$</td><td>. . Id . . .</td></tr>
<tr><td>55 à 65 idem.</td><td>45 $\frac{4}{100}$</td><td>55 à 65 idem.</td><td>45 $\frac{4}{100}$</td><td>85 à 95 idem.</td><td>4 $\frac{96}{100}$</td><td>. . Id . . .</td><td>85 . . . 95</td><td>. . Id . . .</td><td>4 $\frac{96}{100}$</td><td>. . Id . . .</td></tr>
<tr><td>55 à 65 idem.</td><td>37 $\frac{6}{100}$
41 $\frac{77}{100}$
44 $\frac{56}{100}$</td><td>65 à 75 idem.</td><td>20 $\frac{92}{100}$
23 $\frac{69}{100}$
25 $\frac{46}{100}$</td><td>65 à 75 idem.</td><td>20 $\frac{92}{100}$
23 $\frac{69}{100}$
25 $\frac{46}{100}$</td><td>. . Id . . .</td><td>65 . . . 75
75 . . . 85
85 . . . 95</td><td>. . Id . . .</td><td>20 $\frac{92}{100}$
10 $\frac{31}{100}$
4 $\frac{72}{100}$</td><td>. . Id . . .</td></tr>
<tr><td>55 à 65 idem.</td><td>48 $\frac{23}{100}$
51 $\frac{67}{100}$</td><td>65 à 75 idem.</td><td>27 $\frac{38}{100}$
29 $\frac{69}{100}$</td><td>75 à 85 idem.</td><td>12 $\frac{78}{100}$
13 $\frac{41}{100}$</td><td>. . Id . . .</td><td>75 . . . 85
85 . . . 95</td><td>. . Id . . .</td><td>12 $\frac{78}{100}$
5 $\frac{42}{100}$</td><td>. . Id . . .</td></tr>
<tr><td>55 à 65 idem.</td><td>55 $\frac{19}{100}$</td><td>65 à 75 idem.</td><td>32 $\frac{17}{100}$</td><td>85 à 95 idem.</td><td>5 $\frac{77}{100}$</td><td>. . Id . . .</td><td>85 . . . 95</td><td>. . Id . . .</td><td>5 $\frac{77}{100}$</td><td>. . Id . . .</td></tr>
<tr><td>55 à 65 idem.</td><td>57 $\frac{15}{100}$
62 $\frac{47}{100}$</td><td>75 à 85 idem.</td><td>14 $\frac{29}{100}$
15 $\frac{87}{100}$</td><td>75 à 85 idem.</td><td>14 $\frac{29}{100}$
15 $\frac{87}{100}$</td><td>. . Id . . .</td><td>75 . . . 85
85 . . . 95</td><td>. . Id . . .</td><td>14 $\frac{29}{100}$
5 $\frac{94}{100}$</td><td>. . Id . . .</td></tr>
<tr><td>55 à 65 idem.</td><td>68 $\frac{91}{100}$</td><td>75 à 85 idem.</td><td>17 $\frac{87}{100}$</td><td>85 à 95 idem.</td><td>6 $\frac{59}{100}$</td><td>. . Id . . .</td><td>85 . . . 95</td><td>. . Id . . .</td><td>6 $\frac{59}{100}$</td><td>. . Id . . .</td></tr>
<tr><td>55 à 65 idem.</td><td>77 $\frac{45}{100}$</td><td>85 à 95 idem.</td><td>7 $\frac{44}{100}$</td><td>85 à 95 idem.</td><td>7 $\frac{44}{100}$</td><td>. . Id . . .</td><td>85 à 95 idem.</td><td>. . Id . . .</td><td>7 $\frac{44}{100}$</td><td>. . Id . . .</td></tr>
</table>

Si la Rente viagère est constituée sur la tête même des quatre propriétaires, qu'elle soit partagée entre eux également pendant leurs vies unies, pour appartenir ensuite entièrement au dernier survivant : celui qui est actuellement âgé depuis.

65 à 75 ans, aura droit à.	25 29 $\frac{4}{100}$ 31 $\frac{52}{100}$	Pour cent du capital liquidé, si un des co-associés est actuellement âgé depuis 65 à 75 ans, lequel aura droit à	25 29 $\frac{4}{100}$ 31 $\frac{51}{100}$	Pour cent du capital liquidé, pourvu que l'autre co-associé soit actuellement âgé dep. 65 à 75 ans, lequel aura droit à	25 29 $\frac{4}{100}$ 31 $\frac{51}{100}$	Pour cent du capital liquidé, et enfin, pourvu que l'autre co-associé soit actuellement âgé depuis.	65 . . . 75 75 . . . 85 85 . . . 95	lequel aura droit à . . .	25 12 $\frac{71}{100}$ 5 $\frac{44}{100}$	Pour cent du capital liquidé.
65 à 75 idem.	34 $\frac{87}{100}$ 38 $\frac{45}{100}$	65 à 75 idem.	34 $\frac{87}{100}$ 38 $\frac{45}{100}$	75 à 85 idem.	15 $\frac{33}{100}$ 16 $\frac{73}{100}$	. . Id . . .	75 . . . 85 85 . . . 95	. . Id . . .	15 $\frac{33}{100}$ 6 $\frac{31}{100}$	. . Id . . .
65 à 75 idem.	43	65 à 75 idem.	43	85 à 95 idem.	7	. . Id . . .	85 . . . 95	. . Id . . .	7	. . Id . . .
75 à 85 idem.	43 $\frac{49}{100}$ 49 $\frac{53}{100}$	75 à 85 idem.	18 $\frac{67}{100}$ 21 $\frac{16}{100}$	75 à 85 idem.	18 $\frac{67}{100}$ 21 $\frac{16}{100}$	. . Id . . .	75 . . . 85 85 . . . 95	. . Id . . .	18 $\frac{67}{100}$ 7 $\frac{83}{100}$	. . Id . . .
75 à 85 idem.	57 $\frac{72}{100}$	75 à 85 idem.	24 $\frac{76}{100}$	85 à 95 idem.	8 $\frac{76}{100}$	. . Id . . .	85 . . . 95	. . Id . . .	8 $\frac{76}{100}$	. . Id . . .
75 à 85 idem.	68 $\frac{98}{100}$	85 à 95 idem.	10 $\frac{14}{100}$	85 à 95 idem.	10 $\frac{14}{100}$	. . Id . . .	85 . . . 95	. . Id . . .	10 $\frac{14}{100}$	. . Id . . .
75 à 85 idem.	25 29 $\frac{93}{100}$	75 à 85 idem.	25 29 $\frac{81}{100}$	75 à 85 idem.	25 29 $\frac{93}{100}$	. . Id . . .	75 . . . 85 85 . . . 95	. . Id . . .	25 10 $\frac{17}{100}$	. . Id . . .
75 à 85 idem.	37 $\frac{44}{100}$	75 à 85 idem.	37 $\frac{44}{100}$	85 à 95 idem.	12 $\frac{56}{100}$	. . Id . . .	85 . . . 95	. . Id . . .	12 $\frac{56}{100}$	. . Id . . .
75 à 85 idem.	50 $\frac{32}{100}$	85 à 95 idem.	16 $\frac{56}{100}$	85 à 95 idem.	16 $\frac{14}{100}$	. . Id . . .	85 . . . 95	. . Id . . .	16 $\frac{56}{100}$	. . Id . . .
85 à 95 idem.	25	85 à 95 idem.	25	85 à 95 idem.	25	. . Id . . .	85 . . . 95	. . Id . . .	25	. . Id . . .

TABLE DES MATIÈRES.

www.ingramcontent.com/pod-product-compliance
Ingram Content Group UK Ltd.
Pitfield, Milton Keynes, MK11 3LW, UK
UKHW022117190726
13855UKWH00003B/905

9 782013 066662